INTEGRIDADE ÉTICA NA PESQUISA COM SERES HUMANOS

Dados Internacionais de Catalogação na Publicação (CIP)
(Câmara Brasileira do Livro, SP, Brasil)

Taquette, Stella R.
Integridade ética na pesquisa com seres humanos : princípios e práticas / Stella R. Taquette. – 1. ed. – Petrópolis:, RJ: Vozes, 2025.

ISBN 978-85-326-7167-7

1. Bioética 2. Ética profissional 3. Divulgação científica 4. Metodologia de pesquisa científica 5. Pesquisa científica I. Título.

25-257475 CDD-001.42

Índices para catálogo sistemático:

1. Pesquisa científica : Metodologia 001.42

Aline Graziele Benitez – Bibliotecária – CRB-1/3129

STELLA R. TAQUETTE

INTEGRIDADE ÉTICA NA PESQUISA COM SERES HUMANOS

PRINCÍPIOS E PRÁTICAS

EDITORA VOZES

Petrópolis

Rua Frei Luís, 100
25689-900 Petrópolis, RJ, Brasil
www.vozes.com.br

Editoração: Mariana Perlati
Diagramação: Sheilandre Desenv. Gráfico
Revisão gráfica: Alessandra Karl
Capa: Rafael Machado

ISBN 978-85-326-7167-7

Este livro foi composto e impresso pela Editora Vozes Ltda.

Sumário

Agradecimentos

A ideia deste livro surgiu de um debate acadêmico profícuo entre mim e dois ex-orientandos e atuais colaboradores de trabalho em docência e pesquisa e coparticipantes da disciplina "Integridade ética na pesquisa", ministrada na pós-graduação *stricto sensu*: Arnaldo Cezar Nogueira Laurentino e Bruno Sérgio de Oliveira Silva. Os professores Cezar e Bruno fizeram parte de um grupo de estudo e de discussão científica que coordeno ao lado da Professora Luciana Borges, destinado à orientação coletiva de orientandos de mestrado e doutorado, filiados aos programas de pós-graduação PPGBIOS (Pós-graduação em Bioética, Ética Aplicada e Saúde Coletiva/UERJ/UFRJ/UFF/Fiocruz) e PGCM (Programa de Pós-graduação em Ciências Médicas/FCM-UERJ). Nesse grupo, os orientandos têm oportunidade de expor e debater seus projetos de pesquisa, suas dificuldades e avanços em um ambiente solidário e acolhedor, em que todos aprendem e ensinam ao mesmo tempo, com trocas de experiências e de ideias. Grande parte desses ex-orientandos são, hoje, professores universitários e/ou pesquisadores.

A proposta primeira foi de elaborarmos, juntos, Cezar, Bruno e eu, esta obra. Porém, dada as diferentes prioridades de cada um no momento, chegamos à conclusão de que eu teria de caminhar sozinha nessa jornada. Contudo, pude contar com a contribuição deles nas críticas, sugestões e bibliografias. O meu principal e sincero agradecimento é direcionado a eles.

Ao longo da jornada de escrita deste livro, tive oportunidade de debater os principais tópicos com os mestrandos e doutorandos que passaram pelos bancos das salas de aula nas quais ministrei a disciplina de

"Integridade ética na pesquisa", o que enriqueceu seu conteúdo. A esses futuros pesquisadores e professores é destinada esta obra, e neles foi inspirada. Agradeço a todos pela oportunidade de viver esta experiência.

Dedico um agradecimento especial à Faperj – Fundação de Amparo à Pesquisa do Rio de Janeiro e à UERJ – Universidade do Estado do Rio de Janeiro pelo apoio às minhas atividades acadêmico-científicas, por meio do Programa Cientista do Nosso Estado e do Programa Prociência, respectivamente.

Pude contar neste livro com três revisoras importantes. A primeira, a Profa. dra. Maria Lucia Sucupira Medeiros, da área do Direito. A segunda, especificamente no campo da Inteligência Artificial, a engenheira e mestre em computação Verônica Taquette Vaz. A terceira, enfermeira, mestre em Ciências Médicas e doutoranda em Bioética e Saúde Coletiva, Thenessi Freitas, na expertise digital da revisão antiplágio e da bibliografia referenciada. Registro aqui minha gratidão a todas.

Por último, agradeço a Alfredo Gonçalves, que com sua experiência de ex-editor, fez revisão minuciosa dos originais e deu valiosos aportes para o aperfeiçoamento da escrita do livro.

A autora

Apresentação

A produção de conhecimento é uma marca do ser humano, pois este, diferentemente dos outros animais, se relaciona com a natureza de forma imediata para atender as suas necessidades, e indireta, pois a modifica de acordo com seus interesses e cria obrigações para si mesmo. Os animais fazem parte da natureza, mas retiram dela apenas o necessário para sua sobrevivência.

As indagações que os seres humanos fazem em relação à natureza, ao meio ambiente e a si próprios diante das inquietações que surgem no dia a dia levam à produção de conhecimento, que é inerente a eles. Essa busca de conhecimento é constante e em cada época da humanidade foi realizada de forma distinta, dependendo da organização social e econômica do momento histórico e de acordo com os instrumentos e meios disponíveis para tal.

Podemos citar diferentes tipos de conhecimento como o mítico, o popular ou senso comum, o religioso, o filosófico, o científico, entre outros. Sua produção foi evoluindo e se modificando desde a Idade Antiga até a contemporaneidade, e o nascimento do conhecimento científico, tal como o consideramos atualmente, ocorreu na Idade Moderna.

Na Idade Antiga, no período homérico, os seres humanos demonstravam não conseguir estabelecer uma relação causal racional entre os fenômenos. Para isso, recorriam ao divino, ao pensamento mágico para explicar as situações. Eram os mitos que interpretavam os fenômenos da natureza e do mundo. No decorrer dos anos e da evolução do pensamento, o conhecimento passou a ser construído com base na experiência e na razão. Os filósofos tentaram elucidar os acontecimentos da natureza por meio da contemplação, procurando alguma racionalidade neles, alguma lei que os regulasse.

No final da Idade Antiga observou-se um fortalecimento do pensamento religioso, reconhecido como verdadeiro, devido ao amparo que a Igreja fornecia aos necessitados em um momento de desagregação social provocado pelas guerras, pela desigualdade e pela pobreza da maioria da população. Em virtude disso, houve uma mudança na forma de se responder às inquietações dos homens que deixaram de utilizar a razão para a explicação dos fenômenos e passaram a entendê-los por meio da fé em Deus.

Na Idade Média, portanto, a produção de conhecimento era atrelada à crença de que foi Deus quem criou o mundo. No pensamento medieval houve uma fusão entre a razão e a fé, e a existência de Deus era inquestionável. Nessa época, o universo era concebido como hierárquico e estático, sendo a Terra o seu centro.

Na Idade Moderna houve uma grande ruptura desse paradigma religioso com os experimentos de Galileu Galilei. Por meio de uma luneta construída por ele e o uso de medidas matemáticas, Galileu comprovou a teoria copernicana de que a Terra não era o centro do universo, e sim o Sol, contrária ao pensamento religioso. Essa atitude representou um questionamento à fé cristã e, por isso, ele foi considerado um herege, sendo condenado à morte. Para escapar dela, foi obrigado a negar suas descobertas. Contudo, isso não impediu que os resultados de suas experiências fossem difundidos e utilizados por outros cientistas que fizeram novas descobertas, como Newton e as leis da Física, incluindo a da gravidade. Esse saber ativo, contrário ao saber contemplativo medieval e produzido por meio da experimentação e da razão, em contraposição à fé, foi denominado de ciência moderna. Portanto, o que hoje denominamos de conhecimento científico nasceu na Idade Moderna.

O conhecimento científico é muito valorizado na sociedade nos dias de hoje. Em parte, deve-se ao grande avanço que promoveu na humanidade, principalmente do ponto de vista tecnológico. Todavia, uma outra forte razão para a importância conferida ao conhecimento científico é o fato de ele poder ser comprovado, ou seja, qualquer outro pesquisador que desenvolver o mesmo processo na produção de um determinado conhecimento encontrará o mesmo resultado; portanto, adquire o caráter de verdadeiro.

Contudo, vale destacar que seres humanos erram e, por vezes, o produto de sua experiência científica pode carecer de credibilidade. A forte crença na infalibilidade do conhecimento científico que existe hoje guarda similaridades com a fé em Deus da Idade Média. Trata-se de uma deificação da ciência que mascara as inúmeras possibilidades de erros na condução de um experimento científico.

É com esse pano de fundo que apresento a proposta deste livro. Um dos grandes problemas que interferem na credibilidade, no caráter de verdade de um conhecimento científico, é a falta de integridade ética na pesquisa científica. Cada vez mais são notificados os problemas éticos que envolvem a produção de conhecimento científico em todo o seu processo, desde a elaboração do projeto, de seu desenvolvimento até a divulgação de seus resultados. A literatura científica tem mostrado os crescentes índices de má conduta científica em que o pesquisador, por intenção ou negligência, infringe os valores e princípios que definem a integridade ética da pesquisa científica e das relações éticas entre os pesquisadores. A má conduta pode ser percebida também diante do uso ou apresentação de dados deliberadamente errados, feito por quem sabe a verdade. Os casos de má conduta incluem a fabricação, falsificação ou duplicação de dados, as fraudes nas autorias dos trabalhos, a publicação "salame", os conflitos de interesse, o plágio, entre outros.

Diante dessa situação de altos índices de má conduta científica e as graves consequências que ela provoca, era de se esperar que as instituições de ensino, principalmente as de nível superior e de pós-graduação, investissem maciçamente na formação ética de seus alunos e em mecanismos de prevenção, diagnóstico e punição da fraude científica. No entanto, parece que o que tem sido feito nesse sentido não tem surtido o efeito esperado, como mostram as estatísticas. Por exemplo, evidencia-se que existem poucos mecanismos de combate à fraude nos programas de pós-graduação.

O objetivo principal desta obra é estimular a reflexão crítica sobre boas práticas em pesquisa e, assim, contribuir para a redução da má conduta científica e para a melhora da qualidade da produção científica. Almeja-se alcançar esse objetivo por meio da divulgação de conhecimento sobre integridade ética na pesquisa com uma linguagem prática, porém, consistente e fundamentada, para alunos de graduação e pós-graduação das diversas áreas de conhecimento. De forma complementar, pretende divulgar outras fontes de informação mais robustas para aqueles que desejarem um aprofundamento no tema. Por fim, espera-se que haja por parte dos estudantes uma conscientização sobre o que é uma conduta ética e responsável na atividade de pesquisa e uma atuação de acordo com os melhores padrões éticos. Ademais, é desejado que seja construída uma capacidade de identificar situações antiéticas e de tomar as medidas necessárias para coibi-las, formando agentes educadores nesse campo.

Este livro está dividido em dez capítulos. No primeiro, são apresentados os conceitos de Bioética e Ética profissional, assumidos pela autora na discussão a respeito da integridade ética na pesquisa. Diálogos sobre a formação ética profissional complementam o capítulo. O segundo capítulo traz um histórico sobre a bioética/ética em pesquisa com seres humanos no mundo e no Brasil e comenta as reuniões científicas que balizaram as normativas nas quais se baseiam os parâmetros a serem seguidos para se garantir a ética em pesquisa na atualidade, incluindo a nova Lei nº 14.874 sancionada em 28 de maio de 2024, que dispõe sobre a pesquisa com seres humanos e institui o Sistema Nacional de Ética em Pesquisa com Seres Humanos. Ao final, apresenta reflexões sobre a ética em pesquisa em ambientes virtuais.

No terceiro capítulo são apontadas as vulnerabilidades de vários estratos populacionais às pesquisas científicas e os cuidados a serem tomados para protegê-las e dar-lhes oportunidades de participar de estudos que as beneficiem.

Os conflitos éticos em pesquisa científica não são incomuns e representam um desafio à garantia de sua integridade ética. O quarto capítulo se dedica a assinalar os mais frequentes e a forma de preveni-los e/ou de tomar as decisões mais adequadas para solucioná-los.

Uma questão fundamental na produção de conhecimento científico é a orientação acadêmica, principalmente na pós-graduação *stricto sensu*, cujo principal objetivo é formar professores e pesquisadores. Pouco é normatizado a respeito desse ofício de orientação acadêmica e a literatura científica evidencia serem frequentes as dificuldades existentes na relação entre orientador e orientando e as situações eticamente conflituosas. O quinto capítulo se debruça sobre os meandros dessa relação delicada entre orientadores e mestrandos/doutorandos e oferece uma proposta de pedagogia para a orientação acadêmica.

A fraude na ciência e suas consequências são abordadas no capítulo 6. O capítulo 7, por sua vez, discorre sobre a questão da autoria do trabalho científico, trazendo à tona o embasamento legal a respeito dos direitos autorais.

Plágio, pastiche, paráfrase e citações são discutidos no capítulo 8, assim como as consequências deles. Comenta-se sobre a norma culta da escrita científica e descrevem-se os mecanismos de detecção de plágio, incluindo os *softwares* para essa tarefa.

A submissão de manuscritos científicos para divulgação do conhecimento produzido, um dever ético de todo pesquisador, e o processo de revisão de trabalhos científicos por pares são apresentados no nono capítulo. Trata-se de uma atividade que todo pesquisador-doutor desempenha e deve exercê-la de forma ética e cientificamente robusta para que possa contribuir com a qualidade do conhecimento científico a ser divulgado.

O décimo capítulo é dedicado à Inteligência artificial e ao seu uso ético na ciência. Trata-se de um tema atual que tem tido grande repercussão no fazer científico, pois é capaz de acelerar sobremaneira várias etapas de um estudo. Contudo, amplia o risco de má conduta científica, por exemplo, o plágio, e evidencia a necessidade de novas normas e leis que regulamentem o seu uso na ciência.

Contribuir para a formação ética dos atuais e futuros cientistas é a principal meta desta obra. Como consequência, espera-se poder cooperar para a promoção da integridade ética na pesquisa e para a produção de conhecimento de qualidade capaz de trazer reais benefícios à sociedade.

1
Bioética e Ética profissional

Introdução

A integridade ética na pesquisa é essencial para a produção de conhecimento científico válido e relevante para a sociedade. Diversos países têm se dedicado a discutir esse tema, pois a produção científica mundial é crescente. Há necessidade de parâmetros para avaliar esses avanços, os valores que norteiam as pesquisas, as consequências de seus resultados e a responsabilidade dos cientistas em relação a eles. Diversos órgãos reguladores nacionais e internacionais foram criados com ações voltadas para oferecer subsídios aos pesquisadores, às instituições e agências de fomento à pesquisa para zelar pela sua integridade e avaliar e coibir a fraude científica.

As entidades científicas brasileiras também têm se dedicado nos últimos anos a discutir a integridade ética na pesquisa. Um evento científico pioneiro foi o Brazilian Meeting on Research Integrity, Science and Publication Ethics[1], realizado em 2010, com a organização geral da COPPE-UFRJ, que teve como objetivo promover uma discussão mais ampla sobre o tema e estimular o envolvimento da comunidade acadêmica do país nas políticas e tomadas de decisão sobre ética e integridade da pesquisa científica. Participaram também da organização do evento o Instituto de Bioquímica Médica/UFRJ, o Centro Brasileiro de Pesquisas Físicas

1. I BRISPE (http://www.ibrispe.coppe.ufrj.br/port.php).

(CBPF), o Instituto Brasileiro de Informação em Ciência e Tecnologia (IBICT) da Universidade de São Paulo (USP) e do Instituto Nacional de Pesquisas Espaciais (INPE), em associação com o Instituto Interamericano para Pesquisa em Mudanças Globais (IAI). Esse encontro acontece periodicamente, e o mais recente ocorreu em dezembro de 2024, no Rio de Janeiro (VII BRISPE).

Em 2011, a Fapesp publicou artigo de autoria de membro da coordenação da Diretoria Científica sobre a integridade ética da pesquisa (Santos, 2011). O autor afirma que a expressão integridade ética é entendida como a esfera total dos deveres éticos a que o cientista está submetido ao realizar suas atividades propriamente ditas. Dentro dessa esfera, encontram-se a Bioética e a Ética profissional. Em 2014 a Fapesp publicou seu "Código de Boas Práticas Científicas" (Fapesp, 2014), em que discorre sobre as diretrizes para as atividades de pesquisa, sobre as fraudes acadêmicas e sobre a responsabilidade das instituições. Posteriormente, foi lançado pelo CNPq o "Relatório da Comissão de Integridade de Pesquisa" (CNPq, 2011) com 21 diretrizes a serem adotadas para a garantia da integridade da pesquisa, além das definições sobre a fabricação e a falsificação de dados, plágio e autoplágio.

A pesquisa científica é a atividade básica da ciência. Ela parte de uma pergunta para a qual não se tem uma resposta, de uma dúvida ou um problema que ainda não se encontrou a solução. Para se obter conhecimentos válidos que sejam mais próximos do verdadeiro e que poderão contribuir para a resolução de dificuldades que se apresentam nas diversas esferas da vida é necessário o respeito às normas éticas. Essas normas se referem a todos os deveres que qualquer pesquisador está obrigado a cumprir na atividade de investigação científica, desde a elaboração do projeto até a divulgação de seus resultados. Sem ética na pesquisa, sem respeito à liberdade e à dignidade de cada participante, não é possível produzir conhecimento confiável e válido. Todos os indivíduos que são recrutados para uma pesquisa científica têm que ter resguardados seus direitos: de serem informados sobre a natureza do estudo; de recusarem-se a participar; de preservarem suas intimidades de acordo com suas culturas; de participarem quando interessados; de terem a garantia de que não estão originando nenhum prejuízo a ninguém; e de terem acesso aos resultados da investigação.

Os deveres dos pesquisadores são principalmente de duas categorias: uma relativa às obrigações éticas universais de honestidade e responsabilidade profissional e outra concernente ao respeito aos valores da vida humana e animal, aos direitos dos pesquisados e à proteção prioritária deles (Kottow, 2008). Neste livro, trataremos a primeira categoria como Ética profissional e, a segunda, como Bioética.

Ética profissional

Fazem parte da ética profissional o conjunto de deveres que se impõem ao cientista na sua atividade e que asseguram a probidade no desenvolvimento da pesquisa e sua divulgação. Ela pressupõe: o respeito às pessoas, à sociedade e ao meio ambiente; a honestidade no desenvolvimento do estudo e na apresentação dos resultados; a confiabilidade na qualidade da investigação; e a responsabilização pela pesquisa e seu impacto (Fapesp, 2014; Santos, 2011).

A ética profissional distingue atuações corretas das incorretas. Para ser honesto, o pesquisador não deve adulterar nenhuma das diversas etapas da pesquisa nem manipular resultados, incluindo na sua publicação. Outras obrigações compreendem o respeito aos pares que participam da pesquisa, o lidar com honestidade e transparência com os recursos disponibilizados para a investigação, o não se apropriar de bens materiais e/ou intelectuais de outrem e o não plagiar.

Os conflitos de interesse na pesquisa biomédica são frequentes. Para a manutenção de sua integridade ética, o pesquisador deve seguir o código de ética que regula sua profissão. Os deveres e obrigações a serem adotados estão contidos nos códigos de ética das profissões. Na área médica, o Código de Ética Médica do Conselho Federal de Medicina, em sua versão mais recente, publicada em 2019, apresenta no capítulo 12 as normativas referentes ao ensino e pesquisa médica que se referem tanto às questões bioéticas quanto profissionais. Em relação à ética profissional, no artigo 105 do código está descrito que é vedado ao médico realizar pesquisas que sejam diretas ou indiretamente dependentes ou subordinadas ao pesquisador. No artigo 107, é vedado ao médico publicar em seu nome um trabalho científico do qual não tenha participado. Já no artigo 108, é vedado ao médico utilizar informações científicas de outrem sem referência ao autor e, no artigo 109, deixar de zelar, quando docente ou autor de publicações cientificas, pela veracidade, clareza e imparcialidade das informações apresentadas, bem como deixar de declarar relações com a indústria de medicamentos, órteses, próteses, equipamentos, implantes de qualquer natureza e outras que possam configurar conflitos de interesse, ainda que em potencial (Conselho Federal de Medicina, 2019).

Bioética

A bioética diz respeito aos valores universais da vida humana e animal e engloba a proteção primordial dos pesquisados. Trata-se de um campo de conhecimento relativamente novo, surgido na década de 1970 do século XX e que ainda está se desenvolvendo. O termo bioética foi cunhado pelo oncologista norte-americano Van R. Potter (1971) e inclui questões morais relacionadas à vida humana, animal e ambiental, fazendo uma ligação entre as Ciências Humanas, as Ciências Empíricas e a ética com a finalidade de preservar a vida, pois a própria ciência por vezes a coloca em risco. Para alguns autores, a bioética é uma evolução da ética médica que surgiu diante do questionamento desta, que não era capaz de lidar com vários acontecimentos, como os abusos na experimentação científica com humanos (Almeida; Schramm, 1999). O ponto de partida da bioética é a consideração do homem e das condições éticas que envolvem a vida humana. Essas condições se viram ameaçadas pelo progresso das biotecnologias desencadeadas na década de 1950, como os transplantes, a reprodução assistida, a engenharia genética, o prolongamento da vida e os direitos humanos revigorados nos períodos pós-guerra. Por outro lado, os pacientes deixaram de ser passivos, reivindicam seus anseios e direitos, não sendo mais apenas um objeto da prática médica.

O termo bioética vem adquirindo novas conotações ao longo do tempo. O avanço científico e tecnológico não controlado fez avançar também a bioética no sentido de lidar com as consequências desse progresso. A ética médica tradicional se baseia em valores absolutos de fazer o bem e não fazer o mal, portanto, refere-se ao bom caráter do profissional, às suas virtudes. Ela diz respeito à moralidade do agente e não à moralidade da ação. Já a bioética baseia-se em valores do momento num determinado contexto. Alguns cientistas a consideram uma ética aplicada ao campo médico e biológico. Pode-se considerar que a bioética, além de ter conotações universalistas e ambientais, também se aplica à ética no campo biomédico.

Neste livro, a bioética é tratada como a ética no campo biomédico e serão abordadas mais especificamente as questões éticas envolvidas nas pesquisas com seres humanos que visam a proteção do pesquisado, sua beneficência e justiça na oportunidade de participação em estudos que lhe são proveitosos.

Integridade ética na pesquisa científica

Para a garantia da integridade ética em pesquisa não basta seguir rigorosamente todas as normas éticas e agir com honestidade profissional. A integridade ética depende de lidar com o indeterminado, com aquilo que surge sem esperarmos e que devemos equacionar da melhor forma possível, tendo sempre em mente que o prioritário é a proteção do indivíduo pesquisado e que todo o resto é secundário. Alguns pesquisadores também se esquecem da responsabilidade social inerente a seu papel profissional de pesquisador. Os investigados devem ser informados dos resultados da pesquisa. Uma vez que ela resulte na descoberta da solução de determinados problemas que podem contribuir com a vida de outras pessoas, o pesquisador tem o dever de se engajar em um movimento para que esse conhecimento esteja ao alcance de quem precisa dele. Ele não pode simplesmente ignorar, esquecer ou não considerar importante informar aos participantes sobre os resultados da pesquisa, como frequentemente acontece. A socióloga e pesquisadora Maria Cecília Minayo (2008, p. 334) chama a atenção, a respeito de alguns cientistas, para uma postura que é comum, mas que evidentemente deve ser evitada: "Os pesquisadores são 'chupa-cabra' das pessoas. Eles pesquisam, tiram suas conclusões, publicam, melhoram suas carreiras e as pessoas continuam em condições de pobreza".

Portanto, faz parte da integridade ética da pesquisa científica a divulgação do conhecimento produzido e o empenho dos pesquisadores no sentido de que seus benefícios alcancem aqueles que precisam. A não difusão da produção científica representa um tipo de procedimento não recomendável.

A má conduta científica pode se manifestar de várias formas. Alguns exemplos que serão apresentados com mais detalhes nos próximos capítulos são: a fabricação ou falsificação de dados de pesquisa, a omissão de dados, os conflitos de interesse, o não respeito às normas da autoria de um trabalho científico, o plágio, entre outras. Certas fraudes são mais difíceis de serem percebidas, por exemplo, os erros no delineamento do estudo, a falta de transparência no relato do processo de pesquisa, a adoção de estratégias de análise que "torturam" os dados até se obter o resultado desejado e a publicação seletiva de resultados. A má conduta científica é o principal motivo de retratação de artigos científicos (Coeli; Lima; Carvalho, 2018).

A responsabilidade da fraude científica não é somente do pesquisador, mas também das instituições acadêmicas, das agências financiadoras das pesquisas, dos periódicos científicos e das agências reguladoras. Todos têm o dever de zelar pela integridade ética na pesquisa e criar mecanismos de prevenção, detecção e punição da má conduta científica.

Vários fatores são apontados como facilitadores ou associados à má conduta científica. O mais citado na literatura é o produtivismo acadêmico. A partir de 1950, nos EUA, passou a ser mandatório o denominado "Publish or Perish", ou seja, publique ou pereça. Pesquisadores que não publicam suas pesquisas não sobrevivem no mundo acadêmico (Zuin; Bianchetti, 2015). Assim, não publicar é uma sentença de morte para a carreira profissional do cientista. Além disso, o universo científico, por intermédio das instituições, tem como principal norma de avaliação da qualidade e competência de pesquisadores e programas de pós-graduação, o quantitativo de publicações científicas, especialmente as que são citadas por outros autores. A partir daí muitos pesquisadores passaram a fragmentar suas pesquisas para publicar diversos artigos de um mesmo estudo e, dessa maneira, ampliar sua produção científica. As agências de fomento também usam métodos semelhantes de avaliação de propostas de pesquisa, oferecendo maior mérito àquelas em que o proponente tem maior número de publicações. Outro fator que contribui para a fraude é a facilidade do "copia e cola" da *internet* e os interesses da indústria farmacêutica.

Diante desses dados, fica clara a importância do ensino da bioética e da ética profissional para ampliar a validade e a confiabilidade do conhecimento científico produzido.

Formação ética

Um pouco da história

Para que o indivíduo tenha uma conduta ética, é necessário que ele conheça a diferença entre o bem e o mal, o certo e o errado. O sujeito ético é capaz de julgar seus atos e condutas, de agir em conformidade com os valores morais e é responsável por suas ações. A ética é o estudo das ações dos indivíduos a partir da distinção fundamental entre o justo e o injusto, entre o bem e o mal. É uma parte da filosofia dedicada aos fundamentos da ação moral, a responder indagações relativas ao comportamento, em como devemos atuar e viver em sociedade. As palavras ética e moral se confundem. Podemos dizer que a moral se refere aos costumes de uma determinada sociedade e a ética ao estudo desses costumes.

O interesse sobre a ética e a moral remonta a tempos antigos. Vários filósofos da Antiguidade se debruçaram sobre esse tema, como Sócrates, que perguntava aos atenienses sobre o porquê dos seus atos, dos seus valores. As questões socráticas inauguraram o campo da ética, da filosofia moral. As indagações de Sócrates sobre a razão dos valores dos homens, por que algo é bom ou mau, incomodou as lideranças políticas da época a tal ponto que ele foi condenado à morte. Platão, discípulo de Sócrates, deu continuidade a seus ensinamentos e o seu livro, *A República*, escrito há 2.300 anos, foi uma das primeiras grandes obras de filosofia moral da história ocidental. Aristóteles também foi um grande pensador no campo da ética. Escreveu *Ética a Nicômaco*, aproximadamente no ano 330 a.C., obra em que desenvolve uma teoria detalhada sobre as virtudes, qualidades de caráter que as pessoas precisam para viver bem (Chauí, 1995).

Na Idade Média, a determinação do que era certo ou errado, ou seja, os valores éticos e morais eram assentados pela Igreja. De acordo com a doutrina católica, os valores foram determinados por Deus. Portanto, o motivo de devermos agir de uma forma e não de outra é um preceito divino. A partir da Era Moderna, o uso da razão para explicação dos fenômenos provocou uma desconfiança sistemática nos dogmas religiosos. No século XVII, o filósofo Thomas Hobbes entendeu que a ética é uma necessidade e um fenômeno humano e se refere ao que temos que fazer para viver bem em sociedade. Hobbes considera que o homem vive melhor de forma cooperativa, pois isso torna possível vários benefícios para todos. Para viver em sociedade é necessário ter regras e, para que todos as obedeçam, elabora-se um contrato social. Esse contrato é um conjunto de normas que as pessoas racionais concordariam em seguir, para benefício mútuo, desde que as outras pessoas também correspondam, ou seja, o contrato social seria a base da moralidade e o que tornaria a vida social possível (Rachels, 2014).

Uma filosofia moral alternativa ao contrato social surge na Era Moderna: o utilitarismo. Seu preceito principal é de que nós devemos fazer sempre o que produzir maior saldo possível de felicidade em relação à infelicidade para todos os que serão afetados pela nossa ação. O utilitarismo foi controverso, porque não seguia normas morais absolutas. Na visão utilitarista, uma regra pode ser quebrada se isso foi melhor para cada um dos envolvidos. Um exemplo é a regra de não matar que poderia ser suspensa em casos de eutanásia para alguém morrendo em grande sofrimento. De acordo com o utilitarismo, se uma atividade não faz mal a ninguém, ela não pode ser errada. Para o utilitarismo, nosso dever moral é promover a felicidade geral (Rachels, 2014).

Outro pensador da filosofia moral moderna de grande importância foi o iluminista Immanuel Kant. Ele também considera que a moralidade é produto da razão. Kant criou o conceito de imperativo moral, algo que deve ser seguido por todos, que pode ser hipotético ou categórico. O imperativo hipotético é aquele que deve ser seguido diante de uma situação hipotética. Por exemplo, se quisermos passar num concurso, é imperativo estudar. Isso vale para todas as pessoas. Não é possível passar num concurso sem estudar. O imperativo categórico é aquele que vale para todos para uma determinada situação, independente de suas crenças, origens, cultura, nacionalidade. Por exemplo, não roubar é um imperativo categórico, vale para todos. Os imperativos categóricos, de acordo com Kant, são universais (Russ, 2015).

A ética kantiana é considerada deontológica, pois se refere ao que é obrigatório. Contudo, o termo deontologia, criado para designar um tipo de teoria moral utilitarista, foi cunhado em 1834 pelo filósofo inglês Jeremy Bentham. Posteriormente, passou a significar o código moral das regras e procedimentos próprios de uma determinada categoria profissional. É conhecida como a ciência do dever, a ética baseada na obrigação.

No mundo atual em que se observam vários problemas globais e que se ampliaram com a globalização, a discussão sobre ética tem seu lugar garantido e tem sido ampliada. A ciência não pode ignorar os conflitos éticos resultantes da desigualdade, da pobreza, das guerras, da crise ambiental. Portanto, a preocupação sobre a ética e a moral é da humanidade. Para viver bem em sociedade é necessário agir de forma racional de acordo com os valores vigentes para todas as pessoas.

Formação ética profissional

A constituição ética e moral dos indivíduos se desenvolve ao longo da vida por meio dos valores adquiridos na família, na sociedade e na educação formal nas escolas. Graduandos das diversas áreas de conhecimento, assim como pós-graduandos, que têm envolvimento em pesquisas científicas com/em seres humanos ou animais, devem ter conhecimentos sólidos sobre os princípios éticos da prática profissional e da bioética.

Apesar da necessidade de o ensino da ética a profissionais de saúde ser consensual, não existe clareza quanto à forma de ensiná-la. A ética profissional e a bioética estão incluídas nos currículos escolares superiores de forma variada nos diversos cursos de graduação. São múltiplos os referenciais teóricos utilizados, assim como as estratégias metodológicas e os profissionais envolvidos na educação ética.

Apesar de presente em grande parte dos cursos de graduação, a bagagem ética dos profissionais que se formam parece não ser suficiente, pois no Brasil a quantidade de processos ético-profissionais, especialmente contra médicos, é crescente. Tem sido registrado também grande número de fraudes na ciência, de plágio e retratações, o que evidencia a necessidade de se rever a forma como estão sendo realizados os procedimentos de ensino-aprendizagem da ética profissional e da bioética nos cursos de graduação. Foi feito um estudo das matrizes curriculares de cursos de medicina da América Latina e do Caribe, tendo como foco dados referentes à carga horária total e as horas destinadas ao ensino de ética e bioética, assim como aos planos de ensino-aprendizagem. Os resultados evidenciaram uma carga horária de ensino da ética pequena e insuficiente e ministrada em disciplinas isoladas, principalmente nas instituições públicas (Ferrari; Silva; Siqueira, 2018).

O ensino médico no modelo tradicional flexneriano, fragmentado em disciplinas e em ciclo básico e clínico, contribuiu para reduzir o olhar integral para o ser humano, como ser biológico, psicológico e social, tão necessário para atender às suas necessidades. Esse modelo de ensino vem sendo substituído em grande parte das escolas médicas, pois, atualmente, ele não atende às diretrizes curriculares do curso de graduação em Medicina. As mais recentes são de 2013 e contemplam em vários itens a formação ética, como descritas a seguir (Brasil, 2014):

1) No Capítulo I – Das diretrizes, Art. 3º: o graduado em Medicina terá formação geral, humanista, crítica, reflexiva e *ética*, com capacidade para atuar nos diferentes níveis de atenção à saúde, com ações de promoção, prevenção, recuperação e reabilitação da saúde, nos âmbitos individual e coletivo, com responsabilidade social e compromisso com a defesa da cidadania, da dignidade humana, da saúde integral do ser humano e tendo como transversalidade em sua prática, sempre, a determinação social do processo de saúde e doença.

2) No Capítulo I – Das diretrizes, Art.5º: Na Atenção à Saúde, o graduando será formado para considerar sempre as dimensões da diversidade biológica, subjetiva, étnico-racial, de gênero, orientação sexual, socioeconômica, política, ambiental, cultural, *ética* e demais aspectos que compõem o espectro da diversidade humana que singularizam cada pessoa ou cada grupo social, no sentido de concretizar:

VI: ***ética*** profissional fundamentada nos princípios da ***Ética e da Bioética***, levando em conta que a responsabilidade da atenção à saúde não se encerra com o ato técnico;

3) No Capítulo II – Das áreas de competência da prática médica, Seção I, Subseção I, Art. 12: A ação-chave Identificação de Necessidades de Saúde comporta os seguintes desempenhos e seus respectivos descritores: subitem I – Realização da História Clínica, a) estabelecimento de relação profissional *ética* no contato com as pessoas sob seus cuidados, familiares ou responsáveis;

4) No Capítulo III – Dos conteúdos curriculares e do projeto pedagógico do curso de graduação em Medicina, Art. 23: Os conteúdos fundamentais para o Curso de Graduação em Medicina devem estar relacionados com todo o processo saúde-doença do cidadão, da família e da comunidade e referenciados na realidade epidemiológica e profissional, proporcionando a integralidade das ações do cuidar em saúde, contemplando: subitem IV – compreensão e domínio da propedêutica médica: capacidade de realizar história clínica, exame físico, conhecimento fisiopatológico dos sinais e sintomas, capacidade reflexiva e compreensão *ética*, psicológica e humanística da relação médico-pessoa sob cuidado;

5) No Capítulo III – Dos conteúdos curriculares e do projeto pedagógico do curso de graduação em Medicina, Art. 29: A estrutura do Curso de Graduação em Medicina deve: subitem III - incluir dimensões *ética* e humanística, desenvolvendo, no aluno, atitudes e valores orientados para a cidadania ativa multicultural e para os direitos humanos.

Em síntese, as diretrizes recomendam uma formação médica ética que dê condições ao futuro médico na atenção à saúde ter uma atuação ética e compreensiva, fundamentada em princípios éticos e bioéticos, considerando todas as dimensões do indivíduo. Para isso, os projetos pedagógicos dos cursos devem incluir as perspectivas ética e humanística para desenvolver valores orientados para o respeito aos direitos humanos.

Apesar de contemplado nas diretrizes curriculares, o ensino da ética nos cursos de medicina, assim como em outras graduações da área biomédica e de outras áreas, é insuficiente, segundo o que mostra a literatura científica. Propostas inovadoras, por exemplo, a inclusão desse tema de forma transversal em diferentes disciplinas do curso, têm sido criadas em algumas escolas de medicina para aperfeiçoar a formação ética dos futuros médicos. Percebe-se que para atender às novas diretrizes curriculares, assim como aos desafios que surgem no exercício da profissão diante dos avanços tecnológicos e da conscientização dos indivíduos sobre seus direitos, é necessária a ampliação da bagagem humanística do ensino nos cursos de medicina, incluindo as questões referentes à ética médica e à bioética. Isso deve ocorrer de forma concreta, com ampla base de referência, a fim de que esses profissionais possam incorporar esses ensinamentos para o resto de suas vidas.

O ensino da ética nos cursos de Medicina é realizado primordialmente na disciplina de Medicina Legal, dada a relação entre as leis e o exercício da profissão. A educação em ética vai além disso, pois almeja fazer o aluno moldar seu caráter por meio da interiorização de valores necessários para o exercício da medicina como a justiça, a bondade, o respeito à autonomia, a beneficência, a não maleficência, a solidariedade, o sigilo, o alívio do sofrimento e a preservação da vida. Por outro lado, a maioria dos estudos que enfocam o ensino da ética na medicina se referem somente aos aspectos deontológicos. Os temas de Ciências Humanas são escassos nos currículos médicos, o que contribui para deixar inseguros os profissionais de saúde diante de situações clínicas em que há conflitos morais, quando o que o médico defende de atitude para a saúde do paciente entra em conflito com o que ele pensa e acredita.

As novas tecnologias médicas e o ensino médico predominantemente técnico, fizeram com que o médico se distanciasse das questões mais subjetivas dos seres humanos que, obviamente, interferem na sua saúde. Isso resultou numa "desumanização" da assistência à saúde. Na tentativa de reverter esse processo, têm sido feitos investimentos na formação médica no tema humanização, relações humanas, comunicação, entre outros. Uma experiência positiva de formação ética foi desenvolvida pelas Faculdades Integradas do Norte de Minas. Para cumprir as novas definições curriculares de Medicina, instituíram no currículo médico a partir de 2018, o Módulo de Humanidades, Bioética e Antropologia Médica no sexto período da graduação. Após cursar esse módulo, os estudantes perceberam uma mudança para melhor na própria postura profissional, o que evidencia o potencial de transformação do ensino da ética (Silveira; Goulart; Neto, 2021).

Dessa forma, destaca-se a necessidade do ensino da ética e da bioética nos cursos de Medicina, visto que a formação médica ultrapassa a aprendizagem técnica de temas das ciências médicas e biológicas. Sua formação deve incluir saber lidar com questões relacionadas à vida e à morte, à comunicação com o paciente, assim como com a realização de pesquisas científicas com seres humanos.

Os seres humanos são biopsicossociais, daí a necessidade da inclusão do estudo da ética e da bioética para futuros médicos, a fim de exercerem a profissão com qualidade, pois não basta ter conhecimento técnico sobre o corpo humano e as doenças que podem acometê-lo, mas também sua dimensão psicossocial que intervém na sua saúde.

Impõem-se uma reflexão sobre os valores que se referem à vida e à saúde. A formação ética do médico é necessária para aprimorar sua competência moral. Na atualidade, as pessoas são mais bem informadas sobre o funcionamento de seu corpo, sobre saúde e doenças, já que têm fácil acesso a informações pela *internet*. Os pacientes não são mais "pacientes", e não aceitam uma relação desigual com o profissional de saúde e expressam com mais naturalidade seus interesses, pois se mostram mais autônomos.

Em um estudo realizado com professores de 103 faculdades de Medicina do Brasil, com o objetivo de analisar o ensino de ética, os autores constataram que este ainda é muito incipiente, com uma carga horária muito reduzida comparada a outras disciplinas. Apenas em cerca de 1/3 delas é dada em disciplina autônoma e, nas restantes, é lecionada associada a outras disciplinas, principalmente à Medicina Legal. Na maioria das escolas a ética é ministrada apenas no quarto ano médico (Muñoz; Muñoz, 2003).

O ensino da ética nos cursos de graduação envolve questões complexas que incluem incertezas, diversidade de opiniões e valores morais. Quando ele é ministrado numa abordagem transversal, com outras disciplinas, cria oportunidades de diálogo, de troca de ideias e reflexões sobre problemas reais que se apresentam nas práticas profissionais. Não se trata de uma tarefa fácil, visto que o ensino da ética e da bioética envolve aspectos filosóficos, sociais e psicopedagógicos que sejam capazes de promover o desenvolvimento moral dos alunos.

Em um estudo de revisão sistemática sobre o ensino da deontologia, ética médica e bioética nas escolas médicas brasileiras, os autores evidenciaram que os temas mais abordados são o segredo e a responsabilidade profissionais. A carga horária é baixa e o número de profissionais habilitados para o ensino da ética é pequeno. Geralmente, é ministrada de forma pontual no curso, na disciplina de Medicina Legal, o que não acompanha a tendência mundial de abordagem multidisciplinar e integrada da ética (Dantas; Sousa, 2008). Outro estudo de revisão corrobora a tradição do ensino da ética numa visão deontológica também nas escolas de enfermagem, com orientações normativas e prescritivas, restrita às normas e códigos. Os artigos revisados ressaltam que o ensino da ética, com o objetivo de contribuir com o desenvolvimento moral do futuro profissional de saúde, não é bem-sucedido se for restrito a uma única disciplina, pois trata-se de um processo longo e abrangente. Por isso, a abordagem mais recomendada é a de que o ensino da ética seja ministrado de forma transversal e organizada ao longo do curso (Gerber; Zagonel, 2013). A transversalidade do ensino da ética também é sublinhada na área de enfermagem em um artigo que apresenta uma reflexão sobre os aspectos filosóficos, sociais e psicopedagógicos que devem sustentar o ensino da ética/bioética para o desenvolvimento moral dos alunos durante a graduação. As autoras ressaltam que o enfoque do ensino da ética não deve ser centrado na deontologia, e sim no ensino transversal de valores por meio de metodologias ativas (Ferreira; Ramos, 2006). Numa análise dos projetos pedagógicos de cursos de Enfermagem com o objetivo de traçar o panorama do ensino da ética de 153 cursos ativos, apenas 106 projetos pedagógicos estavam disponíveis nos sites das Instituições de Ensino Superior, dos quais 103 dispunham de disciplina de ética e em 53 o tema "ética" estava incluso como tópico de outras disciplinas ministradas de forma transversal (Bueno *et al.*, 2023).

A preocupação com a formação ética de estudantes da área da saúde parece ser uma realidade no meio acadêmico, pois um levantamento realizado no banco de teses defendidas da Capes entre 1994 e 2009 sobre esse tema constatou um aumento significativo de pesquisas a partir de 2007, principalmente nas áreas da Enfermagem, Medicina e Odontologia (Koerich; Erdmann, 2011). Em revisão bibliográfica de 25 estudos brasileiros sobre ensino da ética médica, os temas mais tratados foram morte, eutanásia, aborto, segredo médico, responsabilidade profissional e relação médico-paciente. Por sua vez, os temas pouco abordados se referiam aos direitos dos pacientes, conflitos éticos entre professor-aluno e aluno paciente, uso indevido de cadáveres, cuidados paliativos e uso de redes sociais. Algumas investigações sugeriram a inclusão de novas práticas para a melhoria do ensino de ética no curso médico como o cinema, o uso de literatura paradidática, entre outros (Godoi; Costa, 2023).

Há evidências da importância conferida por alunos e docentes ao ensino-aprendizagem da ética nos cursos de graduação. Valoriza-se principalmente a instrução com métodos participativos em que se leva em consideração a bagagem de conhecimento já adquirida e o diálogo na solução dos problemas (Ferreira; Ferreira; Faria, 2011).

As denúncias contra médicos são abundantes, o que demonstra a necessidade de aperfeiçoamento de sua formação ética. No momento, é dado pouco espaço no currículo médico para o ensino da ética que, além disso, é considerado muito filosófico e pouco prático. Os alunos qualificam a formação curricular acadêmica e o exemplo prático dos professores como importantes fontes de aprendizado da Ética, que não deve ser restrita ao Código de Ética Médica. Muitos nem mesmo têm interesse em se aprofundar no estudo do Código de Ética Médica, evidenciando que os estudantes não dimensionam adequadamente sua importância e seu lugar na formação. O ensino da ética é fundamental para contribuir com a formação profissional não alienada do contexto social, cultural e político dos indivíduos. Um estudo com sextanistas de medicina sobre o ensino da ética evidenciou que os alunos consideram que a principal fonte de formação ética é a família. Em segundo lugar, o currículo médico e, em terceiro, o exemplo prático dos professores. A maioria dos alunos considera que o ensino de ética é insuficiente para os capacitarem a enfrentar as situações eticamente conflituosas que se apresentam no dia a dia da profissão (Camargo; Almeida; Morita, 2014).

O processo de ensino-aprendizagem da ética é complexo, pois envolve valores que para algumas pessoas estão ligados às emoções, e não à razão. Por outro lado, é comum alunos observarem atitudes dos professores que não condizem com o que é preconizado teoricamente em se tratando de comportamento ético. As situações eticamente conflituosas são vivências comuns de estudantes de Medicina (Taquette *et al.*, 2005). Pesquisa qualitativa realizada por meio de entrevistas com 24 estudantes de Medicina, com o objetivo de identificar as percepções deles sobre o ensino da ética na graduação, evidenciou que este não é valorizado e é completamente dissociado da prática médica. Pouco conteúdo de ciências humanas é ministrado e o exemplo prático de comportamento ético dos professores é negativo. A ética precisaria ser um conteúdo a ser discutido e refletido durante todo o curso e não de forma isolada e pontual. Além disso, destacam que os professores deveriam passar por educação permanente para terem uma atuação ética e servirem de exemplo aos alunos no cotidiano da assistência, nos ambulatórios e enfermarias (Menezes *et al.*, 2019).

Em cursos de graduação de outras áreas que não a biomédica, o ensino da ética também é limitado, por exemplo, nas faculdades de Administração. Foi realizado um estudo por meio de grupos focais com alunos de Administração com o objetivo de investigar qual a concepção que eles têm sobre o termo ética, a importância que atribuem ao seu estudo e como deve ser seu ensino nas escolas de Administração. Os resultados evidenciaram que as concepções de certo ou errado dos alunos não foram equânimes e que eles consideram que o aprendizado da ética começa na família e na escola primária, e dura toda a vida. A influência do ambiente social é poderosa na formação ética do indivíduo e o Brasil é visto como um mau exemplo nesse campo. Uma sociedade em que você consegue mais benefícios agindo de forma antiética, devido à lentidão da justiça e à impunidade, é um desestímulo à atuação ética. Houve quem expressasse que se todos agem de forma antiética, você se sente autorizado a fazer o mesmo. Apesar da visão negativa a respeito da sociedade brasileira quanto ao comportamento ético, a maioria dos participantes do estudo concorda ser importante o ensino da ética nos cursos superiores e de forma transversal, não numa única disciplina. Entretanto, houve quem manifestasse que não há utilidade em se ensinar ética, pois isso se aprende na vida (Ferreira; Ferreira; Faria, 2011).

Formação ética em pesquisa

Ao pensarmos sobre a formação ética dos profissionais a fim de possibilitar a condução de pesquisas científicas com integridade ética, é necessário refletir sobre o ensino da ética do ponto de vista global. Em ensaio sobre o ensino da ética global numa perspectiva aplicada, Garrafa, Cunha e Manchola-Castillo (2020) nos lembram que toda produção de conhecimento ocorre dentro de um contexto geopolítico e por ele é influenciada. Não é possível ignorar, nessa agenda de ensino, os conflitos éticos que afligem a grande maioria da população do planeta, como a pobreza, a exclusão social, a discriminação entre outros. O foco do ensino da ética deve ser voltado às questões coletivas, geográfica-regionais e planetárias. É necessário que haja acordos entre as diversas nações para que se encontre um caminho que seja pacífico, plural e secular. Os autores argumentam que a Bioética Principialista, baseada em quatro princípios que alguns consideram universais (autonomia, beneficência, não maleficência e justiça), não se sustenta num mundo desigual. Eles propõem a Bioética da intervenção, acrescentando aos princípios do principialismo novos conceitos como a alteridade, a responsabilidade, a solidariedade, a proteção, a precaução, a prudência, a tolerância, a igualdade, a equidade, entre outros. A Bioética da intervenção seria uma ferramenta para o empoderamento e emancipação dos oprimidos e vulneráveis, na visão freiriana da educação libertadora (Freire, 2019). Portanto, para Garrafa, Cunha e Manchola-Castillo (2020), é necessário que parâmetros para o ensino da ética global sejam estabelecidos, para o qual propõem que não tenha conteúdos e métodos fixos, mas sim um caráter contextual e oposto ao imperialismo moral e à colonialidade da vida. Em outras palavras, não é possível o ensino da ética sem eliminar sua lógica colonial resultante da ordenação geopolítica do mundo. Os referenciais éticos devem ser compatíveis com uma vida no planeta adequada para todos e não só para aqueles que historicamente detêm o poder. Vale lembrar que os danos à natureza provocados pelos países industrializados afetam indistintamente a todos, mesmo os grupos populacionais que não têm nenhuma relação com a economia global, como os indígenas que sofrem os efeitos ambientais.

O tema do ensino da ética em pesquisa não é objeto frequente de estudos no Brasil. Em uma busca no site do SciELO do Brasil, utilizando as palavras-chave "Ensino", "Ética" e "Pesquisa", constatou-se nos artigos disponibilizados que nenhum título se referiu ao ensino da ética em pesquisa. A maioria dos estudos que enfocam o ensino da ética nos cursos de graduação são voltados para o exercício da profissão, baseado em princípios e, sobretudo, sobre o aspecto deontológico. Observa-se uma carência de reflexão acadêmica e científica sobre o ensino da integridade ética em pesquisa, o que acaba sendo uma lacuna na formação de futuros pesquisadores e um prejuízo à ciência.

Referências

ALMEIDA, J. L. T.; SCHRAMM, F. R. Transição paradigmática, metamorfose da ética médica e emergência da bioética. *Cadernos de Saúde Pública*, v. 15, n. 1, p. 15-25, 1999.

BRASIL. Diretrizes Curriculares Nacionais do Curso de Graduação em Medicina. *Resolução CNE/CES nº 3, de 20 de junho de 2014*. Brasília: Ministério da Educação, 2014.

BUENO, A. A. *et al.* Panorama do ensino de ética em enfermagem nas instituições públicas de ensino superior do Brasil. *Revista Brasileira de Enfermagem*, v. 76, n. 3, p. e20220808, 2023.

CAMARGO, A.; ALMEIDA, M. A. S.; MORITA, I. Ética e bioética: o que os alunos do sexto ano médico têm a dizer. *Revista Brasileira de Educação Médica*, v. 38, n. 2, p. 182-189, 2014.

CHAUÍ, M. A filosofia moral. *In*: CHAUÍ, M. (ed.). *Convite à Filosofia*. 3. ed. São Paulo: Editora Ática, 1995. p. 339-355.

CNPq. *Relatório da Comissão de Integridade de Pesquisa do CNPq*. Brasília: Conselho Nacional de Desenvolvimento. Disponível em: https://www.gov.br/cnpq/pt-br/composicao/comissao-de-integridade/relatorio-comissao--integridade-do-cnpq.pdf

COELI, C. M.; LIMA, L. D. DE; CARVALHO, M. S. Hipercompetitividade e integridade em pesquisa. *Cadernos de Saúde Pública*, v. 34, n. 1, p. e00000718, 2018.

CONSELHO FEDERAL DE MEDICINA. Código de Ética Médica. *Resolução CFM nº 2.217, de 27 de setembro de 2018, modificada pelas Resoluções CFM nº 2.222/2018 e 2.226/2019*. Brasília: CFM, 2019.

DANTAS, F.; SOUSA, E. G. Ensino da deontologia, ética médica e bioética nas escolas médicas brasileiras: uma revisão sistemática. *Revista Brasileira de Educação Médica*, v. 32, n. 4, p. 507-517, 2008.

Fapesp. *Código de boas práticas científicas*. São Paulo: Fundação de Amparo à Pesquisa de São Paulo, 2014. Disponível em: https://fapesp.br/acordos/SECOVI/boas_praticas.pdf

FERRARI, A. G.; SILVA, C. M.; SIQUEIRA, J. E. Ensino de bioética nas escolas de medicina da América Latina. *Revista Bioética*, v. 26, n. 2, p. 228-234, 2018.

FERREIRA, D. A.; FERREIRA, L.; FARIA, M. D. O ensino da ética em administração: percepções e opiniões dos alunos. *Administração: Ensino e Pesquisa*, v. 12, n. 1, p. 41-64, 2011.

FERREIRA, H. M.; RAMOS, L. H. Diretrizes curriculares para o ensino da ética na graduação em enfermagem. *Acta Paulista De Enfermagem*, v. 19, n. 3, p. 328-331, 2006.

FREIRE, P. Educação como prática da liberdade. 53. ed. São Paulo: Paz & Terra, 2019.

GARRAFA, V.; CUNHA, T. R.; MANCHOLA-CASTILLO, C. Ensino da ética global: uma proposta teórica a partir da Bioética de intervenção. *Interface - Comunicação, Saúde, Educação*, v. 24, p. e190029, 2020.

GERBER, V. K. Q.; ZAGONEL, I. P. S. A ética no ensino superior na área da saúde: uma revisão integrativa. *Revista Bioética*, v. 21, n. 1, p. 168-178, 2013.

GODOI, E. O. C.; COSTA, G. P. O. Avaliação do ensino de ética no curso médico. *Revista Bioética*, v. 31, p. e2774PT, 2023.

KOERICH, M. S.; ERDMANN, A. L. O estado da arte sobre ética em saúde no Brasil: pesquisa em banco de teses. *Texto & Contexto - Enfermagem*, v. 20, n. 3, p. 576-584, 2011.

KOTTOW, M. História da ética em pesquisa com seres humanos. *RECIIS - Eletrônica De Comunicação, Informação & Inovação em Saúde*, v. 2, n. Sup1, p. Sup7-Sup18, 2008.

MENEZES, M. M. *et al.* Percepções sobre o ensino de ética na medicina: estudo qualitativo. *Revista Bioética*, v. 27, n. 2, p. 341-349, 2019.

MINAYO, M. C. S. Anthropological contributions for thinking and acting in the health area and its ethical dilemas. *Ciência & Saúde Coletiva*, v. 13, n. 2, p. 329-339, 2008.

MUÑOZ, D.; MUÑOZ, D. R. O ensino da ética nas faculdades de medicina do Brasil. *Revista Brasileira de Educação Médica*, v. 27, n. 2, p. 114-124, 2003.

POTTER, V. R. *Bioethics*: bridge of the future. Englewoood: Prentice Hall, 1971.

RACHELS, J. Uma breve introdução à filosofia moral. *In*: RACHELS, J.; RACHELS, S. (eds.). *A coisa certa a fazer*: leituras básicas sobre filosofia moral. 6. ed. Porto Alegre: AMGH Editora, 2014. p. 13-30.

RUSS, J. *Filosofia*: os autores, as obras. Petrópolis: Vozes, 2015.

SANTOS, L. H. L. Sobre a integridade ética da pesquisa. *Fapesp*, 2011. Disponível em: https://fapesp.br/6566/sobre-a-integridade-etica-da-pesquisa

SILVEIRA, D. G. P. X.; GOULART, R. C. L.; NETO, P. E. S. Ética médica nas Faculdades Integradas do Norte de Minas: percepção do estudante. *Revista Bioética*, v. 29, n. 1, p. 174-185, 2021.

TAQUETTE, S. R. *et al.* Situações eticamente conflituosas vivenciadas por estudantes de medicina. *Revista da Associação Médica Brasileira*, v. 51, n. 1, p. 23-28, 2005.

ZUIN, A. A. S.; BIANCHETTI, L. O produtivismo na era do "publique, apareça ou pereça": um equilíbrio difícil e necessário. *Cadernos de Pesquisa*, v. 45, n. 158, p. 726-750, 2015.

2
Histórico da ética em pesquisa em/com seres humanos

Introdução

A integridade ética na pesquisa pressupõe: o respeito às pessoas, à sociedade e ao meio ambiente; a honestidade no seu desenvolvimento e na apresentação de seus resultados; e a responsabilização por ela e seu impacto por parte de quem a conduz. A contribuição que um estudo científico pode trazer para a sociedade é inseparável da responsabilização que cada cientista tem em decorrência dela.

Como abordado no capítulo anterior, pode-se dizer que a integridade ética da pesquisa tem dois componentes: a Bioética, que diz respeito aos valores universais da vida humana e animal; e a Ética profissional, que é referente ao conjunto de deveres que se impõem ao cientista e asseguram a probidade no desenvolvimento da pesquisa e sua divulgação (Kottow, 2008).

Este capítulo é dedicado à descrição do histórico e da evolução das normas éticas em pesquisa referentes ao componente denominado de Bioética. Esta se preocupa com a relação entre o pesquisador e o sujeito da pesquisa, sendo sua função principal proteger o participante voluntário e assegurar sua dignidade em todo o processo até a divulgação de seus resultados.

Vale destacar que qualquer pesquisa científica em/com seres humanos deve respeitar minimamente as seguintes condições: ter qualidade, relevância e justificativa; apresentar transparência metodológica; incluir o consentimento livre e esclarecido do participante; garantir a autonomia do recrutado assim como a confiabilidade dos dados; ser justa no sentido de dar acesso a todos que queiram participar e aos seus benefícios; e promover a beneficência e a não maleficência.

Ética/bioética em pesquisa em/com seres humanos

Os princípios éticos que conduzem uma pesquisa científica têm por base o respeito ao ser humano, assegurando sua liberdade e dignidade. Esses fatores são traduzidos em diretrizes éticas e códigos elaborados pelas instâncias reguladoras das pesquisas desenvolvidas com seres humanos. A finalidade dessas normativas é resguardar os participantes e assegurar a eticidade da pesquisa durante todo seu desenvolvimento. A produção de novos conhecimentos, principal objetivo da pesquisa científica, não está acima dos direitos e interesses do indivíduo pesquisado. A responsabilidade pela proteção dos participantes de pesquisas é do pesquisador.

No passado e ainda hoje observam-se pesquisas antiéticas, tanto pelo não respeito aos direitos dos pesquisados quanto por sua condução desonesta. Três documentos internacionais são os principais balizadores das normas éticas em pesquisa: o Código de Nuremberg, a Declaração de Helsinque e o Relatório Belmont.

Código de Nuremberg

É o documento pioneiro na normatização da ética em pesquisa. O Tribunal de Nuremberg ocorreu no final da Segunda Guerra Mundial e julgou 23 pessoas consideradas criminosas de guerra e sete receberam a pena capital. Vinte acusados eram médicos. O mais famoso deles, Josef Mengele, fazia experimentos torturantes com os prisioneiros, em especial com gêmeos, que eram mortos quando não serviam mais para seus estudos. Os presos eram sacrificados com experiências ameaçadoras da vida, por exemplo, deixá-los ao relento no frio para identificar até que temperatura o corpo humano sobrevivia. Em 19 de agosto de 1947 foram divulgadas as sentenças e apresentado o documento que ficou denominado como Código de Nuremberg. Foi o primeiro conjunto de normas visando a ética em pesquisa científica com seres humanos e se tornou um marco histórico.

O Código de Nuremberg tem dez itens com normativas referentes à pesquisa com seres humanos. Ele inclui a necessidade da qualificação científica do pesquisador para conduzir o estudo e o consentimento do pesquisado para ser voluntário. A pesquisa precisa de uma justificativa válida e seus resultados devem ser vantajosos. O grau de risco aceitável deve ser limitado à importância do problema em investigação, evitando-se sofrimento e danos desnecessários. Não pode haver experimentos com risco de morte ou invalidez, a não ser que o próprio pesquisador seja o voluntário do estudo e, qualquer que seja a pesquisa, deve ser interrompida em casos de danos imprevistos aos pesquisados. Os experimentos devem ser realizados primeiro em animais antes de serem efetuados em humanos (Cremesp, 2002).

Mesmo após o Código de Nuremberg, experiências científicas antiéticas continuaram sendo realizadas. No entendimento de alguns cientistas, o Código só tinha valor para experimentos conduzidos em locais com regimes políticos totalitários, pois em democracias essas experiências não ocorreriam, portanto, este não era necessário. Contudo, a história mostra o contrário. Muitas pesquisas continuaram acontecendo com populações vulneráveis com autonomia reduzida, como prisioneiros, pessoas institucionalizadas, africanos, ciganos, pobres, crianças, entre outros. Exemplos frequentes de experimentos antiéticos são os ensaios clínicos com populações de países sem serviços de saúde adequados, com a utilização dos resultados positivos em países desenvolvidos, sem benefícios para as comunidades submetidas ao estudo.

Ao longo da história, casos notórios de pesquisas antiéticas foram registrados. O de Tuskegee é um deles. Trata-se do nome do centro de saúde de Macon, cidade no Alabama, EUA, onde foi realizado um estudo longitudinal com 600 homens negros, sendo 201 sãos e 399 com diagnóstico de sífilis, entre 1932 e 1972. O objetivo foi observar a evolução da doença, livre de tratamento, pois recebiam apenas placebo[2]. Os infectados não sabiam do diagnóstico. O experimento foi conduzido pelo Serviço de Saúde Pública dos Estados Unidos da América e mesmo depois da disponibilização da penicilina na década de 1940 do século passado, os participantes continuaram sem tratamento, com sérias consequências para a saúde. Todos desconheciam o diagnóstico da doença e acreditavam estar recebendo um tratamento especial e gratuito para um problema no sangue. Sobreviveram ao final do experimento 74 participantes, dos 399 infectados. O experimento só foi interrompido quando ganhou destaque após denúncia na imprensa, o que revela o descaso não só dos pesquisadores que conduziam as pesquisas, mas também do governo norte-americano, pois se tratou de um estudo financiado pelo poder público (Goldim, 1999). Outro estudo antiético conhecido e absolutamente inaceitável foi desenvolvido na década de 1960 do século XX, por um pesquisador norte-americano, sobre a hepatite B. O pesquisador inoculava o vírus da hepatite em crianças institucionalizadas. Era obrigatório receber a injeção do vírus para ser aceita na instituição. Os pais eram enganados com a informação de que se tratava de uma vacina (Rego; Palácios, 2012).

A quantidade de exemplos de estudos em que não é respeitada a autonomia do participante ainda é numerosa. Recentemente, no Brasil, durante a pandemia da covid-19, houve quem sugerisse a possibilidade de se testar vacinas com presidiários. As declarações midiáticas sobre o tema aconteceram, tendo a senhora Maria da Graça Meneghel, mais conhecida pelo nome artístico Xuxa, a "rainha dos baixinhos", manifestado-se a

2. Intervenção ou tratamento sem efeito terapêutico utilizado em estudos controlados para comparação com fármacos potencialmente ativos.

favor desse procedimento antiético. Xuxa disse textualmente numa *live* sobre direitos dos animais (Dallegrave, 2021):

> [...] acho que se são pessoas que está provado que irão passar sessenta anos na cadeia, cinquenta anos na cadeia, e que irão morrer lá... acho que poderiam usar ao menos um pouco da vida delas para ajudar outras pessoas provando remédios, vacinas, provando tudo nessas pessoas.

A artista passou a ser chamada pejorativamente de *Xuxa* "Mengele" em vez de Meneghel, em alusão ao médico nazista condenado em Nuremberg.

Declaração de Helsinque (DH)

É o segundo mais conhecido documento internacional balizador da ética em pesquisa. Foi elaborado na 18ª Assembleia Geral (AG) da Associação Médica Mundial (AMM) realizada em Helsinque, na Finlândia, em 1964. Essa declaração vem sendo aperfeiçoada ao longo dos anos nas AGs da AMM e recebeu várias emendas, sendo a mais recente em 2013, na 64ª AG, realizada em Fortaleza, no Brasil (World Medical Association, 2013).

A DH é composta de 37 itens. Em seu preâmbulo, ela traz os princípios éticos para a pesquisa médica envolvendo seres humanos e adverte que é dirigida principalmente aos médicos. Ela assinala que o bem-estar dos participantes de uma pesquisa deve prevalecer sobre os interesses da ciência e da sociedade. Nos Princípios Gerais, declara que a pesquisa médica com seres humanos está sujeita a padrões éticos que promovem e garantem o respeito a todos os seres humanos e protegem sua saúde e direitos. A responsabilidade pela proteção dos sujeitos é do pesquisador. Médicos só podem envolver seus pacientes em pesquisas com pleno potencial de trazer benefícios aos próprios pacientes e que não afetem a sua saúde. Os riscos, ônus e benefícios devem ser avaliados criteriosamente para minimizar possíveis danos. No caso de grupos e indivíduos vulneráveis, estes devem receber proteção específica. A declaração define os requisitos científicos e protocolos de pesquisa que obrigatoriamente devem ser aprovados por Comitês de Ética em Pesquisa. A privacidade e confidencialidade deve ser garantida, com consentimento informado do participante de forma livre e esclarecida. No caso do uso de placebo, a declaração informa que só é aceitável quando não existe intervenção comprovada ou não intervenção. As intervenções não comprovadas podem ser usadas na ausência de outras comprovadas, com consentimento informado, se for para salvar vidas ou aliviar sofrimentos, tudo devidamente registrado. Nos ensaios clínicos com uso de placebo, os responsáveis devem fazer provisões para acesso pós-ensaio para todos os participantes que ainda necessitam de uma intervenção identificada como benéfica pós-ensaio, e os participantes devem ser informados sobre isso.

Toda pesquisa com seres humanos deve ser registrada e todos os pesquisadores, autores, patrocinadores e editores têm obrigações éticas em relação à publicação e disseminação dos resultados da pesquisa. Os pesquisadores têm o dever de tornar disponíveis publicamente os resultados de sua pesquisa com seres humanos e são responsáveis pela integridade e exatidão de seus relatórios. Em seu último item, a DH dispõe sobre intervenções não comprovadas que só podem ser usadas se oferecer esperança de salvar a vida, restabelecer a saúde ou aliviar sofrimento quando não existem outras intervenções comprovadas ou conhecidas que se mostraram efetivas.

As reformulações da DH foram feitas a partir das demandas da comunidade científica e não ocorreram sem longa discussão e nem sempre com consenso. Já sucederam nove emendas nas AGs da AMM listadas abaixo em ordem cronológica:

1975: 29ª AG em Tóquio – Japão;

1983: 35ª AG em Veneza – Itália;

1989: 41ª AG em Hong Kong;

1996: 48ª AG em Somerset West – África do Sul;

2000: 52ª AG em Edimburgo – Escócia;

2002: 53ª AG em Washington – EUA;

2004: 55ª AG em Tóquio – Japão;

2008: AG em Seul – Coreia do Sul;

2013: 64ª AG em Fortaleza – Brasil.

Na Assembleia do ano 2000, ocorrida em Edimburgo, na Escócia, foram propostas mudanças pela delegação americana que geraram controvérsias e insatisfações, pois eram ameaçadoras para países em desenvolvimento. Foi proposto mudar o artigo que garantia "o melhor tratamento existente" para "o que estiver disponível" aos participantes de uma pesquisa clínica. Isso significou que nos casos de ensaios clínicos bem-sucedidos de novas drogas, financiados por países desenvolvidos e realizados em voluntários de outros países mais pobres, os participantes não teriam acesso aos seus resultados, pois em seus locais de origem essas novas drogas não estariam disponíveis. Isso aconteceu de fato em relação ao tratamento da Aids com a descoberta dos antirretrovirais. As nações africanas têm menos recursos financeiros e aceitaram ser voluntários de ensaios clínicos de novas drogas para o tratamento da Aids. Os pesquisadores que propuseram a mudança na DH argumentaram que não são responsáveis pela pobreza desses países e pela desigualdade mundial ao justificar levianamente o rebaixamento ético das normas. Alguns países discordantes das emendas não ficaram satisfeitos e não as adotaram. O Brasil foi um deles. A posição crítica do Brasil foi defendida no Fórum Nacional da Declaração de Helsinque ocorrido em Brasília em fevereiro de 2000 e registrada no documento "Carta de Brasília" em que repudia as mudanças propostas no texto original da Declaração (Diniz; Corrêa, 2001).

As mudanças da DH relativas aos ensaios clínicos vêm atender principalmente às indústrias farmacêuticas por meio de "dumping ético", ou seja, a exportação de práticas antiéticas de países desenvolvidos para países subdesenvolvidos com a exploração de populações vulneráveis, principalmente em ensaios clínicos de Fase 1 (Germán; Rosemarie, 2019).

A flexibilização do uso de placebo em pesquisas clínicas é o que tem orientado as revisões da DH. Experimentos que são proibidos em países ricos da Europa e outros continentes são propostos por pesquisadores dessas nações para serem conduzidos em outros países mais pobres. Na versão da DH do ano 2000, ocorrida em Edimburgo, houve uma mudança no que diz respeito ao uso do placebo. Passou a ser permitido o uso de intervenções menos eficazes do que a melhor intervenção comprovada, desde que justificadas por motivos metodológicos convincentes e cientificamente sólidos (Garrafa; Prado, 2001). Essa mudança gerou interpretações divergentes e a AMM se preocupou em reafirmar que se deve tomar cuidado extremo no uso de pesquisas com placebo, e que, em geral, essa metodologia somente pode ser utilizada na inexistência de terapia. Contudo, em uma nota de esclarecimento na DH, a AMM assim se expressou: pesquisas que utilizam placebo podem ser eticamente aceitáveis, mesmo se a terapia estiver disponível, sob as seguintes circunstâncias:

- Quando por sérias razões metodológicas e científicas o seu uso for necessário para determinar a eficácia ou a segurança de um método profilático, diagnóstico ou terapêutico; ou
- Quando um método profilático, diagnóstico ou terapêutico estiver sendo pesquisado por uma condição irrelevante e os pacientes que receberem o placebo não foram sujeitos a qualquer risco adicional de dano sério ou irreversível. Todas as outras disposições da Declaração de Helsinque devem ser seguidas, em especial a necessidade de uma apropriada revisão ética e científica.

Em 2004, a AMM lançou outra nota de esclarecimento, abrangendo a obrigatoriedade de acesso pós-estudo a intervenções que se revelassem benéficas. Essas notas de esclarecimento suscitaram debate no Brasil. Um encontro promovido pela Associação Médica Brasileira com membros da Comissão Nacional de Ética em Pesquisa (Conep), do Conselho Federal de Medicina (CFM), do Conselho Nacional de Saúde (CNS) e profissionais de pesquisa clínica refutou as mudanças da DH, considerando-as maléficas para as populações vulneráveis. Essa posição brasileira foi apresentada na AG da AMM em Seul, em 2008, e não foi acatada. Portanto, manteve-se o entendimento de que sob certas circunstâncias, o uso de intervenções menos eficazes do que a melhor existente é permitido (Passini; Pinheiro; Montagner, 2018). Contudo, no Brasil, o CFM editou a Resolução nº 1885, em 2008, e em seu Art. 1º afirma:

> É vedado ao médico vínculo de qualquer natureza com pesquisas médicas envolvendo seres humanos que utilizem placebo em seus experimentos, quando houver tratamento eficaz e efetivo para a doença pesquisada.

Essa posição da DH a respeito do uso do placebo traz preocupações em relação aos ensaios clínicos realizados em países que não contam com uma regulamentação ética rígida nem a disponibilização de tratamentos mais eficazes. As populações que se encontram em baixas condições socioeconômicas são facilmente cooptáveis a participar de ensaios clínicos porque acreditam que serão tratadas sem custo. Na AG da AMM mais recente, realizada em Fortaleza em 2013, mantiveram-se estas mudanças que permitiram o uso de intervenções menos eficazes do que as comprovadas. Como novidade, esta versão da DH prevê a compensação apropriada aos participantes pelos danos que porventura houver no caso de não receberem a intervenção mais eficaz, mas não esclarece de que forma ela será assegurada. Portanto, a DH atual vulnerabiliza as populações mais pobres (Passini; Pinheiro; Montagner, 2018).

Não é eticamente aceitável privar um paciente voluntário de uma pesquisa do melhor tratamento e nem permitir que sejam voluntários de experimentos em que preponderam os interesses da indústria farmacêutica. Sendo o Brasil um país com muita desigualdade social, sua população é especialmente vulnerável a ser cooptada para pesquisas potencialmente exploradoras em que não será beneficiada por seus resultados. Vale destacar que a posição brasileira é contrária ao uso do placebo em situações em que existe tratamento eficaz. Ela foi acatada pelo CFM na Resolução nº 1885/08, pelo Conselho Nacional de Saúde e pela Sociedade Brasileira de Bioética.

Relatório Belmont

Trata-se do terceiro mais importante documento normativo internacional sobre ética em pesquisa. Foi produzido pela Comissão Nacional para a Proteção a Sujeitos Humanos de Pesquisa Biomédica e Comportamental nos EUA. Essa Comissão foi criada em 1974, e teve como principal atribuição identificar os princípios éticos básicos que deveriam fundamentar a conduta nas pesquisas científicas com humanos e desenvolver diretrizes a serem seguidas para garantir o respeito a esses princípios. A Comissão foi composta por 11 membros que incluíam professores das áreas da Medicina, Biologia, Bioética, Direito, Ética cristã, Psicologia e membros da sociedade como médicos, advogados e representantes do Conselho Nacional de Mulheres Negras (USA, 1979).

A criação dessa Comissão foi impulsionada pelos problemas decorrentes do caso de Tuskeggee. O Relatório Belmont foi lançado em 1978 e é fruto das discussões da Comissão. Trata-se de uma declaração de princípios e diretrizes éticas básicas para auxiliar na resolução dos problemas éticos que envolvem a condução de pesquisas com seres humanos e sua proteção. Apresenta três normas fundamentais: respeito às pessoas, beneficência e justiça.

1. Respeito às pessoas: refere-se à autonomia do indivíduo em relação ao seu desejo de participar ou não de um estudo, ou seja, nenhuma pesquisa pode ser feita à revelia do sujeito e se ele estiver numa condição de vulnerável, com sua autonomia reduzida, tem direito à proteção. Ter autonomia significa ser capaz de fazer escolhas e de agir de acordo com elas, defendendo seus interesses. Algumas pessoas têm essa capacidade diminuída devido à baixa idade, a condições de doenças, deficiências ou privação de liberdade, entre outras. Essas pessoas precisam de uma proteção especial na participação em pesquisas ou até mesmo serem afastadas, excluídas daquelas que possam prejudicá-las.

2. Beneficência: o benefício ao participante está acima do interesse da pesquisa, isto é, uma pesquisa não pode causar dano a uma pessoa, mesmo que traga benefícios a outras. Além de não causar dano, o

princípio da beneficência tem como regra a maximização dos benefícios possíveis e a minimização dos riscos, tanto do ponto de vista do indivíduo como da coletividade.

3. Justiça: todos os interessados devem poder participar de protocolos cujos resultados tragam benefícios diretos aos mesmos, assim como ter acesso aos benefícios das pesquisas que participam. Todos devem ser tratados igualmente, ou seja, os encargos e benefícios de um estudo devem ser distribuídos entre todos. Os sujeitos das pesquisas devem ser também seus beneficiários e não como já foi no passado, em que os pobres e prisioneiros eram os participantes dos estudos enquanto os benefícios resultantes das pesquisas eram aplicados em outros.

Os princípios básicos do Relatório Belmont passaram a integrar as regulamentações éticas em pesquisa com seres humanos de forma ampla no mundo.

Normas éticas de pesquisa científica no Brasil

As normas éticas brasileiras são inspiradas e derivadas desses três documentos internacionais citados anteriormente: o Código de Nuremberg, a Declaração de Helsinque e o Relatório Belmont. A primeira norma de ética em pesquisa no Brasil foi a Resolução nº 1 de 1988 do Conselho Nacional de Saúde (CNS). O CNS é um órgão do Ministério da Saúde composto por um colegiado com função deliberativa cuja missão é fiscalizar, acompanhar e monitorar as políticas públicas de saúde. É composto por representantes dos movimentos sociais relativos às questões da saúde, usuários do SUS, entidades nacionais de profissionais de saúde e da comunidade cientifica, prestadores de serviços de saúde e outros representantes do Governo Federal. Sua composição com ampla participação popular garante o controle social em saúde. A Resolução nº 1 é composta de 15 capítulos que dispõem sobre as normas e os aspectos éticos de pesquisa em saúde de diversos tipos: em crianças, em mulheres no período reprodutivo, em indivíduos vulneráveis ou com diminuição de autonomia, assim como pesquisas que envolvem novos fármacos ou material biológico humano. A resolução também inclui a necessidade de comitês de ética para avaliação de projetos nas instituições de saúde e do credenciamento dos mesmos pelo CNS (Brasil, 1988).

Com a evolução da pesquisa em seres humanos no Brasil e a necessidade de aperfeiçoamento do processo de avaliação ética dos protocolos, em 1996 foi criada a Conep – Comissão Nacional de Ética em Pesquisa, sistema vinculado ao CNS. As normas éticas de pesquisa científica com seres humanos no Brasil evoluíram ao longo do tempo por meio das Resoluções, que são dispositivos infralegais, e em maio de 2024 foi sancionada a primeira lei específica, a Lei nº 14.874 de 28 de maio de 2024 que dispõe sobre a pesquisa com seres humanos e institui o Sistema Nacional de Ética em Pesquisa com Seres Humanos. Esse diploma legal impõe limites, responsabilidades e competências para a condução de pesquisas com seres humanos e sua fiscalização. Prevê mudanças no trâmite de avaliação dos projetos de pesquisa, que ainda não foram implementadas devido à necessidade de regulamentação por parte da Presidência da República.

A criação do sistema CEP-Conep foi prevista na Resolução nº 196, aprovada pelo Conselho Nacional de Saúde em 1996 que se tornou um grande marco regulatório nacional de ética em pesquisa. Em seguida, a Resolução nº 466/2012 trouxe algumas mudanças no sentido de reduzir conflitos que foram identificados na implementação da anterior. Em um movimento de aperfeiçoamento da normativa, foi promulgada, em 2016, a Resolução nº 510 com novos itens voltados para contemplar as características de pesquisas em ciências humanas ausentes nas resoluções anteriores, as quais foram moldadas para as pesquisas biomédicas. A Resolução nº 674, de 2022, consolidou essas mudanças acrescentando algum detalhamento que dirimiu dúvidas que persistiam. Por fim, foi promulgada a Lei nº 14.874 em 28/05/2024, tendo entrado em vigor em 90 dias e substituirá o Sistema CEP-Conep pelo Sistema Nacional de Ética em Pesquisa com Seres Humanos após sua regulamentação. A seguir um detalhamento maior das Resoluções.

Sistema CEP-Conep

Tratou-se do sistema de Ética em pesquisa no Brasil. Foi composto inicialmente pela Comissão Nacional de Ética em Pesquisa – Conep e pelos Comitês de Ética em Pesquisa – CEPs, sendo a instância máxima de avaliação ética de protocolos de pesquisa envolvendo seres humanos. Posteriormente, em 15 de dezembro de 2009, a ele foi incorporado à Plataforma Brasil, programa criado para a submissão *on-line* de projetos de pesquisa a serem avaliados pelos CEPs correspondentes. Estes são subordinados à Conep, estão dispostos em todo o território brasileiro nas instituições que desenvolvem pesquisas.

A Conep foi criada como um órgão consultivo, deliberativo, normativo e educativo. É composta por 13 membros, sendo cinco pessoas destacadas no campo da ética em pesquisa e na saúde e oito personalidades com atuação nos campos teológico, jurídico e outros. Ela supervisiona os CEPs e analisa projetos que envolvem maiores riscos de conflitos e de danos aos participantes como ensaios clínicos de novas drogas, pesquisas no campo da genética e reprodução humana, estudos com população indígena, pesquisas com cooperação estrangeira e investigações que envolvem aspectos de biossegurança. A Conep também tem como função dar assessoria sobre questões relativas à pesquisa, tanto para o governo quanto para a sociedade em geral.

Os Comitês de Ética em Pesquisa são subordinados à Conep. São compostos por sete membros, sendo um obrigatoriamente representante da comunidade, o que permite maior controle social do processo, associado à supervisão da Conep e do CNS. Vale lembrar que a produção de conhecimento científico não é neutra e, por vezes, visa atender a interesses diversos. Portanto, o controle social do processo é de extrema relevância para defender os direitos dos participantes (Salgueiro; Freitas, 2022). Os profissionais membros dos CEPs devem ser de áreas diversas e as reuniões são mensais. Não há contato pessoal entre o pesquisador e os membros do Comitê de Ética, mas, a critério dele, o pesquisador poderá participar da reunião do colegiado para prestar esclarecimentos sobre a pesquisa. O papel dos CEPs é avaliar a eticidade dos projetos de pesquisa da instituição da qual faz parte, resguardando a integridade e os direitos dos participantes. Além disso, os CEPs têm importante função educativa na promoção de atividades sobre ética e produção científica e na apuração de denúncias de pesquisas antiéticas.

A partir de 2009, instituiu-se um novo sistema de submissão dos protocolos de pesquisa para a análise ética pelos CEPs, denominada de Plataforma Brasil. Ela veio substituir o antigo Sistema Nacional de Informação sobre Ética em Pesquisa envolvendo seres humanos, o Sisnep. A capacidade da Plataforma Brasil é mais ampla e não é vinculada ao Governo Federal diretamente e sim ao Conselho Nacional de Saúde. Portanto, é submetida ao controle social. Foi desenvolvida pela Conep em parceira com o Departamento de Ciência e Tecnologia do Ministério da Saúde – DECIT e a Agência Nacional de Vigilância Sanitária – Anvisa. Toda pesquisa que envolve seres humanos deve ser submetida na Plataforma Brasil para ser avaliada pelo CEP correspondente ao local onde será realizada e somente pode ser iniciada após sua aprovação. Vale destacar que a aprovação ética de um projeto pelo CEP não é suficiente para garantir sua eticidade durante todo o processo até a divulgação dos resultados, pois toda pesquisa que lida com seres humanos é dinâmica e podem surgir questões não previstas. Possíveis problemas podem ser antecipados e para garantir a ética, decisões devem ser tomadas durante o processo de pesquisa frente ao imponderável.

O Sistema CEP-Conep é um sistema robusto e consolidado. Conta no momento com 892 CEPs distribuídos no país com milhares de membros que exercem um trabalho primoroso e voluntário, sem remuneração. A Lei nº 14.874, de 28 de maio de 2024, que entrou em vigor em agosto do mesmo ano, criou o Sistema Nacional de Ética em Pesquisa com Seres Humanos que ainda carece de um Decreto Regulamentador por parte do Poder Executivo e gradativamente provocará uma reorganização do Sistema CEP-Conep (Hellmann; Guedert, 2024).

Resolução nº 196/96

Foi emitida pelo Conselho Nacional de Saúde e sua elaboração contou com grupo de trabalho multidisciplinar e pluralista composto por pessoas de áreas de atuação diversas como médicos, enfermeiros, teólogos, farmacêuticos, odontólogos e representantes dos usuários do SUS. Apresenta uma lógica biomédica como a Declaração de Helsinque e é baseada nos princípios da autonomia, beneficência, não maleficência e justiça (Brasil, 1996). Essa resolução dispõe de normas específicas referentes à ética na pesquisa envolvendo seres humanos e tem itens semelhantes à Declaração de Helsinque.

Em seu preâmbulo/disposições preliminares são apresentados os documentos internacionais na qual é fundamentada, como o Código de Nuremberg, a Declaração de Helsinque, o Acordo Internacional sobre Direitos Civis e Políticos e a Constituição Brasileira. Ela se apoia em quatro referenciais básicos da bioética: autonomia, não maleficência, beneficência e justiça, visando assegurar os direitos básicos dos envolvidos.

A resolução, no item II, define os termos utilizados: pesquisa, protocolo, instituição de pesquisa, risco da pesquisa, dano, vulnerabilidade, entre outros. No item III estão contidos os aspectos éticos das pesquisas com seres humanos e todas as exigências éticas para realizá-la: relevância, justificativa, riscos e benefícios, assinatura do Termo de Consentimento Livre e Esclarecido (TCLE) e divulgação dos resultados, entre outras.

No item IV está uma descrição de como deve ser o TCLE e os componentes que não podem faltar. No item V, os riscos e benefícios possíveis numa pesquisa são apresentados. Considera-se que toda pesquisa com seres humanos envolve riscos, os quais devem ser informados, além de os direitos dos envolvidos garantidos.

No item VI são elencados os subitens exigidos em um protocolo de pesquisa a ser submetido para avaliação por um comitê de ética em pesquisa. Por sua vez, no item VII é apresentada a composição dos Comitês de Ética (CEP), suas atribuições e exigências.

A composição e atribuições da Conep – Comissão Nacional de Ética em Pesquisa é proposta no item VIII. O item IX descreve a operacionalização da avaliação de projetos de pesquisa nos CEPs, os trâmites de submissão e avaliação. No item X são expostas as disposições transitórias.

Resolução nº 466/12

A Resolução nº 466 de 2012 trouxe algumas mudanças no sentido de abarcar necessidades apontadas pelos pesquisadores, as quais estavam ausentes na resolução anterior. Sendo a Resolução nº 196/96 estruturada com base em pesquisas biomédicas, na lógica positivista, sofreu muitas críticas por parte de pesquisadores das áreas das Ciências Humanas e Sociais (CHS), cuja metodologia de investigação é predominantemente de natureza compreensiva, qualitativa (Taquette, 2021). Nessas áreas, convivem diversas correntes de pensamento divergentes da área biomédica que, em geral, segue parâmetros rígidos e controlados. Vários itens da resolução nº 196/96 são impróprios às pesquisas das CHS e criticados por profissionais de outras áreas que não a biomédica (Guerriero, 2008).

Foram os debates entre pesquisadores e as críticas às inadequações da Resolução nº 196 que promoveram sua revisão e a aprovação da nova Resolução nº 466/12, em substituição à anterior. Houve aperfeiçoamento de alguns pontos, porém, ainda mantendo fortemente a lógica biomédica, persistindo exigências impróprias às pesquisas em Ciências Humanas e Sociais (Brasil, 2012). Não foram aproveitadas todas as sugestões oferecidas por pesquisadores das outras áreas, sendo a principal crítica a essa Resolução a forma como se vê o participante do estudo. Nas ciências naturais, a investigação se dá *em* seres humanos e nas ciências humanas, *com* seres humanos, sendo os dados "construídos" na relação pesquisador/pesquisado e não "coletados". Nos estudos qualitativos não se faz cálculo amostral, pois não se visa a generalização dos dados e não se pode de antemão estipular o tamanho amostral, que geralmente ocorre quando há saturação das informações. Na lógica das Ciências Humanas não se considera viável a garantia de isenção do pesquisador, visto que não é possível se fazer um experimento isolando o sujeito de pesquisa. Ele sempre será influenciado pelo meio e pelo pesquisador (Guerriero; Minayo, 2013). Outra divergência apontada é na exigência da assinatura do Termo de Consentimento Livre e Esclarecido que, em determinadas pesquisas, inviabiliza sua realização. Considera-se que o consentimento do pesquisado é indispensável, mas não necessariamente tem que ser por escrito. A impossibilidade de obtenção da assinatura do TCLE é clara em pesquisa que envolve práticas ilegais dos participantes, por exemplo, nos casos de aborto ilegal, de tráfico de drogas etc... (Zaluar, 2012). Quanto à vulnerabilidade do pesquisado, há situações em que o pesquisador se encontra em maior vulnerabilidade do que o pesquisado. Nestas, quem deveria ser protegido é o pesquisador. É frequente que membros dos CEPs, por não estarem familiarizados com a dinâmica das pesquisas qualitativas, façam exigências que extrapolam suas funções (Guerriero; Minayo, 2013).

A Resolução nº 466/12 traz alguns termos novos como o "Assentimento livre e esclarecido" que trata da anuência de participante legalmente incapaz como crianças e adolescentes. O Consentimento livre e esclarecido passa a ser denominado de "Processo de consentimento livre e esclarecido", pois é necessário que o participante entenda integralmente o desenvolvimento da pesquisa durante todo seu percurso, do início até a divulgação dos resultados e saiba que pode retirar seu consentimento a qualquer momento sem nenhum prejuízo a sua pessoa.

Outro dado relevante da Resolução nº 466 é a ênfase na necessidade de avaliação criteriosa dos riscos da pesquisa, podendo ser exigido um plano de monitoramento em casos específicos. Houve mudança também na forma de aprovação dos projetos. Foi retirado o termo "Aprovado com recomendação", ficando apenas: "Aprovado, pendente ou reprovado".

Resolução nº 510/16

A Resolução nº 510 veio atender a considerável parte das demandas de outras áreas de conhecimento (Guerriero, 2016). Ela representou um grande avanço para a pesquisa científica nos campos de estudo cujos procedimentos metodológicos envolvem a utilização de dados diretamente obtidos com participantes. No seu Art. 1º, dispõe sobre normas aplicáveis a pesquisas em Ciências Humanas e Sociais, destacando suas especificidades que, em alguns casos, vão de encontro às normas das pesquisas biomédicas. Dispõe de um parágrafo único que aborda os tipos de pesquisa que não devem ser registradas nem avaliadas pelo sistema CEP/Conep (Brasil, 2016).

Os principais avanços da Resolução nº 510/16 são: (1) a composição equitativa dos membros da Conep de forma a garantir uma representação equilibrada das diferentes áreas no gerenciamento do sistema; (2) o reconhecimento de que o mérito científico do projeto submetido deve ser avaliado por instâncias competentes e, assim, evitar que membros do CEP extrapolem suas funções avaliativas para além da eticidade do projeto; (3) a discriminação entre processo e registro de consentimento livre e esclarecido, permitindo, desse modo, outras formas de consentimento que não seja a escrita, podendo ocorrer por imagem ou som; e (4) a explicitação das pesquisas que não necessitam da apreciação do Sistema CEP/Conep, descritas a seguir (Guerriero; Minayo, 2019).

> Pesquisas que não necessitam da apreciação do Sistema CEP/Conep:
>
> I – Pesquisa de opinião pública com participantes não identificados;
>
> II – Pesquisa que utilize informações de acesso público, nos termos da Lei nº 12.527, de 18 de novembro de 2011;
>
> III – Pesquisa que utilize informações de domínio público;
>
> IV – Pesquisa censitária;
>
> V – Pesquisa com bancos de dados, cujas informações são agregadas, sem possibilidade de identificação individual;
>
> VI – Pesquisa realizada exclusivamente com textos científicos para revisão da literatura científica;
>
> VII – Pesquisa que objetiva o aprofundamento teórico de situações que emergem espontânea e contingencialmente na prática profissional, desde que não revelem dados que possam identificar o sujeito;

VIII – Atividade realizada com o intuito exclusivamente de educação, ensino ou treinamento sem finalidade de pesquisa científica, de alunos de graduação, de curso técnico, ou de profissionais em especialização (Brasil, 2016, Art. 1º, § único, p. 1-2).

Resolução nº 674/22

A Resolução nº 674 ratificou as mudanças da Resolução nº 510. Ela dispõe sobre a tipificação da pesquisa e a tramitação dos protocolos de pesquisa no Sistema CEP/Conep. As pesquisas passaram a ser classificadas, segundo seu delineamento, em três tipos: A, B e C (Brasil, 2022).

Os estudos tipo A são os que visam descrever ou compreender fenômenos que aconteceram ou acontecem no cotidiano do participante de pesquisa, não havendo intervenção no corpo humano. São subdivididos em quatro subtipos: A1, A2, A3 e A4.

Os estudos tipo B são os que visam verificar ou compreender fenômenos que acontecem no cotidiano do participante de pesquisa, havendo intervenção física no corpo humano. São subdivididos em dois tipos: B1 e B2.

Os estudos tipo C são os que visam verificar o efeito de produto ou técnica em investigação, deliberadamente aplicado no participante de pesquisa, de forma prospectiva, com grupo-controle ou não. São subdivididos em dois tipos: C1 e C2.

Os projetos dos tipos A1 e A2 têm uma tramitação nos CEPs denominada de "Expressa", que dura até 15 dias, após checagem documental. Já nos projetos dos tipos A3, A4 e B1, a tramitação é denominada de "Simplificada" e têm duração de até 21 dias, após checagem documental. A tramitação denominada de "Colegiada" tem duração de 30 dias, após checagem documental e atende projetos classificados como de tipo B2 ou C1. Já a denominada "Colegiada especial" é para projetos do tipo C2 e tem duração de 45 dias, após checagem documental. A seguir, a Figura 2.1 esquematiza a tipificação dos projetos nos CEPs.

Figura 2.1 – Tipificação das pesquisas (Resolução nº 674/22)

ANEXO I
Tipificação das pesquisas

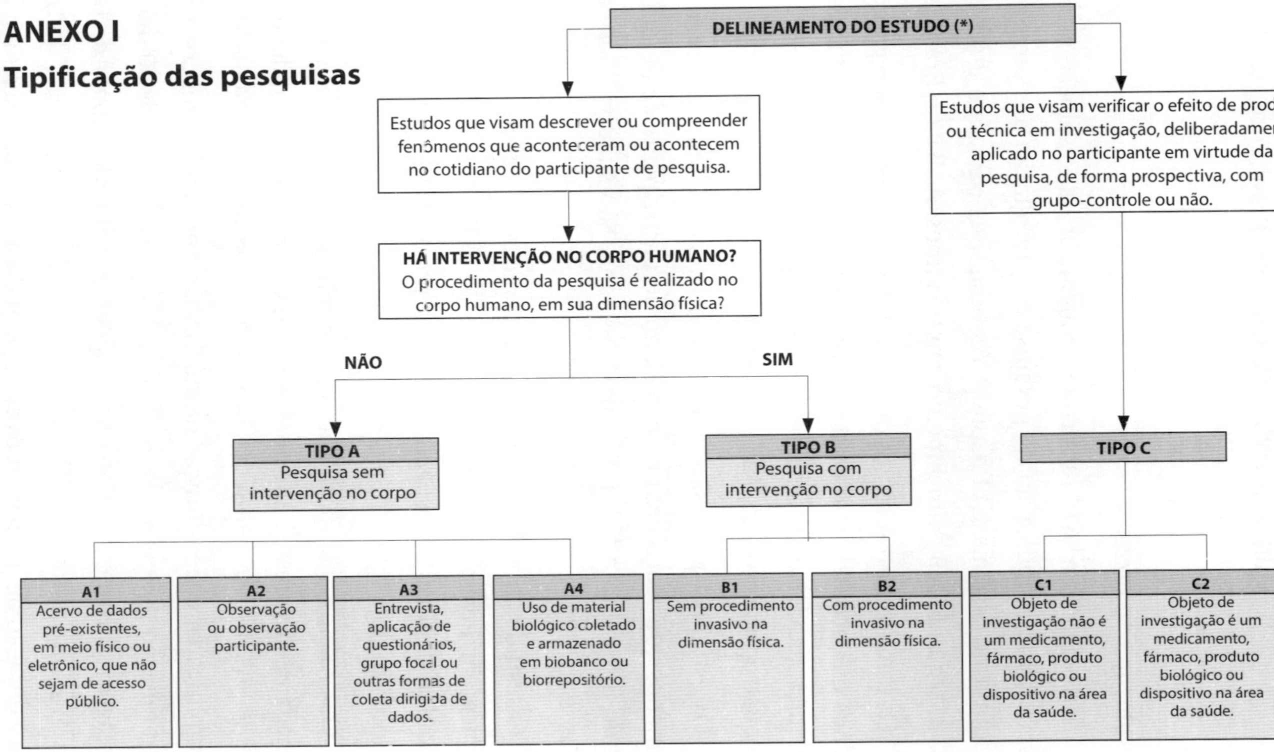

(*) Se o procedimento da pesquisa implicar mais de um subtipo, prevalece a tramitação de maior complexidade.

Processo de tramitação de projetos no CEP

Na primeira etapa o projeto chega ao CEP via Plataforma Brasil. É recepcionado e verificado se todos os documentos exigidos estão corretos. A segunda etapa se inicia após a aprovação dos documentos, ocasião em que o projeto é enviado para um dos membros do CEP para a relatoria inicial. Após a avaliação do relator, o projeto passa para a terceira etapa ao ser enviado para o colegiado, onde será avaliado na reunião do CEP. Na quarta etapa, o projeto recebe um parecer deliberativo do coordenador do CEP e é devolvido ao pesquisador. A Figura 2.2, a seguir, ilustra o processo de tramitação no CEP.

O sistema CEP-Conep se desenvolveu e se expandiu, com numerosos CEPs em funcionamento em todo o território nacional. Porém, é necessária sua avaliação permanente e revisão crítica para que seja aperfeiçoado. Alguns autores, ao refletir sobre o sistema CEP-Conep, levantam questões éticas que merecem ser debatidas. Amorim (2019) as classificam em cinco dimensões: concepção do projeto; avaliação e acompanhamento; condução da pesquisa; fase pós-estudo e divulgação dos resultados. A autora argumenta que toda pesquisa deve visar trazer contribuições à sociedade e se observa que muitos projetos que chegam aos CEPs não têm isso como prioridade. Por exemplo, boa parte dos ensaios clínicos propostos buscam apenas atender aos interesses comerciais da indústria farmacêutica.

Para avaliação e acompanhamento dos projetos, é necessário que a composição dos CEPs seja plural, com membros das diversas áreas de conhecimento e o trabalho deixe de ser voluntário e quase amador, segundo Amorim (2019). As demandas dos CEPs indicam a necessidade de uma profissionalização dessa função. Para a condução da pesquisa, não deve haver conflitos de interesse e o rigor científico precisa estar presente. Na fase pós-estudo, é necessário que os cuidados a serem dispensados aos participantes estejam previstos, assim como na divulgação de seus resultados. Os CEPs, além dessas funções, têm um importante papel de

Figura 2.2 – Processo de tramitação dos projetos nos CEPs – Manual do Pesquisador – Plataforma Brasil – v-3.8 (2023)

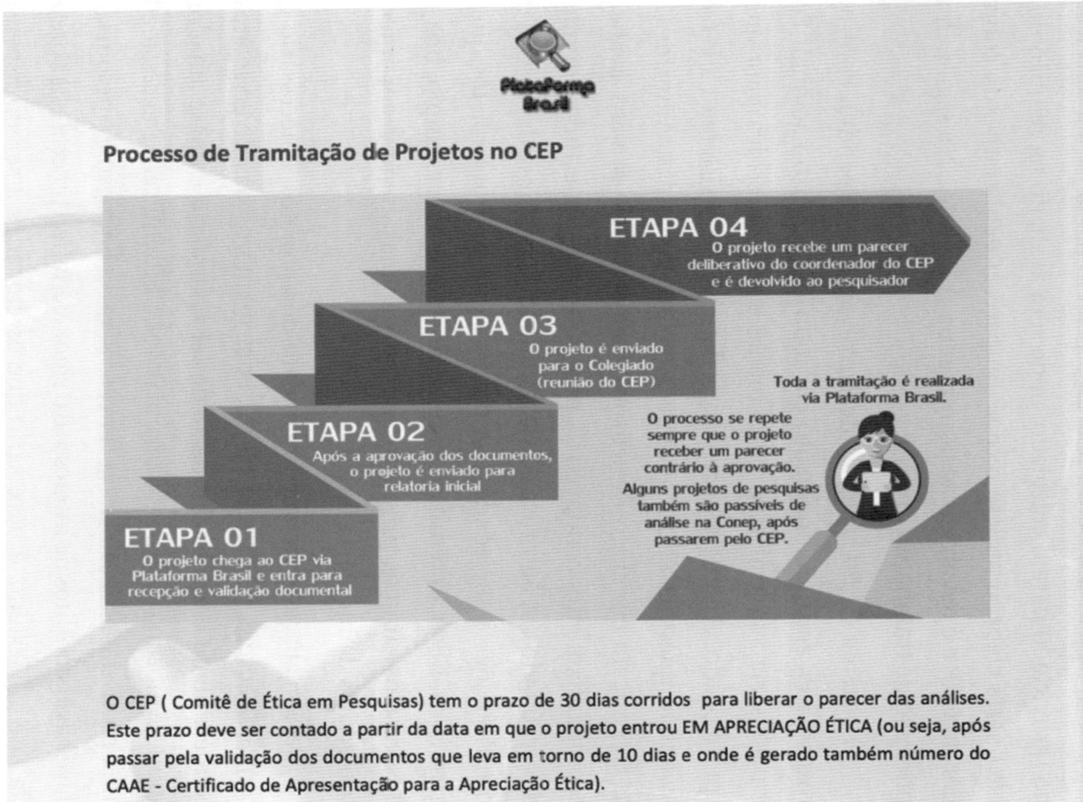

fomentar uma cultura ética na pesquisa. Para isso, é necessária a valorização do sistema CEP-Conep e um investimento na melhoria de sua infraestrutura.

Lei nº 14.874 sobre pesquisas com seres humanos

Foi sancionada em 28 de maio de 2024 após nove anos de tramitação no Congresso Nacional. O texto inicial da Lei foi proposto no Senado Federal pelo Projeto de Lei – PL nº 200/2015, impulsionado pelo *lobby* da indústria farmacêutica que pretendia maior flexibilização na proteção ao participante para facilitar os ensaios clínicos com aprovação de novos medicamentos que têm como prioridade os lucros e não a saúde da população (Brasil, 2024). Inclusive, o congresso já conta com um grupo de deputados que compõem a "Bancada dos Medicamentos". Parlamentares defenderam que a nova lei fortaleceria a capacidade de produção de medicamentos e a realização de pesquisas científicas no Brasil. Fazer ensaios clínicos de medicamentos tem resultados muito lucrativos para a indústria farmacêutica, pois o Brasil é um grande mercado, especialmente por haver possibilidade de compra do medicamento pelo SUS, além dos ganhos que ocorrem por meio da judicialização da saúde. O projeto posteriormente foi substituído pela PL nº 7.082/17 na Câmara dos Deputados e aprovado em 2023. Voltou ao Senado como PL nº 6.007/203, sendo aprovado com alterações em regime de urgência (Hellmann; Guedert, 2024).

A Lei nº 14.874 entrou em vigor em agosto do mesmo ano, 2024. Ela dispõe sobre a pesquisa com seres humanos e institui o Sistema Nacional de Ética em Pesquisa com Seres Humanos. Ela foi pensada inicialmente para regular ensaios clínicos, mas passou a abarcar qualquer tipo de pesquisa com seres humanos. A lei compila o conteúdo das resoluções anteriores e traz a definição de 56 termos legais e científicos, além de criar o sistema mencionado. Ela proíbe a remuneração ou a concessão de vantagens aos participantes de pesquisas clínicas, com exceção de indivíduos saudáveis que participem de ensaios clínicos de fase I ou de estudos de bioequivalência[3]. Permite, também, o ressarcimento de despesas com transporte ou alimentação e entrega de material necessário ao projeto. Contém nove capítulos:

- Capítulo I – Disposições gerais: contêm as definições dos termos utilizados na Lei.
- Capítulo II – Sistema Nacional de Ética em Pesquisa com Seres Humanos: contém cinco seções que dispõem sobre o processo de análise ética e das responsabilidades dos comitês.
- Capítulo III – Da proteção ao participante da pesquisa: contém duas seções. A primeira dispõe sobre consentimento do participante ou seu representante legal e a segunda sobre proteção aos participantes em situação de vulnerabilidade.
- Capítulo IV – Das responsabilidades do patrocinador e do pesquisador: detalhadas em dois artigos, com 15 incisos no primeiro e 12 no segundo.
- Capítulo V – Da fabricação, do uso, da importação e da exportação de bens ou produtos para fins de pesquisa clínica com seres humanos.
- Capítulo VI – Da continuidade do tratamento pós-ensaio clínico.
- Capítulo VII – Do armazenamento e da utilização de dados e de material biológico humano.
- Capítulo VIII – Da publicidade, da transparência e do monitoramento da pesquisa.
- Capítulo IX – Disposições finais.

Mudanças provocadas pela Lei nº 14.874

A avaliação ética de pesquisas no Brasil teve grande evolução nos últimos 30 anos e está consolidada. A nova lei trouxe um maior peso jurídico a esse processo e algumas novidades foram incluídas, porém,

---

3. Trata-se de estudo que objetiva comprovar que um fármaco tem o mesmo efeito terapêutico de um outro de referência (já testado, tendo segurança e eficácia comprovadas e já registrado).

não foi capaz de evitar inseguranças, na medida em que é omissa em determinadas questões contempladas nas resoluções anteriores, como as especificidades das pesquisas nas áreas de Ciências Humanas e Sociais e, além disso, irá reduzir o controle social sobre o que é proposto de experimentos em seres humanos, pois após sua regulamentação, a Conep vai deixar de existir e, consequentemente, o novo sistema não será mais vinculado ao CNS.

O Art. 3º das Disposições Gerais reafirma que a pesquisa deverá atender às exigências éticas e científicas aplicáveis às pesquisas com seres humanos com respeito aos direitos das pessoas, embasamento científico sólido, aprovação pelo CEP, entre outros. Traz como novidade a definição das responsabilidades de patrocinadores e pesquisadores, assim como regras para a publicidade, transparência e monitoramento das pesquisas. Segundo a lei, a análise do CEP dever ter duração máxima de 30 dias úteis e o pesquisador deverá atender às demandas em até dez dias, podendo haver prorrogação por mais dez dias.

Quanto ao uso de placebo, mantém-se a permissão de seu uso somente quando não existirem outros tratamentos. Nos casos de uso de placebo combinado com outro método, o participante não poderá ser privado de receber o melhor tratamento disponível. Além disso, o participante será indenizado por eventuais danos sofridos em decorrência de sua participação na pesquisa, recebendo toda a assistência necessária.

Os Comitês de Ética passaram a ser a instância única e final da avaliação de protocolos de pesquisa, ou seja, têm autonomia nas suas decisões. No caso de pesquisas multicêntricas, os demais CEPs não precisam avaliar, mas somente terem ciência. Nos protocolos de pesquisa de maior risco, não existe mais a necessidade de eles serem reavaliados por instância superior, como era feito antes pela Conep, que deixa de existir. No entanto, a lei prevê dois tipos de CEP, o credenciado e o acreditado. O credenciado é para a análise das pesquisas de risco baixo e moderado e o acreditado para análise de pesquisa de risco elevado. É o Sistema Nacional de Ética em Pesquisa com Seres Humanos, instância do Ministério da

Saúde, que promove a acreditação do CEP. A definição do que seja uma pesquisa de risco elevado ainda carece de uma regulamentação por decreto da Presidência da República.

A lei não revoga as resoluções anteriores, dando a impressão de que ficaram mantidas. Porém, se o conteúdo das resoluções contrariarem o texto legal, prevalece o último, ou seja, o conteúdo da norma. Acredita-se que o Decreto presidencial regulamentador da lei deverá contemplar a destinação das Resoluções.

Segundo a lei, os nomes dos integrantes dos CEPs, que deve ter pelo menos um representante da sociedade, devem ser publicizados. Pesquisas com grupos especiais devem ser avaliadas em CEPs que tenham membros desses grupos especiais ou pessoas com experiência de pesquisa com eles. Os projetos avaliados nos CEPs recebem um parecer de aprovado ou reprovado, não mais existindo projetos com pendências.

A versão final da lei demonstra que houve uma flexibilização dos padrões éticos, segundo alguns autores, pois restringiu a segurança dos participantes ao permitir que apenas um CEP avalie protocolos de pesquisa de maior risco. Estes são, em geral, financiados pela indústria farmacêutica, o que reduz a independência do CEP da instituição à qual o investigador é vinculado e na avaliação da eticidade dela. Também foi relaxado o controle social das pesquisas na medida em que os CEPs não são mais subordinados à Conep e ao CNS. Além disso, a lei traz a permissão para remunerar participantes de ensaios fase 1, o que facilita a cooptação de indivíduos em situação de pobreza (Hellmann; Guedert, 2024). Espera-se que a regulamentação da lei possa ampliar a proteção dos participantes de ensaios clínicos e a independência do país no seu controle.

Ética em pesquisa em ambientes virtuais

Com o avanço do uso do espaço virtual nas interações humanas e o surgimento da pandemia da covid-19, que demandou um isolamento social, houve um incremento das pesquisas no ambiente digital. A utilização do meio virtual para coleta de dados de pesquisa com seres humanos trouxe novos desafios éticos para os quais é necessário um olhar cuidadoso. Já existe, inclusive, publicações científicas sobre esse tema e as instituições acadêmicas têm se preocupado em fornecer orientações aos seus membros no sentido de garantir a integridade ética dessas pesquisas. Contudo, ainda se tem mais questionamentos do que respostas em relação à ética em pesquisa em ambientes digitais. Até o momento não existe nenhuma regulamentação específica para pesquisas em ambientes virtuais.

O uso do ambiente virtual para pesquisas científicas ampliou consideravelmente o alcance de determinados tipos de estudos, pois, com ele, desaparecem as barreiras geográficas. Ademais, a *internet* permite ao pesquisador expandir o contato com o pesquisado, visto que pode contatá-lo novamente caso precise de mais informações, assim como contribui para uma relação menos hierarquizada. Todavia, o respeito às mesmas normas éticas que regulam as investigações científicas realizadas no ambiente real deve ser garantido.

A *internet* proporciona grande sociabilidade digital por meio de plataformas como o *Facebook*, o *Instagram*, o *X* e os sites de relacionamento, nas quais pesquisas de natureza diversa podem ser desenvolvidas. Por exemplo, uma pesquisadora conduziu um estudo sobre as "Fragilidades no cuidado em saúde às pessoas com desordens relacionadas ao glúten" por meio da análise de 510 postagens de uma comunidade virtual do *Facebook* denominada "Viva sem glúten" (Crucinsky; Damião; Castro, 2021). Trata-se de um estudo "netnográfico" (net + etnografia), termo novo utilizado para o método de análise de interações nas mídias sociais (Soares; Stengel, 2021). Estudos netnográficos levantam vários questionamentos éticos. Por exemplo, como conseguir o consentimento dos participantes? É suficiente o consentimento do líder do grupo em estudo? Trata-se de problemas que exigem uma discussão ética para avaliar seus impactos e a melhor conduta a ser tomada.

Hoje, a sociabilidade no meio digital é infinitamente maior do que no ambiente real. As interações sociais via *internet* são de grande intensidade e de todos os tipos. Portanto, o meio digital traz muito mais possibilidades de estudos que envolvem a interação humana do que o mundo real. Vale destacar que a forma de interagir no meio digital é própria, com discursos adaptados à plataforma, diferente da linguagem no ambiente social real (Deslandes; Coutinho, 2020).

O meio virtual pode ser utilizado como campo de observação nas pesquisas nas redes sociais, como mencionado anteriormente, e também como campo de pesquisa documental por meio de coleta de dados disponibilizados na rede, como fontes de informação de acesso público ou restrito e também de documentos e bibliografias. Outra possibilidade de uso do meio digital é em pesquisas em que há interação entre o pesquisador e o participante. Elas podem ser feitas por meio de aplicação de questionários *on-line* ou de entrevistas individuais/em grupo. Nas pesquisas realizadas no mundo digital por meio da interlocução do pesquisador e o participante, é mais difícil garantir a confidencialidade de um estudo, pois não se tem controle sobre a privacidade do ambiente em que o participante se encontra e, no caso do uso das redes sociais, não se conhece totalmente seu funcionamento quanto à divulgação dos conteúdos que nela são postados. O pesquisador que tiver as redes sociais como meio de coleta de dados de seu estudo deve conhecer bem suas funcionalidades para garantir o respeito aos princípios éticos.

Uma das exigências das pesquisas com seres humanos é o consentimento livre e esclarecido do participante que pode ser registrado por escrito ou de outras formas como por gravação em áudio ou vídeo. As pesquisas realizadas por meio digital têm de respeitar essa exigência da mesma forma que as demais conduzidas presencialmente. De acordo com as orientações do comitê de ética da Escola Nacional de Saúde Pública (ENSP) da Fiocruz, no caso da realização de pesquisas *on-line* por meio de questionários, o conteúdo do RCLE (registro do consentimento livre e esclarecido) deve estar na primeira página do questionário e finalizar com a pergunta se concorda em participar da pesquisa. Se o voluntário concordar, terá acesso às perguntas do questionário. Se não concordar, o questionário é fechado. O pesquisador deve oferecer a opção ao participante de imprimir e/ou salvar o RCLE e, ainda, a alternativa de desistir da participação na pesquisa, sem ônus.

Nas entrevistas *on-line*, o pesquisador pode enviar previamente o TCLE (Termo de Consentimento Livre e Esclarecido) para ser assinado pelo participante ou obter o consentimento por via digital, antes do início da entrevista. O TCLE deve ser lido pelo pesquisador, tirando as dúvidas que porventura surjam, todo o processo deve ser gravado em áudio e/ou vídeo e essa gravação do RCLE precisa ser enviada ao participante.

Vale lembrar que todo RCLE deve conter a identificação do pesquisador, o motivo do convite, os benefícios e riscos, a garantia de sigilo, o direito de desistir e de assistência caso ocorra algum dano decorrente da pesquisa, a forma de guarda do material, o retorno e divulgação dos resultados e os contatos do pesquisador e da instituição responsável.

Como já enfatizado, nas pesquisas por meio digital, as responsabilidades dos pesquisadores quanto aos aspectos éticos são as mesmas das realizadas de forma presencial, adaptadas às especificidades desse meio. Os pesquisadores devem estar atentos às novas demandas que surgem em função das facilidades que essa ferramenta proporciona. Os Comitês de Ética em Pesquisa, em sua maioria, têm dado orientações e suporte aos pesquisadores que pretendem conduzir pesquisas com seres humanos em ambientes virtuais.

Referências

AMORIM, K. P. C. Ética em pesquisa no Sistema CEP-CONEP brasileiro: reflexões necessárias. *Ciência & Saúde Coletiva*, v. 24, n. 3, p. 1.033-1.040, 2019.

BRASIL. *Resolução nº 001, de 1988*. Brasília: Ministério da Saúde; Conselho Nacional de Saúde, 1988.

BRASIL. *Resolução nº 196 de 10 de outubro de 1996*. Brasília: Ministério da Saúde; Conselho Nacional de Saúde, 1996.

BRASIL. *Resolução nº 466, de 12 de dezembro de 2012*. Brasília: Ministério da Saúde; Conselho Nacional de Saúde, 2012.

BRASIL. *Resolução nº 510, de 07 de abril de 2016*. Brasília: Ministério da Saúde; Conselho Nacional de Saúde, 2016.

BRASIL. *Resolução nº 674, de 6 maio de 2022*. Brasília: Ministério da Saúde; Conselho Nacional de Saúde, 2022.

BRASIL. *Lei nº 14.874, de 28 de maio de 2024*. Dispõe sobre a pesquisa com seres humanos e institui o Sistema Nacional de Ética em Pesquisa com Seres Humanos. Brasília: Presidência da República, 2024.

CREMESP. Código de Nuremberg. São Paulo: Centro de bioética do CREMESP, 2002.

CRUCINSKY, J.; DAMIÃO, J. J.; CASTRO, I. R. R. Fragilidades no cuidado em saúde às pessoas com desordens relacionadas ao glúten. *Cadernos De Saúde Pública*, v. 37, n. 2, p. e00244219, 2021.

DALLEGRAVE, V. Xuxa, Mengele, Bolsonaro e a desumanização nossa de cada dia. *Brasil247*, 2021.

DESLANDES, S.; COUTINHO, T. Pesquisa social em ambientes digitais em tempos de COVID-19: notas teórico-metodológicas. *Cadernos de Saúde Pública*, v. 36, n. 11, p. e00223120, 2020.

DINIZ, D.; CORRÊA, M. Declaração de Helsinki: relativismo e vulnerabilidade. *Cadernos de Saúde Pública*, v. 17, n. 3, p. 679-688, 2001.

FIOCRUZ. ENSP. *Comitê de Ética em Pesquisa*. Orientações sobre ética em pesquisa em ambiente virtuais. Disponível em: https://cep.ensp.fiocruz.br/sites/default/files/orientacoes_eticapesquisaambientevirtual.pdf. Acesso em: 24 dez. 2024 .

GARRAFA, V.; PRADO, M. M. Tentativas de mudanças na Declaração de Helsinki: fundamentalismo econômico, imperialismo ético e controle social. *Cadernos de Saúde Pública*, v. 17, n. 6, p. 1.489-1.496, 2001.

GERMÁN, N. H.; ROSEMARIE, B. A survey in Mexico about ethics dumping in clinical research. *BMC medical ethics*, v. 20, n. 38, 2019.

GOLDIM, J. R. O caso Tuskegee: quando a ciência se torna eticamente inadequada. *Núcleo Interinstitucional de Bioética* - HCPA/UFRGS, 1999.

GUERRIERO, I. C. Z. Síntese das reflexões da reunião sobre ética em pesquisa qualitativa em saúde, Guarujá-SP. *Ciência & Saúde Coletiva*, v. 13, n. 2, p. 463-469, 2008.

GUERRIERO, I. C. Z. Resolução nº 510 de 7 de abril de 2016 que trata das especificidades éticas das pesquisas nas ciências humanas e sociais e de outras que utilizam metodologias próprias dessas áreas. *Ciência & Saúde Coletiva*, v. 21, n. 8, p. 2.619-2.629, 2016.

GUERRIERO, I. C. Z.; MINAYO, M. C. A aprovação da Resolução CNS nº 510/2016 é um avanço para a ciência brasileira. *Saúde e Sociedade*, v. 28, n. 4, p. 299-310, 2019.

GUERRIERO, I. C. Z.; MINAYO, M. C. S. O desafio de revisar aspectos éticos das pesquisas em ciências sociais e humanas: a necessidade de diretrizes específicas. *Physis*: *Revista de Saúde Coletiva*, v. 23, n. 3, p. 763-778, 2013.

HELLMANN, F.; GUEDERT, J. M. A crise ética da pesquisa clínica no Brasil: Lei n. 14.874/2024 e as flexibilizações das normativas brasileiras de proteção dos participantes. *Interface*, v. 28, p. e240246, 2024.

KOTTOW, M. História da ética em pesquisa com seres humanos. RECIIS – *Eletrônica De Comunicação, Informação & Inovação Em Saúde*, v. 2, n. Sup1, p. Sup7-Sup18, 2008.

PASSINI, R.; PINHEIRO, M.; MONTAGNER, M. Declaração de Helsinque: flexibilização do uso do placebo, um interesse do mercado farmacêutico. *Revista Brasileira de Bioética*, v. 14, p. 1-20, 2018.

REGO, S.; PALÁCIOS, M. Ética em pesquisa envolvendo crianças. *In*: TAQUETTE, S. R.; CALDAS, C. P. (eds.). *Ética e pesquisa com populações vulneráveis*. Rio de Janeiro, RJ: EdUERJ, 2012. p. 125-144.

SALGUEIRO, J. B.; FREITAS, C. B. D. Regulamentação ética da pesquisa no Brasil: papel do controle social. *Revista Bioética*, v. 30, n. 2, p. 134-246, 2022.

SOARES, S. S. D., STENGEL, M. Netnografia e a pesquisa científica na *internet*. *Psicologia USP*, v. 32, p. e200066, 2021.

TAQUETTE, S. R. Inadequações do Sistema CONEP às pesquisas qualitativas. *Revista Pesquisa Qualitativa*, v. 9, n. 22, p. 593-608, 2021.

USA. *The Belmont Report*. The National Commission for the Protection of Human Subjects of Biomedical and Behavioral Research, 1979.

WORLD MEDICAL ASSOCIATION. *Declaração de Helsinque da Associação Médica Mundial*. Princípios Éticos para a Investigação Médica em Seres Humanos, 2013.

ZALUAR, A. Pesquisando no perigo com jovens vulneráveis: que ética? *In*: TAQUETTE, S. R.; CALDAS, C. P. (orgs.). *Ética e pesquisa com populações vulneráveis*. Rio de Janeiro: EdUERJ, 2012. p. 189-215.

3
Ética em pesquisa com populações vulneráveis

Introdução

Como já ressaltado em capítulos anteriores, a proteção do participante em uma pesquisa com garantia de seus direitos é a principal razão de existirem normas éticas para a produção de conhecimento científico. Essas regras e normativas para investigações científicas surgiram em resposta aos abusos cometidos em nome do progresso da ciência em pesquisas com indivíduos vulneráveis, a exemplo do ocorrido durante a Segunda Guerra Mundial, nas experimentações realizadas pelos nazistas com os judeus, ciganos, homossexuais, entre outros segregados. No entanto, o respeito às normas por si só não é suficiente para garantir a eticidade de uma pesquisa. Diversas situações imprevisíveis e eticamente conflituosas são passíveis de ocorrer no desenvolvimento do estudo, em todo o seu percurso, desde a elaboração do projeto até a divulgação de seus resultados. Para lidar com elas é necessário que o pesquisador conheça as leis e normas que regem a ciência, tenha sensibilidade e empatia com os sujeitos de pesquisa e aja com reflexividade. Ademais, é preciso estar atento ao que o estudo pode provocar no pesquisador e como este também compromete o sujeito da pesquisa.

A Declaração de Helsinque, no artigo 19, define que

> alguns grupos e indivíduos sob investigação são particularmente vulneráveis e têm uma probabilidade aumentada de ser lesados

> ou de ocorrência de danos adicionais. Todos os grupos e indivíduos vulneráveis necessitam de proteção que lhes seja especificamente dirigida.

No artigo 20, a declaração complementa que

> a pesquisa médica com um grupo vulnerável somente é justificada se a pesquisa é responsiva às necessidades ou prioridades de saúde deste grupo e não possa ser conduzida em um grupo não vulnerável. Além disso, este grupo deve se beneficiar dos conhecimentos, práticas ou intervenções que resultem da pesquisa.

Portanto, para a realização de pesquisas com populações vulneráveis é necessário, além da proteção especial, o acesso ao benefício que resulte da mesma (World Medical Association, 2013).

Historicamente, indivíduos vulneráveis têm sido recrutados para pesquisas por sua autonomia reduzida, o que facilita a possibilidade de realizar ensaios clínicos de maior risco e que têm potencial de causar dano aos participantes. Grupos de vulneráveis podem ser considerados todos aqueles que não têm capacidade plena de defender seus próprios interesses (Mello; Braz, 2008). Quase sempre o interesse maior de uma pesquisa científica é do próprio pesquisador. Porém, os direitos do pesquisado se sobrepõem ao do pesquisador. Nenhuma pesquisa pode ser feita à revelia do sujeito pesquisado e o benefício a ele deve estar acima do interesse dela. Por outro lado, há também o interesse do pesquisado em participar de pesquisas que lhe possam trazer benefícios diretos e o seu direito em participar também deve ser garantido. Alguns participantes vulneráveis não têm autonomia e outros não têm oportunidade. Ao mesmo tempo em que devem ser protegidos, seus direitos de participação não podem ser eliminados (Taquette, 2025).

A exclusão pura e simples da participação em ensaios clínicos de populações vulneráveis tem sido motivo de discussão entre pesquisadores norte-americanos. Essas populações excluídas podem ter seus interesses prejudicados. É necessária uma orientação específica para reduzir o impacto negativo dessa exclusão. Na análise de projetos que envolvam a possibilidade de participação de grupos de vulneráveis, os comitês de ética devem avaliar cuidadosamente os critérios de inclusão e exclusão propostos de cada estudo e suas justificativas científicas para que não lesem os interesses dos indivíduos, respeitando os regulamentos éticos. Essa abordagem pode melhorar o processo de recrutamento e atender às necessidades dos indivíduos afetados (Wendler, 2020).

A confiabilidade da pesquisa científica depende, entre outros aspectos, da ética com que é realizada, principalmente em se tratando de populações vulneráveis, tanto do ponto de vista da proteção como da beneficência e da justiça (Guillemin *et al.*, 2016). Essas populações são frequentemente bloqueadas de participar de estudos devido à ausência de autonomia plena. Contudo, em casos específicos, não poder participar pode ser injusto, na medida em que as impedirão de serem beneficiárias dos resultados (Cascio; Weiss; Racine, 2020).

As populações que se encontram numa posição de maior vulnerabilidade por motivos diversos têm menor autonomia e precisam de uma proteção diferenciada, ou seja, mais ampla e individualizada. As vulnerabilidades se referem às situações de desvantagem que reduzem suas capacidades de se protegerem, razões pelas quais as populações podem ficar mais expostas a riscos quando são sujeitos de pesquisa científica.

Essas vulnerabilidades podem ser de natureza social e econômica, de privação de liberdade, de condição de saúde, de desigualdade de poder, entre outras. Crianças, adolescentes, idosos, indígenas, pessoas com necessidades especiais, alterações mentais ou psiquiátricas, indivíduos privados de liberdade, com baixo nível de escolaridade e baixo *status* socioeconômico são alguns exemplos de grupos sociais que não se encontram em situação de plena capacidade de defender seus interesses (Bracken-Roche *et al.*, 2017). A interação entre vulnerabilidade e capacidade de consentimento é complexa em pesquisas com essas populações. Oportunizar o acesso de vulneráveis às pesquisas não significa dispensar todos os cuidados para que suas fragilidades não sejam exploradas. Dada a exclusão tendenciosa e sistemática de populações vulneráveis da participação em pesquisas, fica clara a necessidade de uma compreensão mais profunda e contextualizada da capacidade de um indivíduo de tomar decisões informadas. Para a expansão do envolvimento de vulneráveis em ensaios clínicos com segurança, é preciso melhorar o processo de consentimento e as políticas relacionadas à capacidade de consentir.

Vulnerabilidade e vulneração

Na literatura científica, o termo vulnerabilidade é polissêmico. Pode-se considerar que vulnerabilidade é a qualidade do que é ou se encontra vulnerável, ou seja, é estar suscetível a danos físicos ou morais devido a fragilidades. Trata-se do lado fraco de um indivíduo por onde ele pode ser atacado física ou moralmente. Esse conceito pode ser aplicado a uma pessoa ou a um grupo social, conforme a sua capacidade de prevenir, resistir e contornar situações de risco. Aquele que não tem essa capacidade está em situação de desigualdade e corre mais riscos de sofrer danos. Portanto, a vulnerabilidade está associada à desigualdade, a depender de condições tanto internas quanto externas ao indivíduo. As desigualdades materiais provocadas pelo baixo nível socioeconômico ou pela falta de acesso a determinados tratamentos em saúde é um exemplo. A desigualdade imaterial se refere à incapacidade individual ou coletiva de tomar decisões autônomas, sendo facilmente cooptados ou coagidos para diversas atividades sem a devida consciência do que está acontecendo. Essas desigualdades devem ser conhecidas pelos pesquisadores para que deem tratamento diferenciado a quem está em situação de maior vulnerabilidade (Mello; Braz, 2008).

A vulnerabilidade do pesquisador também não pode ser desprezada e ela está presente em diversas situações de pesquisa, por exemplo, em investigações em conflitos de guerra, com populações portadoras de doenças transmissíveis, em locais com ausência de segurança pública, com populações em conflito com a lei, entre outras.

Alguns autores diferenciam vulnerabilidade de vulneração (Schramm, 2012). De acordo com essa perspectiva, vulnerabilidade se refere à condição de quem pode ser ferido ou traumatizado, isto é, todos os seres vivos são potencialmente vulneráveis. É a condição de finitude e mortalidade que caracteriza essa vulnerabilidade. Contudo, nem todos os vulneráveis são feridos ou traumatizados. Aqueles que são vítimas de agressões de natureza diversa são os vulnerados. Portanto, vulneração se refere especialmente à condição de quem já está ferido ou traumatizado. Segundo Schramm (2012, p. 39), pode-se dizer que:

> [...] o conceito de vulnerabilidade se refere a uma potencialidade e a vulneração a uma efetivação da potencialidade, isto é, a vulnerabilidade é um princípio sempre em potência e a vulneração em ato.

A importância de se diferenciar vulnerabilidade e vulneração está em poder identificar aqueles que necessitam de maior proteção. Nesse sentido, é proposta a corrente bioética da proteção, que consiste em um conjunto de ferramentas teóricas e práticas que se aplica aos conflitos morais envolvidos nas práticas humanas que podem ter efeitos significativos irreversíveis sobre os seres vivos e, em particular, sobre indivíduos e populações humanas. Quando não se distingue vulnerabilidade de vulneração também não se distingue risco de dano e, com isso, não é possível identificar com clareza quem deve ser protegido.

Na literatura internacional em língua inglesa, a diferenciação entre vulnerabilidade e vulneração não está explícita. Neste livro, optou-se por utilizar o termo vulnerabilidade no sentido apontado de vulneração, ou seja, trata-se aqui de considerar vulneráveis aqueles que já sofreram algum dano, de qualquer natureza, que os colocam numa posição de que precisam receber um cuidado ampliado, especial, de acordo com suas especificidades.

Existem variadas formas de vulnerabilidade, umas mais e outras menos reconhecidas. Os extratos populacionais que têm a vulnerabilidade mais explícita são as crianças, adolescentes, pessoas asiladas e em privação de liberdade, doentes mentais e indivíduos com baixa escolaridade e baixo nível socioeconômico. Entretanto, outros grupos sociais se encontram mais suscetíveis a não terem sua autonomia respeitada e/ou serem coagidos a participar de pesquisas, como as mulheres vítimas de abuso, órfãos, imigrantes sem documentos, refugiados, idosos sem capacidade, usuários de drogas, pessoas da comunidade LGBTQIA+, indivíduos que sofrem preconceito racial, sujeitos em situação de emergência ou em catástrofes etc. Pessoas vulneráveis ou vulneradas necessitam de maior atenção e rigor ético ao serem recrutadas para participar de pesquisas científicas.

Vulnerabilidade x Justiça

Como dito na introdução deste capítulo, em geral, o interesse maior da pesquisa é do pesquisador e não do pesquisado. Porém, de acordo com o Relatório Belmont, a justiça, além da beneficência e da não maleficência, deve ser garantida nas pesquisas científicas com seres humanos. Portanto, do ponto de vista da justiça, a vulnerabilidade de um indivíduo não pode ser impeditiva de sua participação em pesquisas de seu interesse e que potencialmente podem lhe trazer benefícios diretos. A proteção deve ser suficientemente abrangente para abarcar as vulnerabilidades específicas, mas sem impedir a participação daqueles que se favorecerão da pesquisa. Autores destacam que a vulnerabilidade deve ser concebida como "relacional", visto que as vulnerabilidades só podem ser descobertas examinando um indivíduo no contexto em que vive (Bracken-Roche *et al.*, 2017).

O significado de vulnerabilidade e as medidas a serem tomadas em relação a participantes de pesquisa que possam estar em maior risco não é consensual na literatura científica. A aplicação desse conceito de vulnerável, no âmbito da investigação, é controversa, pois para alguns ele é demasiado amplo e, para outros, restrito. Em análise aprofundada sobre 11 políticas e diretrizes éticas de países com normas jurídicas semelhantes (Canadá, Reino Unido, EUA, Austrália e União Europeia) sobre o conceito de vulnerabilidade, evidenciou-se que esse termo está ausente na maioria das normas éticas internacionais: apenas três documentos definem explicitamente o que é vulnerabilidade. Argumentam que a proteção aos vulneráveis implica, além do respeito à autonomia das pessoas, a oportunidade de participação em pesquisas que os favoreçam. Os autores ressaltam que não se pode impedir de participar em pesquisas aqueles que querem e concluem que há necessidade de revisão das políticas e normas éticas sobre vulnerabilidade com envolvimento das partes interessadas (Bracken-Roche *et al.*, 2017).

Determinados indivíduos e populações vulneráveis, como crianças, pacientes psiquiátricos, autistas, pessoas com deficiência intelectual, entre outros, são excluídos de participar de pesquisas com base nas diretrizes éticas e/ou são obstruídos de serem recrutados, porque os pais e/ou tutores negam o consentimento. As preocupações éticas em pesquisas com populações vulneráveis são legítimas, porém, não devem necessariamente ser impeditivas de que essas pessoas tenham suas perspectivas representadas nas investigações.

O agenciamento de populações em contextos de vulnerabilidade para participar de pesquisas é complexo. Alguns investigadores são paternalistas e excluem os vulneráveis; outros são coercivos e não garantem a autonomia. No entanto, essas pessoas têm "direito à ciência" e devem poder participar ao mesmo tempo em que têm o direito de serem protegidos dos riscos da investigação. É necessário reconhecer a especificidade do contexto e a variação na vulnerabilidade do sujeito, além da importância da autonomia para garantir a prática ética da investigação.

Para garantir, juntamente, o princípio da justiça, a beneficência e a não maleficência na pesquisa com populações vulneráveis, é necessário lançar mão de estratégias que facilitem a compreensão dos participantes sobre a mesma, a fim de que possam consentir com autonomia e que o possível desconforto ocasionado seja reduzido, além de assegurar o respeito às suas necessidades. Todas as implicações da vulnerabilidade tendem para a inclusão cuidadosa, em vez da exclusão total, dos grupos vulneráveis da investigação.

Os pesquisadores canadenses Peter e Friedland (2017) argumentam que membros dos CEPs frequentemente não percebem as vulnerabilidades dos possíveis participantes e, consequentemente, os expõem a riscos. Os autores desenvolveram um estudo com o objetivo de examinar como os membros de três CEPs universitários respondem aos investigadores que submetem projetos de pesquisa. Os resultados revelaram que os avaliadores são protecionistas e superdimensionam os riscos, porque não têm contato com os investigadores e investigados, o que resulta no impedimento da participação de muitos. Concluem que a avaliação seria mais justa se fosse possível ouvir os participantes vulneráveis e se houvesse uma relação mais estreita entre investigadores e os CEPS para compreender melhor as vulnerabilidades e as potencialidades.

A seguir, debateremos as diversas nuances que envolvem essas situações de vulnerabilidade.

Vulnerabilidade social

A vulnerabilidade social advém da desigualdade que faz com que os sujeitos ocupem um lugar de subalternidade, ou seja, de menor poder. Nessas condições têm a autonomia reduzida e dificuldade de fazer valer seus interesses. Essa situação de desigualdade pode ser por motivos econômicos, culturais, educacionais, entre outros. Quando são recrutados para participar de pesquisa, podem não conseguir recusar se o convite vier de alguém de quem dependem de algum modo ou se não compreenderem bem o que é ser um participante. Diante disso, aceitam mesmo assim, por receio de perderem algo que possam receber, como a possibilidade de um tratamento médico, uma vaga de internação ou qualquer outra demanda de saúde ou benefício social. Também, simplesmente não se sentem tendo o direito de discordar de alguém que está numa posição hierárquica superior a dele.

Vários exemplos de pesquisa com indivíduos em vulnerabilidade social estão registrados na literatura. O extrato populacional em situação economicamente desfavorecida é particularmente suscetível a ser voluntário de ensaios clínicos de fase I em que a prática de pagamento aos participantes é permitida, como nos EUA. Estudo mostra que nesse país criou-se uma classe de "ocupação" de determinadas pessoas de grupos sociais economicamente vulneráveis: a de serem voluntários de vários ensaios clínicos ao mesmo tempo e terem essa única fonte de renda (Tishler; Bartholomae, 2003). Outros se submetem a investigações científicas por acreditarem estar tendo atendimento em saúde. Almeida *et al.* (2010) evidenciaram a submissão de uma população em desvantagem socioeconômica ao concordarem participar de um ensaio clínico internacional de uma nova vacina contra ancilostomídeos. A participação da maioria dos voluntários foi motivada pela possibilidade de ter acesso a cuidados em saúde durante a pesquisa.

Pesquisas biomédicas em seres humanos para testagem de novas drogas ou inoculação de patógenos para desenvolvimento de vacinas são inerentemente arriscadas e só são justificáveis quando seus riscos são pequenos diante dos benefícios significativos para o sujeito e para a sociedade. Tais riscos devem ser assumidos voluntariamente pelos participantes por meio de autorização, após serem informados claramente sobre os procedimentos. A remuneração dos participantes em pesquisas é fato que exerce pressão sobre a população economicamente desfavorecida. Muitos são voluntários sem saber suficientemente sobre o impacto da investigação em sua saúde e desconhecem que deverão repetir sua participação, ou seja, sua autonomia é reduzida diante dessas condições. Outros aceitam fazer parte do estudo devido ao incentivo financeiro, contornando regras importantes de proteção à sua saúde (Walker; Cottingham; Fisher, 2018). Muitos indivíduos saudáveis já morreram ou sofreram graves danos devido à participação na fase 1 de ensaios clínicos. A eticidade dessa prática de pagamento à participação de voluntários em experimentos de novas drogas é questionada por muitos, mas os que a defendem argumentam que existem outras profissões de maior risco (Honey, 2006; Lenzer, 2005).

As desigualdades entre países desenvolvidos e em desenvolvimento no mundo evidenciam a vulnerabilidade social dos últimos. Pesquisadores de países ricos conduzem pesquisas que, em suas localidades, seriam consideradas antiéticas com populações de nações em desvantagem econômica e social. Essa prática é denominada "ethics dumping" ou "dumping ético" e evidencia a exploração de populações vulneráveis, principalmente em ensaios clínicos de fase 1 (Arcega; Cabantac; Cruz, 2029; Germán; Rosemarie, 2019; Spector-Bagdady; Lomabardo, 2019). Na literatura médica são fartos os exemplos. As diretrizes éticas internacionais relativas à pesquisa de países desenvolvidos em populações de nações subdesenvolvidas e com recursos limitados enfatizam que os estudos devem abordar as prioridades do país anfitrião, suas necessidades de saúde e devem ter potencial de proporcionar benefícios às pessoas daquele local. Nos casos de "ethics dumping", as regiões ricas testam produtos ou abordagens que, por vezes, são irrelevantes para as necessidades dos sujeitos da pesquisa e que no final só favorecerão os países mais abastados. Ainda, costumam testar medicamentos novos para doenças cujo tratamento existente ainda não é satisfatório e os pacientes voluntários não recebem o novo tratamento quando os resultados são exitosos. Não há justificativa para se fazer pesquisas com populações que não serão beneficiadas de seus resultados positivos. Essas pessoas estariam expostas aos riscos e encargos da investigação injustamente, sem colher os frutos de intervenções bem-sucedidas.

Além do recrutamento de voluntários para pesquisa por meio de incentivo financeiro, muitos aceitam participar sem compreensão real de seus direitos, inclusive o de poder desistir depois de aceitar. Pesquisadores norte-americanos desenvolveram estudo com trabalhadoras do sexo feminino indianas, voluntárias em pesquisas sobre HIV, para saber suas motivações em participar da investigação. Os resultados evidenciaram baixa autonomia desse estrato populacional. As mulheres sentiam-se obrigadas a participar e impedidas de se desligar do estudo devido à assinatura do termo de consentimento (Reed *et al.*, 2017).

Um estudo com o objetivo de revisitar as preocupações éticas de ensaios clínicos de fase 1 foi desenvolvido por meio de entrevistas semiestruturadas com voluntários saudáveis, durante um período de três anos, aos 6, 12, 24 e 36 meses após o início. Foram analisados os argumentos a favor e contra a participação de voluntários em ensaios clínicos de fase 1 e questionou-se até que ponto o pagamento aos participantes representa uma prática de *ethics dumping*. Os autores afirmam que a distorção do julgamento desses ensaios se refere à subestimação dos riscos e uma sobrestimação dos benefícios. A motivação para ser voluntário da maioria é econômica e muitos participam de vários ensaios ao mesmo tempo. Grande parte era de subempregados ou desempregados e das parcelas mais pobres da população americana, negros e hispânicos, com baixa escolaridade. Esses voluntários, por vezes, sentem efeitos colaterais e escondem, pois o pagamento pela participação só acontece ao final do estudo e isso compromete a validade de seus resultados (Walker *et al.*, 2022).

Populações empobrecidas do Malawi-África participaram de ensaios clínicos sem ter a compreensão correta da experiência à qual estavam se submetendo, segundo demonstrou estudo realizado por Ndebele *et al.* (2014). Esses resultados enfatizam a necessidade de pesquisadores e membros do comitê de ética em pesquisa aperfeiçoarem o processo de consentimento informado de ensaios clínicos com populações vulneráveis.

Vulnerabilidade de crianças e adolescentes

Crianças e adolescentes são indivíduos em desenvolvimento e que, portanto, ainda não atingiram sua capacidade plena. Por esse motivo, recebem uma proteção especial na maioria das sociedades e culturas. Quanto mais jovem for a criança, menos recursos físicos e intelectuais têm para tomar decisões. Por isso, precisam ser tuteladas e protegidas, mas também ter seus direitos garantidos. No Brasil, o Estatuto da Criança e do Adolescente – ECA, promulgado em 1990 (Lei nº 8.069/90) define as crianças e os adolescentes como sujeitos de direitos, em condição peculiar de desenvolvimento, que demandam proteção integral e prioritária por parte da família, da sociedade e do Estado.

No passado, crianças e adolescentes foram usados em pesquisas sem que seus direitos fossem respeitados. A descoberta da vacina contra a varíola no século XVIII, por exemplo, foi feita pelo pesquisador inglês Edward Jenner por meio da inoculação de pus de uma ferida de uma paciente com varíola em um menino saudável de 8 anos[4]. Com a evolução das normas éticas, passou-se a considerar a participação de crianças e adolescentes em pesquisas somente se os riscos forem mínimos (os mesmos encontrados no cotidiano da vida) e com a autorização dos pais ou responsáveis. No Brasil, essa autorização para a participação em pesquisas é registrada por meio da assinatura do Termo de Consentimento Livre e Esclarecido por parte dos responsáveis, pois menores de 18 anos legalmente não têm maioridade civil e autonomia plena para consentir. A partir da Resolução nº 466/12, foi adicionada uma nova exigência para a inclusão de menores em pesquisa, o Termo de Assentimento da criança, quando esta tem idade suficiente para compreender o que está acontecendo, em geral a partir dos 7 anos. Essa medida visou ampliar o respeito aos direitos das crianças e dos adolescentes.

As exigências mencionadas de autorização de pais e responsáveis e o fato de a pesquisa só poder ser autorizada se tiver risco mínimo têm limitado a participação de crianças e adolescentes em estudos. Isso vem sendo questionado por alguns autores que acreditam se tratar de excesso de proteção, pois essas medidas impedem eventualmente que crianças participem de estudos que têm risco um pouco maior do que o mínimo, mas que beneficiariam particularmente aquelas em situações de pobreza, as quais já são submetidas a outras violências em razão dessa condição. A não realização dessas pesquisas leva à privação da produção de conhecimento científico, mesmo sabendo que os pais das crianças em situação

---

4. Revista da Vacina. *Edward Jenner*. Disponível em: http://www.ccms.saude.gov.br/revolta/personas/jenner.html. Acesso em: 24 dez. 2024.

de pobreza também são vulneráveis e, em geral, com baixa escolaridade. Além disso, os pais podem não estar em condições de autonomia plena para julgar a participação ou não de seus filhos em uma pesquisa. Dessa forma, não basta somente obter a assinatura dos termos de consentimento e de assentimento. É necessário avaliar a vulnerabilidade de forma contextualizada, com seus potenciais riscos de dano (Macedo; Alvarenga; Machado, 2012).

Alguns autores consideram eticamente aceitável que crianças participem de pesquisas com risco baixo, sem perspectivas de benefícios diretos a elas, mas sim à comunidade. Como respaldo, citam um estudo controverso sobre a inclusão de crianças em ensaios clínicos baseados em infecção humana controlada. Determinadas doenças precisam de ensaio clínico em crianças, pois a mortalidade é maior na infância e, sem isso, a produção de vacinas ou a definição das dosagens adequadas dos medicamentos são inviabilizadas. Diante desses argumentos, o paradigma na ética da investigação vem mudando o foco na proteção dos participantes vulneráveis para o reconhecimento de que a sua inclusão nos estudos pode ser importante como uma questão de justiça. Portanto, segundo alguns autores, é eticamente aceitável a pesquisa de infecção humana controlada em crianças, mesmo que esta não as beneficie, desde que os riscos sejam controlados (Murphy *et al.*, 2020). Outros pesquisadores endossam a mesma posição, pois consideram que há razões científicas e éticas para realizá-las, principalmente em países de baixa e média renda, onde doenças negligenciadas são frequentemente endêmicas e cujo objetivo final do estudo é desenvolver novas intervenções e assim melhorar a saúde das pessoas. Para isso, é necessário levar em consideração fatores como: justificativa clara, engajamento da comunidade, processo de consentimento informado cuidadoso, compensação financeira, benefícios aos participantes e à comunidade, minimização dos riscos para os participantes, acompanhamento pós-ensaio clínico e acesso aos resultados positivos do estudo (Selgelid; Jamrozik, 2018).

Crianças órfãs e tuteladas são duplamente vulneráveis devido à baixa idade e à ausência dos pais. Esse estrato social é numeroso (cerca de 153 milhões de indivíduos no mundo) e sua maior parte está na África Subsaariana e no Sudoeste Asiático devido às perdas dos pais pelo HIV/Aids. Pesquisadores defendem que o desenvolvimento de estudos com essas crianças é uma questão de equidade e justiça, pois elas podem ser diretamente beneficiadas pela pesquisa e é a única forma de saber sobre suas necessidades específicas. Nesse caso, a responsabilidade dos investigadores é maior, visto que devem protegê-las devido à ausência de um legítimo guardião da criança para a avaliação dos riscos (Kelley *et al.*, 2016).

Em contextos de pobreza os desafios de pesquisa com crianças são maiores, dado que, muitas vezes, estas são deixadas ao cuidado de outros familiares ou membros da comunidade, sem a possibilidade de se conseguir o consentimento dos pais ou representantes legais. Em uma pesquisa desenvolvida na República Democrática do Congo sobre os desafios éticos na obtenção do consentimento informado, os autores verificaram que as testemunhas possíveis como representantes legais dessas crianças nesses locais são, em geral, analfabetas, e há um impacto da vulnerabilidade socioeconômica na decisão de participar de um ensaio. Muitos consentem a participaçao, porque terão medicamentos gratuitos e compensações financeiras, independentemente de qualquer outro fator de risco de participação (Kalabuanga *et al.*, 2016).

As pesquisas realizadas com adolescentes têm particularidades em relação às crianças, uma vez que os primeiros estão em etapa mais avançada de desenvolvimento físico e cognitivo, o que significa uma maior maturidade na avaliação das situações que vivenciam e, consequentemente, mais capacidade de defender seus interesses. Eventualmente, adolescentes são impedidos de participar das pesquisas pela ausência de consentimento de pais e responsáveis, indo contra a própria vontade do jovem. Talvez os pais não tenham conhecimento do que os filhos estão vivenciando, por exemplo, a atividade sexual. Vale destacar que a adolescência é uma fase da vida em que os problemas de saúde que se apresentam frequentemente estão relacionados à atividade sexual, como a gravidez e as infecções sexualmente transmissíveis. Outras questões de saúde nessa faixa etária estão relacionadas ao uso de drogas ilícitas ou a atividades que envolvem violência, como agressões, homicídios, suicídios, acidentes de trânsito (Taquette *et al.*, 2005).

A obrigatoriedade de consentimento dos responsáveis muitas vezes é dificultada por sua ausência ou pelo seu desconhecimento de determinadas práticas dos filhos. Os que defendem a autonomia de adolescentes argumentam que, se aqueles que são mais maduros cuidam de si próprios, têm o direito de participar de estudos sobre sua saúde. Essa obrigatoriedade de consentimento dos responsáveis em pesquisas com adolescentes pode ser uma barreira à participação desse público em certos tipos de pesquisas importantes que podem beneficiá-los e cujo conhecimento a ser produzido não pode ser obtido com participantes de outras faixas etárias.

A não assinatura do Termo de Consentimento pelos responsáveis de adolescentes, seja por estarem ausentes ou por desconhecerem as atividades dos filhos, dificulta a aprovação de projetos de pesquisa pelos CEPs. Essa dificuldade tem sido superada em parte quando o pesquisador substitui a assinatura do responsável por alguma testemunha maior de idade, atestando que a participação do adolescente na pesquisa não representa nenhum risco ou dano à sua saúde. Porém, não se pode generalizar esse entendimento para qualquer tipo de pesquisa com adolescentes. As diretrizes recomendam que a autonomia do adolescente deve ser avaliada tendo por base sua capacidade de compreensão e somente para pesquisas de baixo risco. No caso de pesquisas de maior risco, a avaliação deve ser mais cuidadosa, individualmente e dentro do contexto em que o adolescente se insere.

O ECA prevê que os adolescentes dispõem de certa autonomia quanto a seus interesses. Cabe aos CEPs analisar eticamente a questão e definir a necessidade de solicitar autorização aos pais e/ou responsáveis legais. Existe ainda a possiblidade de buscar a autorização do Ministério

Público, quando o contato com os responsáveis não for do interesse do menor (Taquette; Pereira, 2012).

Crianças e adolescentes em situação de rua estão ainda mais vulneráveis, pois se expõem a vários riscos à saúde. Há poucas evidências científicas sobre a saúde dessa população particularmente em países de baixa renda, pois não são indivíduos envolvidos, mas pesquisas em função da própria condição de vulnerabilidade. A exclusão de atividades de pesquisa nega a essa população o direito de participação em questões que afetam suas vidas e enfraquece os princípios éticos fundamentais da justiça (Embleton *et al.*, 2015).

É reconhecido pela maioria da comunidade científica que investigações com crianças são necessárias e importantes pelos benefícios que podem proporcionar desde que conduzidas de forma ética. Crianças e adolescentes têm algumas particularidades e características diferentes dos adultos; contudo, esse público só deve ser recrutado para pesquisas caso não possam ser desenvolvidas em adultos. Experimentos que não tragam benefícios diretos aos participantes não necessariamente são antiéticas e precisam ser cuidadosamente avaliadas por CEPs quanto aos seus riscos e ao consentimento obtido de forma amplamente informada, com envolvimento dos pais e/ou responsáveis e com concordância do menor participante na medida de seu entendimento.

Um consentimento informado válido é aquele dado livremente, sem coerção ou incentivos financeiros. Dependendo da necessidade, pode ser demorado para que haja uma compreensão nítida da pesquisa por parte dos responsáveis. Os participantes devem estar cientes da possibilidade de retirar o consentimento a qualquer momento sem nenhum prejuízo e sem precisar explicar o motivo, além de ter a continuidade dos benefícios que tinham antes assegurada, como algum tratamento, por exemplo. Todas as perguntas e dúvidas dos familiares devem ser respondidas. Os possíveis riscos e danos devem ser esclarecidos com honestidade, assim como a solução para eles caso ocorram. O pesquisador precisa ter muito cuidado para que não ocorra um equívoco terapêutico, ou seja, que o paciente pense que está sendo tratado quando, de fato, está participando de um estudo. A divulgação dos contatos do pesquisador é mandatória para que qualquer participante possa acioná-lo se necessário, assim como deve responder de boa vontade a todas as dúvidas durante o processo de pesquisa. Os resultados da pesquisa devem ser relatados às famílias participantes (Neill, 2005).

Vulnerabilidade de pessoas em privação de liberdade

A Segunda Guerra Mundial foi um exemplo mórbido de exploração de pessoas vulneráveis por estarem prisioneiras nos campos de concentração à mercê dos nazistas. Há registros de estudos desumanos nesses locais, como deixar o indivíduo ao relento no frio para verificar até que temperatura se manteria vivo. Essas e outras atrocidades foram motivadoras do Código de Nuremberg, considerado documento pioneiro de ética em pesquisa em seres humanos (Kottow, 2008).

Pessoas que estão em privação de liberdade têm a autonomia reduzida e há um potencial risco para que ocorra uma coerção indevida no meio correcional. Por isso, são consideradas vulneráveis para a participação em pesquisas e, em geral, os Comitês de Ética não aprovam pesquisas com prisioneiros. No entanto, assim como outros estratos populacionais, eles poderiam ser beneficiados pelas pesquisas, mas a produção de conhecimentos relativos às condições de saúde no ambiente prisional fica dificultada sem a participação dessa população.

Uma pesquisa realizada no Reino Unido por meio de análise de protocolos de estudos com prisioneiros e de entrevistas com pesquisadores e membros dos CEPs revelou que a participação de encarcerados nas pesquisas é muito reduzida (cerca de 0,7% dos estudos). Os regulamentos éticos no Reino Unido são muito restritivos. Os autores argumentam que não está sendo feita justiça com esse público, pois muitos poderiam se beneficiar dos resultados dos estudos, seja direta ou indiretamente, por ganho financeiro ou outros proveitos, como a satisfação de contribuir com a sociedade e de sentimento de utilidade (Charles *et al.*, 2016).

Cientistas norte-americanos argumentam que prisioneiros devem ter a oportunidade de participar com segurança em pesquisas. Os autores desenvolveram um estudo para compreender as motivações dessa população em ser voluntária de experimentos científicos por meio de entrevistas com administradores penitenciários, representantes de prisioneiros, pesquisadores e especialistas em ética. Constatou-se incentivos e coerção para o engajamento na pesquisa. No ambiente prisional, os sujeitos sentem-se forçados a participar, pois não estão acostumados a ter a oportunidade de recusar qualquer coisa nessas condições. Contudo, observou-se como motivações principais: a oportunidade de contribuir com a sociedade; o acesso ao conhecimento e aos cuidados em saúde; o apoio recebido e a interação social durante a pesquisa; e a compensação financeira (Hanson *et al.*, 2015).

O "dumping ético" também ocorre com a população carcerária. Spector-Bagdady e Lombardo (2019) registraram somente neste século que várias pesquisas foram conduzidas na Guatemala por norte-americanos sem o consentimento dos participantes, incluindo estudos com prisioneiros. Nenhum integrante do estudo recebeu qualquer indenização ou teve reparação pelos danos que sofreu. Além de prisioneiros, crianças órfãs institucionalizadas e pacientes psiquiátricos também participaram sem consentimento. Houve coleta de sangue e de líquor, e os recrutados eram expostos a ISTs.

Vulnerabilidade de pessoas com doenças oncológicas, crônicas, negligenciadas e graves

Práticas coercitivas para recrutamento de pacientes para pesquisas são comuns principalmente em locais em que estes não têm acesso fácil a tratamento. Em muitos casos ocorre o que se denomina de "equívoco terapêutico", em que o paciente submetido a um ensaio clínico pensa que está recebendo tratamento, e não sendo cobaia de um novo medicamento. Esse método é comumente praticado por pesquisadores de países desenvolvidos em outros de menor nível de desenvolvimento e trata-se de um "dumping ético". Pacientes quando convidados a participar de ensaios clínicos de novas drogas muitas vezes confundem o papel do pesquisador com o de terapeuta, sentindo-se cuidados. Em outras, não sabem que não têm perspectivas de serem favorecidos pelos resultados. Pérez-Roman *et al.* (2018) relatam que acompanharam pacientes com artrite reumatoide após terem participado de um ensaio clínico de um novo tratamento. Grande parte dos pacientes piorou após a interrupção do ensaio. Os autores chamam a atenção para a necessidade de intervenção terapêutica após a interrupção do estudo. O cuidado dos pacientes após o ensaio clínico faz parte do dever ético do pesquisador.

Estudos realizados em diversos países comprovam a prática de "dumping ético". Na África do Sul, Malan e Moodley (2016) evidenciaram, em uma pesquisa com pacientes oncológicos – os quais participaram de ensaios clínicos fase 3 – que a maioria não tinha conhecimento suficiente dos riscos a que estavam sendo submetidos e alguns acreditavam que seriam curados do câncer. Também na África, um estudo realizado por pesquisadores holandeses com mulheres grávidas em Gana sobre os fatores que as influenciam a participar de ensaios clínicos evidenciou o desconhecimento delas sobre o que é um estudo científico, a influência da desigualdade de poder na decisão de participar e a ocorrência do equívoco terapêutico (Hollander *et al.*, 2018).

Uma análise histórica de pesquisas realizadas por pesquisadores norte-americanos nas Filipinas na época em que o país ainda era colônia norte-americana evidenciou que foram realizados ensaios clínicos para abordar epidemias como cólera, tuberculose, varíola e febre tifoide sem tratamento adequado dos que participaram das experiências e sem o seu consentimento (Arcega; Cabantac; Cruz, 2019). Um contexto semelhante foi observado por Rachmawaty (2017) em um estudo de caso na Indonésia no qual pesquisadores japoneses fizeram experimentos com uma população vulnerável sem nenhuma proteção especial, sem consentimento informado e com exposição a riscos.

No México, em uma pesquisa desenvolvida com membros dos CEPs, o *dumping ético* também foi constatado. Os autores identificaram que a autonomia dos voluntários foi reduzida por incentivos indevidos e pelo fato de os recrutados para os ensaios clínicos pensarem que estavam em tratamento, e não participando de uma pesquisa (Germán; Rosemarie, 2019).

Um outro estudo, conduzido por Burke (2014), sobre o recrutamento de pacientes oncológicos para participarem de ensaios clínicos, a coerção de população vulnerável e empobrecida e o equívoco terapêutico foram observados. Muitos consideram que participar de ensaios clínicos é a chance que têm de serem curados, pois não dispõem de recursos para comprar os medicamentos de que precisam.

Pacientes com doenças crônicas, graves ou incuráveis têm autonomia reduzida na participação de pesquisas clínicas devido à situação de fragilidade provocada pela doença e pela possibilidade de equívoco terapêutico. Pesquisas com esse público são necessárias para ampliar e prolongar a qualidade de vida dessas pessoas. Porém, é fundamental proporcionar um processo de consentimento livre e esclarecido de qualidade, supervisionado por associações de pacientes para que tenham sua autonomia garantida. Além disso, é preciso que tenham assegurado o benefício proveniente dos resultados (Valêncio; Domingos, 2016).

Vulnerabilidade de pacientes com doença mental e psiquiátrica

Indivíduos portadores de doença mental e psiquiátrica têm pouca autonomia em razão de suas condições patológicas, mas, pelo mesmo motivo, precisam ser participantes de pesquisas científicas que lhes tragam benefícios.

O equívoco terapêutico é comum nesses pacientes e torna o desenvolvimento de pesquisas com essa população um desafio, pois não é rara a necessidade de utilizar técnicas terapêuticas para alívio do sofrimento psicológico de algum participante, o que gera um conflito de funções de terapeuta e pesquisador (Moyle, 2002; Taquette; Souza, 2022).

Os projetos de pesquisa com a população com transtorno mental são muitas vezes rejeitados pelos CEPs devido à condição de vulnerabilidade desses indivíduos, que têm autonomia reduzida. Integrantes de comitês de ética consideram que os estudos podem causar danos a esses pacientes, porque são incapazes de compreender o conteúdo do mesmo e de tomar decisões conscientes. Porém, autores argumentam que investigações com esse público são necessárias. Para driblar as dificuldades e garantir pesquisas com usuários de serviços de saúde mental – e, desse modo, conhecer suas reais necessidades – os estudos devem ser bem planejados, de forma a garantir a autonomia, a confidencialidade, a fidedignidade dos dados e a proteção aos participantes ao longo do estudo (Keogh; Daly, 2009).

Os desafios éticos de entrevistar pessoas com doença mental foram analisados por meio de estudo com profissionais de saúde e pacientes. Os resultados evidenciaram que estratégias como distribuir previamente folhetos informativos sobre a pesquisa tiveram êxito, pois possibilitou o esclarecimento de dúvidas antes do processo de consentimento, além de construir um vínculo de confiança anterior ao início da entrevista e o cuidado com a não confusão de papéis de profissional de saúde e pesquisador (Newman *et al.*, 2017).

Em geral, o consentimento em pesquisas com pessoas portadoras de doença mental ou psiquiátrica com dificuldades intelectuais moderadas ou severas é dado por um familiar ou responsável. No entanto, a vontade do sujeito em participar ou não tem que ser respeitada independentemente da posição do responsável. Há que se ter o cuidado necessário para esclarecimento sobre o teor da pesquisa em uma linguagem que seja acessível à compreensão do possível pesquisado.

Vulnerabilidade de pessoas com deficiência

Os indivíduos com deficiência são tratados como incapazes, mesmo sendo o Brasil signatário de Convenção sobre os direitos das pessoas com deficiência em que garante sua capacidade legal de participação em todos os atos da vida civil, incluindo pesquisas. Foi o que demonstrou Mello (2016) ao descrever a dificuldade que teve de aprovação ética de um estudo etnográfico sobre violência contra mulheres com deficiência, devido ao capacitismo dos membros dos comitês de ética. A proteção a esse público nao deve ser impedimento para sua participação em estudos que lhe proporcionem benefícios.

Os desafios éticos da participação de surdos em pesquisas foram evidenciados por Singleton, Jones e Hanumantha (2014). Essa população é vista apenas através da lente da deficiência sem que suas outras necessidades e seus direitos individuais sejam considerados. Os autores conduziram três grupos focais em linguagem de sinais com partes interessadas em pesquisas com surdos: estudantes universitários surdos que participaram de investigações anteriores, pesquisadores envolvidos em experimento com surdos e especialistas em estudos com surdos. Os estudantes criticaram a falta de habilidade dos pesquisadores em linguagem de sinais, pois alguns que não a dominam totalmente podem fazer interpretações equivocadas dos dados. Foi relatada a dificuldade de se obter financiamento das agências para investigações sobre aspectos socioculturais e educacionais da surdez. Os autores defendem que a comunidade científica deve adotar diretrizes de pesquisa culturalmente apropriadas, reconhecer a heterogeneidade dos membros da comunidade surda e garantir que os resultados da pesquisa representem com precisão a comunidade de indivíduos surdos. Dificuldades de comunicação semelhantes são apontadas por Jones *et al.* (2021) em estudos com pacientes com doenças neurovegetativas. Os autores sugerem que o consentimento seja processual, que o número de perguntas seja limitado e que exista a possibilidade de participação de parentes junto com os pacientes.

Vulnerabilidade de pessoas de minorias culturais

Determinadas populações vulneráveis têm a possibilidade de participação em estudos inibida por barreiras relativas às suas características culturais. Não é possível garantir adequadamente a proteção delas por motivos diversos, entre eles estão o isolamento em razão de preconceitos, os estigmas e a falta de compreensão devido a barreiras linguísticas e culturais.

Grupos minoritários da sociedade com culturas diferenciadas podem estar em situação de vulnerabilidade exatamente por essas diferenças. A compreensão do mundo, os hábitos, os valores, o sistema de deveres, as concepções de justiça, de dignidade humana, entre outras particularidades, são determinadas pela cultura, pelo modo de viver. Portanto, as pessoas de minorias culturais podem não ser notadas em suas necessidades, assim como podem ter dificuldade de entender o engajamento de ser um sujeito que faz parte de uma pesquisa científica.

Uma pesquisadora norte-americana de origem indiana enfrentou barreiras para conduzir um estudo com mulheres epiléticas de uma comunidade indiana em vulnerabilidade social. Mesmo sendo natural da Índia, a pesquisadora se deparou com desafios linguísticos e culturais no recrutamento das participantes e na obtenção de aprovação no comitê de ética, e ela precisou fazer uma parceria com pesquisadores locais. Para uma abordagem de sociedades de diferentes culturas é necessário construir uma relação de confiança com a comunidade (Gaudecker, 2018).

Outra situação digna de nota é a de investigações com estratos populacionais fortemente religiosos, os quais podem ser enquadrados como minorias culturais. Para esses indivíduos, a obediência a Deus está acima de sua própria vontade, ou seja, sua autonomia não é plena, pois a autoridade moral divina é maior do que a sua própria. O comportamento do indivíduo não é autônomo, e sim heterônomo. Portanto, para obter o consentimento o pesquisador fica dependente de uma autoridade religiosa que é o representante de Deus na Terra, a quem ele obedece sem questionar (Zaluar, 2012).

A situação de vulnerabilidade da população rural no Nordeste brasileiro foi documentada por Dantas *et al.* (2018) em um estudo realizado com o objetivo de conhecer as condições de vida e infraestrutura dos assentamentos de reforma agrária, bem como o acesso dos moradores às políticas e programas em saúde, assistência social e desenvolvimento agrário. As diferenças culturais, linguísticas e as particularidades e singularidades dessa população evidenciam sua vulnerabilidade, além da precariedade de condições de vida. Garantir a autonomia e outros direitos dessa população em uma pesquisa implica compreender sua realidade social de forma ampla.

Existem informações limitadas sobre a saúde de populações das minorias culturais, como indígenas, quilombolas, ciganos, entre outros. Os resultados de estudos em outros estratos populacionais são generalizados para esses grupos. Todavia, para uma atenção mais diferenciada à saúde deles, é necessário que tenham o direito de participar de pesquisas que os favoreçam. Para isso, o respeito às suas diferenças culturais tem que ser garantido. No Brasil existem numerosas populações diversas em termos étnicos e linguísticos com códigos sociais próprios (Ruzany; Grossman, 2012).

Vulnerabilidade de pessoas em situação de cuidados de emergência e em catástrofes

A pesquisa sobre cuidados de emergência levanta questões éticas, visto que envolve pacientes vulneráveis, que necessitam de assistência médica urgente e que, como regra, estão em condições que os impedem de fornecer consentimento informado. Além disso, muitas vezes não existe um representante legal disponível para dar consentimento em seu nome. Esses casos exigem salvaguardas regulamentares especiais que vão além das orientações gerais sobre investigação que envolve pessoas sem capacidade de tomada de decisão. A proteção contra danos e exploração oferecida pelo consentimento informado não é, portanto, concedida a esses sujeitos de pesquisa. Obviamente, isso é significativo do ponto de vista ético, especialmente quando consideramos que o empreendimento de investigação por si só não se destina a ser do interesse do participante individual. Em emergências, em que não há um responsável pela assinatura do termo de consentimento informado, pode-se recorrer a um profissional independente, preparado para a eventualidade, ou o consentimento de um representante da comunidade à qual faz parte.

Broström e Johansson (2017) conduziram um estudo exploratório na Suécia sobre a proteção legal (regras e normativas de pesquisa) que indivíduos em emergência dispõem para participar de pesquisas. Existem regras que proíbem a participação do indivíduo se não tiver consentimento substituto de algum responsável. Outras permitem a participação sem consentimento substituto desde que sejam cumpridos os requisitos padrões de proteção e algumas exigências, por exemplo quando não há outra forma de obter resultados comparáveis. Outra regra é permitir a pesquisa somente se os próprios investigados forem beneficiados pela investigação. Entre as normas para pesquisas em emergência, os autores destacam três: a Declaração de Helsinque, que não oferece nenhuma proteção adicional àquelas previstas para outros participantes vulneráveis; o Protocolo Adicional à Convenção sobre Direitos Humanos e Biomedicina, que impõe condições, por exemplo, a pesquisa só ser realizada se seus resultados tiverem impacto positivo direto na pessoa investigada; e o Regulamento da União Europeia sobre Ensaios Clínicos, que se refere à autorização da participação em ensaios em emergência apenas se seus participantes se beneficiarem deles posteriormente.

As regras éticas existentes, mas, quanto à pesquisa em emergências, são ambíguas. Algumas proíbem totalmente, ao passo que outras impõem algumas condições. Populações de lugares onde ocorrem catástrofes – terremotos, inundações, furacões, tsunamis, deslizamentos de terra –, que são especialmente devastadoras em países em desenvolvimento e em locais com altos níveis de pobreza, encontram-se em situação semelhante. A realização de pesquisas durante desastres é necessária, porém, apresenta vários desafios éticos devido à vulnerabilidade dos participantes e à prioridade de salvar vidas. Em uma pesquisa desenvolvida por Tansey *et al.* (2017), no Canadá, foram realizadas entrevistas com membros de CEPs sobre as preocupações éticas nesse tipo de pesquisa. Os resultados demonstraram que várias questões devem ser consideradas na implementação de investigações sobre catástrofes, que incluem: uma justificativa relevante (potencial de produzir conhecimentos que tragam benefícios significativos para socorro em futuros desastres); uma abordagem da vulnerabilidade de forma generalizada (há grupos em situação de maior vulnerabilidade, como crianças, imigrantes, mais pobres e menos escolarizados); a promoção da segurança, da confidencialidade e da proteção dos dados em ambientes inseguros e instáveis (após catástrofes, pode haver riscos aos participantes e investigadores devido à instabilidade política e também à possibilidade de novos desastres); e o envolvimento significativo da comunidade para auxiliar os pesquisadores a estabelecerem e manterem relacionamentos com os participantes.

Vulnerabilidade de pessoas enlutadas

O luto é um processo doloroso que envolve diversos sentimentos que podem ter impacto na saúde. Portanto, é importante que os estudos científicos sejam desenvolvidos com essa população para minimizar as possíveis consequências dessas perdas. Contudo, não se deve fazer pesquisas com enlutados logo após a perda, pois isso pode envolver diversos sentimentos, tais como a tristeza, a depressão, a culpa ou a raiva. Quando a perda é muito recente, é possível que o enlutado apresente acentuada desorganização emocional e dificuldade de aceitar a realidade da perda, o que pode comprometer sua autonomia na participação em pesquisas. Nos casos em que não há complicações, as manifestações do luto estão mais presentes nos dois primeiros anos do que nos anos seguintes.

Ao entrevistar uma pessoa enlutada, o pesquisador deve ter uma escuta respeitosa, com disponibilidade de tempo e flexibilidade de horários. O conhecimento em relação ao funcionamento do processo de luto é fundamental, além da empatia e do cuidado, permitindo que os interlocutores reflitam e façam perguntas. No momento da divulgação dos resultados aos participantes, é preciso estar disponível para ouvi-los caso queiram dizer algo a respeito. O olhar atento do pesquisador ao longo de todo o processo de pesquisa permite que avalie, com o próprio participante, sua necessidade ou desejo de engajamento em psicoterapia para trabalhar questões mobilizadas ao longo das entrevistas e o risco de luto complicado. O pesquisador deve deixar seu contato para o caso de o participante desejar atendimento psicoterápico ou outro encaminhamento, solicitar algum tipo de esclarecimento, fazer algum pedido ou queixa (Franco; Tinoco; Mazorra, 2017).

Falar sobre seus sentimentos após uma perda dolorosa para alguém com disponibilidade em ouvir pode também ser uma oportunidade única e fazer bem ao interlocutor. No entanto, todos os cuidados para garantir a autonomia plena e os direitos de uma pessoa enlutada devem ser tomados pelo pesquisador que conduzir pesquisas sobre esse tema.

Como lidar com a vulnerabilidade das populações

Os avanços proporcionados pela pesquisa científica são inegáveis e necessários. Porém, com o avanço surgem novas questões éticas que surpreendem e alarmam os próprios pesquisadores, que, por sua vez, muitas vezes não sabem lidar com elas. É notável a necessidade de controle social, ético e jurídico na ciência para garantir proteção e liberdade aos pesquisados.

Sabedoria, prudência e responsabilidade são atributos que se espera dos cientistas ao lidar com seres humanos que são complexos, têm sentimentos, subjetividades, histórias e que vivem numa sociedade desigual que excluiu os mais fragilizados. Os que se encontram nessa situação precisam ser especialmente observados (Pegoraro, 2012).

Em alguns países, notoriamente nos EUA, existe pagamento aos participantes das pesquisas, especialmente nos ensaios clínicos. Indivíduos economicamente desfavorecidos, os negros e outras populações em situação de vulnerabilidade social são os principais recrutados para essas pesquisas. Algumas provocam danos aos participantes, que devem ser recompensados. No entanto, isso não é garantido, principalmente nos EUA, pois os pedidos de indenização nesses casos têm que ser por via judicial, ou seja, a recompensa não é automática e deve ser arbitrada por um juiz (Pike, 2014).

Grande parte das diretrizes éticas internacionais não define claramente o que é vulnerabilidade, o que dificulta a atuação de pesquisadores. De acordo com Rogers e Ballantyne (2008), pesquisadoras e bioeticistas australianas, as pesquisas com populações vulneráveis podem ser realizadas desde que sejam sobre uma questão importante para a saúde e o bem-estar da população alvo. Os estudos devem ser desenvolvidos com métodos apropriados do ponto de vista cultural e social e conduzidos com proteção física, emocional e psicológica dos participantes, que, ainda, devem ser beneficiados com as intervenções e os produtos resultantes dos estudos. Outras investigações preconizam que os CEPs ouçam os possíveis participantes vulneráveis, assim como os pesquisadores, para que possam compreender melhor sua vulnerabilidade e potencialidade.

Recursos lúdicos, transmissão coletiva de informações, proteção conferida pelas associações de pacientes e a formação permanente em ética em pesquisa por parte dos profissionais que aplicam o consentimento são indicados como ferramentas para otimizar esse processo. Para que pessoas vulneráveis possam participar de pesquisas de seu interesse e para que o apelo feito por muitos na comunidade dos direitos das pessoas com deficiência, "nada sobre nós sem nós", seja atendido, é necessário seguir algumas medidas, de acordo com diversos autores (Cascio; Weiss; Racine, 2020, p. 3). A singularização do caso é uma delas e precisa ser feita por meio de uma análise criteriosa da situação da pessoa, de forma que suas necessidades únicas sejam consideradas. Os pesquisadores devem fornecer a essas pessoas uma abordagem diferenciada de acordo com suas características para que compreendam o que está acontecendo e tenham liberdade e autonomia para consentir ou não sua participação no estudo. Os pais, responsáveis e tutores podem ajudar na preparação dessa abordagem. Outra estratégia é a particularização dos métodos de pesquisa para atender à necessidade de superar a dificuldade do pesquisado, sem renunciar ao rigor e à integridade. Por exemplo, os dispositivos de produção de dados podem ser personalizados para melhor compreensão do participante. A ordem ou o ritmo dos procedimentos podem ser ajustados para tornar o estudo mais confortável.

Cada proposta de pesquisa que envolva populações vulneráveis deve ser avaliada criteriosamente. O processo de consentimento deve conter informações consistentes e adequadas ao público-alvo, com envolvimento da comunidade e/ou de testemunhas independentes em casos específicos. Dessa forma, indivíduos vulneráveis poderão ter o direito de participar com segurança de estudos que os beneficiem e apresentem riscos mínimos.

Referências

ALMEIDA, C. H. *et al.* A pesquisa científica na saúde: uma análise sobre a participação de populações vulneráveis. *Texto & Contexto - Enfermagem*, v. 19, n. 1, p. 104-111, 2010.

ARCEGA, P. A. V. H.; CABANTAC, C. L. P.; CRUZ, R. A. L. Trends in health research ethics in the Philippines during the American Colonial Period (1898-1946). *Developing world bioethics*, v. 19, n. 3, p. 180-185, 2019.

BRACKEN-ROCHE, D. *et al.* The concept of "vulnerability" in research ethics: an in-depth analysis of policies and guidelines. *Health research policy and systems*, v. 15, n. 1, p. 8, 2017.

BROSTRÖM, L.; JOHANSSON, M. The protection of unrepresented patients in emergency care research. *Accountability in research*, v. 25, n. 1, p. 21-36, 2018.

BURKE, N. J. Rethinking the therapeutic misconception: social justice, patient advocacy, and cancer clinical trial recruitment in the US safety net. *BMC medical ethics*, v. 15, n. 68, 2014.

CASCIO, M. A.; WEISS, J. A.; RACINE, E. Person-Oriented research ethics to address the needs of participants on the autism spectrum. *Ethics & human research*, v. 42, n. 5, p. 2-16, 2020.

CHARLES, A. *et al.* Prisoners as research participants: current practice and attitudes in the UK. *Journal of medical ethics*, v. 42, n. 4, p. 246-252, 2016.

DANTAS, C. M. B. *et al.* A pesquisa em contextos rurais: desafios éticos e metodológicos para a psicologia. *Psicologia & Sociedade*, v. 30, p. e165477, 2018.

EMBLETON, L. *et al.* Adapting ethical guidelines for adolescent health research to street-connected children and youth in low- and middle-income countries: a case study from western Kenya. *BMC medical ethics*, v. 16, n. 89, 2015.

FRANCO, M. H.; TINOCO, V. U.; MAZORRA, L. Reflexões sobre os cuidados éticos na pesquisa com enlutados. *Revista M. Estudos sobre a Morte, os Mortos e o Morrer*, v. 2, n. 3, p. 138-151, 2017.

GAUDECKER, J. R. Challenges in conducting ethnography among hidden populations in rural South India. *The Journal of Neuroscience Nursing*, v. 50, n. 6, p. 351-355, 2018.

GERMÁN, N. H.; ROSEMARIE, B. A survey in Mexico about ethics dumping in clinical research. *BMC Medical Ethics*, v. 20, n. 38, 2019.

GUILLEMIN, M. *et al.* "Doing Trust". *Journal of Empirical Research on Human Research Ethics*, v. 11, n. 4, p. 370-381, 2016.

HANSON, B. L. *et al.* Key stakeholders' perceptions of motivators for research participation among individuals who are incarcerated. *Journal of Empirical Research on Human Research Ethics*, v. 10, n. 4, p. 360-367, 2015.

HOLLANDER, G. C. *et al.* Power difference and risk perception: mapping vulnerability within the decision process of pregnant women towards clinical trial participation in an urban middle-income setting. *Developing World Bioethics*, v. 18, n. 2, p. 68-75, 2018.

HONEY, K. Drug-trial disaster. *Nature Reviews Immunology*, v. 6, p. 340, 2006.

JONES, A. *et al.* Conducting focus groups in neurodegenerative disease populations: ethical and methodological considerations. *BMJ open*, v. 11, n. 1, p. e041869, 2021.

KALABUANGA, M. *et al.* The challenges of research informed consent in socio-economically vulnerable populations: a viewpoint from the Democratic Republic of Congo. *Developing World Bioethics*, v. 16, n. 2, p. 64-69, 2016.

KELLEY, M. C. *et al.* Ethical challenges in research with orphans and vulnerable children: a qualitative study of researcher experiences. *International health*, v. 8, n. 3, p. 187-196, 2016.

KEOGH, B.; DALY, L. The ethics of conducting research with mental health service users. *British Journal of Nursing*, v. 18, n. 5, p. 277-281, 2009.

KOTTOW, M. História da ética em pesquisa com seres humanos. *RECIIS - Eletrônica De Comunicação, Informação & Inovação Em Saúde*, v. 2, n. Sup1, p. Sup7-Sup18, 2008.

LENZER, J. Drug secrets: what the FDA isn't telling. *SLATE*, 2005.

MACEDO, L. M. C.; ALVARENGA, F. B. F.; MACHADO, F. H. S. A dupla vulnerabilidade na pesquisa com crianças pré-escolares carentes. *In*: TAQUETTE, S. R.; CALDAS, C. P. (eds.). *Ética e pesquisa com populações vulneráveis*. Rio de Janeiro: EdUERJ, 2012. p. 111-124.

MALAN, T.; MOODLEY, K. Phase 3 oncology clinical trials in South Africa: experimentation or therapeutic misconception? *Journal of Empirical Research on Human Research Ethics*, v. 11, n. 1, p. 47-56, 2016.

MELLO, D.; BRAZ, M. Vulnerabilidade, autonomia e ética em pesquisa. *Revista Brasileira de Bioética*, v. 4, n. 1-2, p. 49-68, 2008.

MELLO, A. G. Deficiência, incapacidade e vulnerabilidade: do capacitismo ou a preeminência capacitista e biomédica do Comitê de Ética em Pesquisa da UFSC. *Ciência & Saúde Coletiva*, v. 21, n. 10, p. 3.265-3.276, 2016.

MOYLE, W. Unstructured interviews: challenges when participants have a major depressive illness. *Journal of Advanced Nursing*, v. 39, n. 3, p. 266-273, 2002.

MURPHY, S. C. *et al.* Reexamining the categorical exclusion of pediatric participants from controlled human infection trials. *Bioethics*, v. 34, n. 8, p. 785-796, 2020.

NDEBELE, P. *et al.* Trial participants' understanding of randomization, double-blinding, and placebo use in low literacy populations: findings from a study conducted within a microbicide trial in Malawi. *Journal of Empirical Research on Human Research Ethics*, v. 9, n. 3, p. 2-10, 2014.

NEILL, S. J. Research with children: a critical review of the guidelines. *Journal of child health care*, v. 9, n. 1, p. 46-58, 2005.

NEWMAN, D. *et al.* Challenges in accessing and interviewing participants with severe mental illness. *Nurse Researcher*, v. 25, n. 1, p. 37-42, 2017.

PEGORARO, O. A. Século XXI, tempo da ciência e do progresso: trans-humanismo? *In*: TAQUETTE, S. R.; CALDAS, C. P. (eds.). *Ética e pesquisa com populações vulneráveis*. Rio de Janeiro: EdUERJ, 2012. p. 19-35.

PÉREZ-ROMÁN, D. I. *et al.* Outcomes after rheumatoid arthritis patients complete their participation in a long-term observational study with tofacitinib combined with methotrexate: practical and ethical implications in vulnerable populations after tofacitinib discontinuation. *Rheumatology international*, v. 38, n. 4, p. 599-606, 2018.

PETER, E.; FRIEDLAND, J. Recognizing risk and vulnerability in research ethics: imagining the "what ifs?" *Journal of empirical research on human research ethics*, v. 12, n. 2, p. 107-116, 2017.

PIKE, E. R. Recovering from research: a no-fault proposal to compensate injured research participants. *American Journal of Law & Medicine*, v. 38, n. 1, p. 7-62, 2012.

RACHMAWATY, R. Ethical issues in action-oriented research in Indonesia. *Nursing Ethics*, v. 24, n. 6, p. 686-693, 2017.

REED, E. *et al.* Why female sex workers participate in HIV research: the illusion of voluntariness. *AIDS care*, v. 29, n. 7, p. 914-918, 2017.

ROGERS, W.; BALLANTYNE, A. Populações especiais: vulnerabilidade e proteção. *Revista Eletrônica de Comunicação, Informação & Inovação em Saúde*, v. 2, n. Sup.1, p. Sup.3-Sup.41, 2008.

RUZANY, M. H.; GROSSMAN, E. Interculturalidade, ética e a saúde de adolescentes e jovens. *In*: TAQUETTE, S. R.; CALDAS, C. P. (orgs.). *Ética e pesquisa com populações vulneráveis*. Rio de Janeiro: EdUERJ, 2012. p. 171-187.

SCHRAMM, F. R. Vulnerabilidade, vulneração, saúde pública e bioética da proteção: análise conceitual e aplicação. *In*: TAQUETTE, S. R.; CALDAS,

C. P. (orgs.). *Ética e pesquisa com populações vulneráveis*. Rio de Janeiro: EdUERJ, 2012. p. 37-57.

SELGELID, M. J.; JAMROZIK, E. Ethical challenges posed by human infection challenge studies in endemic settings. *Indian journal of medical ethics*, v. 3, n. 4, p. 263-266, 2018.

SINGLETON, J. L.; JONES, G.; HANUMANTHA, S. Toward ethical research practice with deaf participants. *Journal of Empirical Research on Human Research Ethics*, v. 9, n. 3, p. 59-66, 2014.

SPECTOR-BAGDADY, K.; LOMBARDO, P. A. Public health service STD experiments in Guatemala (1946-1948) and their aftermath. *Ethics & Human Research*, v. 41, n. 2, p. 29-34, 2019.

TANSEY, C. M. *et al.* Familiar ethical issues amplified: how members of research ethics committees describe ethical distinctions between disaster and non-disaster research. *BMC Medical Ethics*, v. 18, n. 44, 2017.

TAQUETTE, S. R. *et al.* Conflitos éticos no atendimento à saúde de adolescentes. *Cadernos de Saúde Pública*, v. 21, n. 6, p. 1.717-1.725, 2005.

TAQUETTE, S. R. Ética em pesquisa com humanos vulneráveis: estudo de revisão. *Ciência & Saúde Coletiva*, 2025. Disponível em: http://cienciaesaudecoletiva.com.br/artigos/etica-em-pesquisa-com-humanos-vulneraveis-estudo-de-revisao/19591?id=19591. Acesso em: 08 jun. 2025.

TAQUETTE, S. R.; PEREIRA, S. M. Adolescência, bioética e saúde. *In*: TAQUETTE, S. R.; CALDAS, C. P. (orgs.). *Ética e pesquisa com populações vulneráveis*. Rio de Janeiro: EdUERJ, 2012. p. 147-169.

TAQUETTE, S. R.; SOUZA, L. M. B. DA M. Ethical dilemmas in qualitative research: a critical literature review. *International Journal of Qualitative Methods*, v. 21, p. 1-15, 2022.

TISHLER, C. L.; BARTHOLOMAE, S. Repeat participation among normal healthy research volunteers: professional guinea pigs in clinical trials? *Perspectives in biology and medicine*, v. 46, n. 4, p. 508-520, 2003.

VALÊNCIO, L. F. S.; DOMINGOS, C. R. B. O processo de consentimento livre e esclarecido nas pesquisas em doença falciforme. *Revista Bioética*, v. 24, n. 3, p. 469-477, 2016.

WALKER, R. L. *et al.* Ethical criteria for improved human subject protections in phase 1 healthy volunteer trials. *Ethics & human research*, v. 44, n. 5, p. 2-21, 2022.

WALKER, R. L.; COTTINGHAM, M. D.; FISHER, J. A. Serial participation and the ethics of phase 1 healthy volunteer research. *The Journal of Medicine and Philosophy*, v. 43, n. 1, p. 83-114, 2018.

WENDLER, D. When and how to include vulnerable subjects in clinical trials. *Clinical trials*, v. 17, n. 6, p. 696-702, 2020.

WORLD MEDICAL ASSOCIATION. Declaração de Helsinque da Associação Médica Mundial. *Princípios Éticos para a Investigação Médica em Seres Humanos*. Ferney-Voltaire: WMA, 2013.

ZALUAR, A. Pesquisando no perigo com jovens vulneráveis: que ética? *In*: TAQUETTE, S. R.; CALDAS, C. P. (orgs.). *Ética e pesquisa com populações vulneráveis*. Rio de Janeiro: EdUERJ, 2012. p. 189-215.

4
Conflitos éticos em pesquisas que envolvem seres humanos

Introdução

Toda pesquisa científica com seres humanos deve respeitar as normas éticas para a proteção do participante e garantir os seus direitos. Contudo, a integridade ética de uma pesquisa extrapola o cumprimento das normativas éticas e legais. Ela depende de outros fatores, pois seus participantes (pesquisadores e pesquisados) são indivíduos que vivem em sociedade e, por isso, estão expostos a normas culturais diversas, além de terem subjetividade e serem submetidos a situações imponderáveis. Portanto, a integridade ética não se restringe ao cumprimento dc regras éticas da investigação, à aprovação do projeto em comitês de ética e à assinatura do consentimento informado do participante. Ela depende do respeito aos princípios éticos durante todo o processo da investigação, desde a definição do problema de pesquisa e a elaboração do projeto até a divulgação de seus resultados (Guerriero; Dallari, 2008).

Devido ao dinamismo da pesquisa científica, os investigadores se deparam com desafios relacionados às situações eticamente conflituosas que surgem, em geral, em virtude do peso do fator humano no seu desenvolvimento. Os desafios éticos são mais frequentes e complexos, especialmente nas pesquisas de natureza qualitativa (Webster; Lewis; Brown,

2013). Estas são sensíveis a conflitos éticos, pois envolvem contato mais intenso entre pesquisadores e participantes e maior influência da subjetividade na construção dos dados. Além disso, a pesquisa qualitativa está sujeita a outras resistências e críticas que se apresentam no meio científico, que é dominado pelos pensamentos positivista e neopositivista e considera essa abordagem subjetiva e simplesmente exploratória. Para alguns, a pesquisa qualitativa não é ciência, apenas ficção, visto que sofre influência do pesquisador e não é possível verificar se o conhecimento que produz é verdadeiro (Denzin; Lincoln, 2018; Taquette; Minayo; Rodrigues, 2015). Na pesquisa qualitativa, o pesquisador é um sujeito inserido na sociedade em que está pesquisando, portanto, é influenciado por seu estudo ao mesmo tempo que o conduz, e isso faz com que se depare com questões éticas. Nos estudos quantitativos que envolvem seres humanos, os dilemas éticos, apesar de menos habituais, também acontecem e precisam ser analisados e enfrentados.

Sabe-se que não existe ciência neutra, que todas são ideológicas, pois passam por interesses e visões de mundo construídas historicamente. A ideologia também está presente nas pesquisas quantitativas, por exemplo, na seleção do tema e nas influências econômicas e culturais que se apresentam na escolha do método e das técnicas. Já nos estudos qualitativos, por lidarem diretamente com pessoas, que têm crenças, valores e estão inseridas em determinada cultura, a probabilidade de conflitos é maior devido à interação mais intensa do pesquisador com o campo de pesquisa. Essa é sua riqueza, mas é também a característica que traz à tona situações eticamente conflituosas, muitas delas, imprevisíveis, e que têm de ser enfrentadas e solucionadas da melhor forma em todo o percurso do estudo.

Segundo um estudo de revisão realizado por Taquette e Borges (2022), as situações eticamente conflituosas mais frequentes envolvem riscos: de quebra da confidencialidade; do não respeito à autonomia; de causação de prejuízos ou de novas necessidades a participantes/pesquisadores/pesquisa; de falta de limites entre o papel de pesquisador/terapeuta/

amigo; e de procedimentos inadequados de comitês de ética na avaliação de protocolos de pesquisa. Os pesquisadores devem agir com reflexividade, estar atentos a identificar e a resolver os conflitos éticos que emergem e se anteciparem a eles quando possível, criando mecanismos que os previnam e/ou reduzam seus danos, por exemplo, o consentimento processual, o autoconhecimento e a discussão em equipe multidisciplinar.

Desafios éticos de pesquisas que envolvem seres humanos

A ética em pesquisa é regulada por códigos e diretrizes que, em geral, enfocam os mesmos princípios, independentemente da área de conhecimento e da perspectiva teórica filosófica que a embasa. Estes estão assentados em regras deontológicas universais e são utilizados pelos comitês de ética em pesquisa (CEPs) na avaliação da eticidade dos projetos propostos.

A qualidade e a integridade ética de uma pesquisa são atributos indissociáveis. Um estudo para ser considerado ético deve ter justificativa clara e relevante. Os participantes têm de ser informados sobre seu conteúdo e dar o consentimento sem serem coagidos ou submetidos a manobras de convencimento. Todos os malefícios precisam ser evitados e os riscos, conhecidos e informados, assim como os imprevistos solucio nados a contento. A autonomia e a confidencialidade dos participantes precisam ser respeitadas durante todo o processo de investigação. Ainda, os participantes têm a liberdade de abandonar a pesquisa a qualquer momento e de fazer todas as perguntas que quiserem. Os conflitos de interesse devem estar explícitos e todos os que desejarem têm o direito de ser incluídos no estudo.

Nem sempre as normas e códigos de ética preveem caminhos possíveis para o desenlace dos problemas da prática de pesquisa. O pesquisador deve estar preparado para lidar com o imprevisível. Os casos dilemáticos e emergenciais que despontam em determinado contexto demandam soluções situacionais, que, por sua vez, precisam considerar a perspectiva do participante da pesquisa e serem equacionadas com reflexividade, ou seja, o pesquisador deve agir com atenção sobre o que ocorre e como ocorre no contexto empírico da pesquisa, perceber de que maneira isso afeta o percurso de ambos, pesquisa e pesquisador, e como este último também interfere no campo.

As normas éticas estão em constante revisão com o objetivo de aperfeiçoá-las. Mesmo com todos os progressos nas normativas brasileiras, o atendimento aos códigos e normas não é o bastante para assegurar a integridade ética de uma pesquisa que envolve seres humanos. Outras medidas têm de ser tomadas durante o desenvolvimento da investigação diante do inesperado que se apresenta no campo.

Para garantir a eticidade de uma pesquisa, deve-se assegurar minimamente as seguintes condições: ser uma investigação de qualidade, relevante, justificada e desenvolvida com transparência. É mandatório que o sujeito de pesquisa aceite participar sem ser pressionado ou coagido e estando plenamente esclarecido sobre o que irá acontecer. O futuro integrante da pesquisa precisa ter autonomia nessa decisão de participar, assim como desistir a qualquer momento. A confidencialidade tem que ser assegurada, assim como a justiça, a beneficência e a não maleficência. Contudo, sabe-se que outras situações serão enfrentadas no decorrer da investigação que precisam de atitudes éticas dos pesquisadores. Conforme ressaltam Guerreiro e Minayo (2014, p. 1.104), "A ética não é 'algo' que se injeta num projeto já escrito e nem se reduz a procedimentos", pois a pesquisa é dinâmica, muitos dilemas são emergenciais e a perspectiva do participante deve ser sempre considerada. O pesquisador está inserido e em interação com o campo de pesquisa, logo, imparcialidade total não é possível, já que seres humanos têm valores, sentimentos, visões de mundo e culturas diferentes. Entretanto, é recomendável prever os constrangimentos éticos que podem surgir e o pesquisador deve ser capaz de lidar com as situações adversas, sempre tendo em mente, em primeiro lugar, o interesse do sujeito de pesquisa.

Situações eticamente conflituosas

Vários fatores podem provocar situações eticamente conflituosas na pesquisa envolvendo seres humanos. Há diversos interesses em questão e tanto o participante quanto o pesquisador são pessoas vulneráveis que podem ser influenciadas pela ideologia, pela intimidade que se estabelece na relação entre o entrevistado e o entrevistador. As emoções despertadas pela pesquisa podem provocar danos e a quebra involuntária da confidencialidade.

A seguir são apresentados e discutidos os principais conflitos éticos na pesquisa que envolve seres humanos e caminhos possíveis a serem seguidos com vistas a proteger seus participantes e a garantir a qualidade, transparência metodológica e integridade ética. Na investigação científica com seres humanos a atenção ética plena deve prevalecer para que a liberdade e a dignidade dos participantes sejam asseguradas, assim como a qualidade/integridade do estudo.

As situações eticamente conflituosas, segundo Taquette e Borges (2022) podem ser classificadas em sete categorias:

1. Não respeito à confidencialidade/anonimato;
2. Não respeito à autonomia;
3. Risco de danos aos participantes, ao pesquisador ou à pesquisa;
4. Confusão de papéis de pesquisador/terapeuta/amigo;
5. Avaliação de projetos nos CEPs;
6. Conflitos de interesse;
7. Uso do placebo.

Vale lembrar que na realidade empírica da pesquisa há situações que acumulam mais de um tipo de conflito.

Conflito relacionado à confidencialidade/anonimato

As situações que colocam em risco a confidencialidade da pesquisa são possíveis de acontecer tanto involuntária quanto voluntariamente e os exemplos são fartos. São classificadas em dois tipos: situações em que há quebra inadvertida da confidencialidade e condições em que a confidencialidade precisa ser quebrada diante de determinadas circunstâncias adversas.

No primeiro tipo, o conflito pode acontecer quando o público-alvo é composto por casais, pessoas que se conhecem, que ocupam cargos que são únicos ou indivíduos com certas características raras em uma comunidade (Braybrook *et al.*, 2017; Reid *et al.*, 2018). Nesses casos, há facilidade de identificação de seus participantes quando os resultados são divulgados. Por exemplo, uma pesquisa sobre políticas públicas de saúde realizada por meio de entrevistas com ex-secretários de saúde de um determinado Estado da federação. São poucas pessoas que ocupam cargos públicos majoritários e seriam facilmente identificadas pelas suas respostas aos itens pesquisados.

Outro exemplo de situação possível de quebra da confidencialidade ocorre nas pesquisas em que se utiliza a técnica de grupo focal. O moderador, antes do início da reunião, pactua com os participantes a confidencialidade dos assuntos discutidos e o respeito ao anonimato. Por vezes, mesmo com o acordo de todos, inadvertidamente algum dos componentes do grupo pode romper o que foi combinado e divulgar conteúdos debatidos, assim como revelar a identidade de participantes. Trata-se de uma situação dilemática na medida em que o pesquisador não tem domínio sobre o que pode ocorrer fora do *setting* da pesquisa.

Um conflito bem atual resultante do risco de quebra da confidencialidade pode ocorrer em entrevistas realizadas de forma remota, *on-line*, ou por meio de mídias sociais, pois o pesquisador não tem controle sobre o ambiente em que o participante se encontra e se outras pessoas podem adentrar no *setting* da entrevista (Chiumento *et al.*, 2018).

No segundo tipo de quebra da confidencialidade da pesquisa, os dilemas acontecem em situações específicas e difíceis de lidar. Por exemplo, quando um participante de um experimento revela algo que coloca em risco a própria saúde do interlocutor ou de outrem. Pode acontecer de, ao ser entrevistado, um paciente confessar que não está fazendo uso do medicamento prescrito pelo médico, comprometendo seu tratamento. Há casos em que se percebe em um encontro uma ideação suicida do entrevistado. Essas informações não devem ser mantidas em sigilo, pois colocam em risco a saúde/vida do pesquisado. Existem também circunstâncias em que práticas criminosas são reveladas no *setting* da pesquisa. Em outras, por questões políticas e de saúde pública, têm que ser divulgadas.

Alguns autores defendem que, em determinados estudos, sempre que o participante estiver de acordo, sua identidade seja divulgada. Esta revelação poderá proporcionar benefícios a ele e ampliar as contribuições do estudo (Diniz, 2015).

Conflito relacionado ao não respeito à autonomia

A autonomia do participante numa pesquisa deve ser negociada durante todo o processo para garantir a eticidade. Na obtenção do consentimento, o interlocutor precisa ser informado sobre o que a pesquisa trata, por que ele foi selecionado e como será desenvolvida. O consentimento tem que ser dado sem coação e o indivíduo precisa entender o que está consentindo (Franklin *et al.*, 2012).

O respeito à autonomia, ao direito do indivíduo de concordar ou não em participar de um estudo, de interromper sua participação e/ou abandoná-lo a qualquer momento pode ser conflitante em diversas circunstâncias. Por exemplo, quando o público-alvo do estudo é composto por pessoas com autonomia reduzida por estarem em situação de vulnerabilidade e/ou são tutelados, como crianças, adolescentes, indivíduos privados de liberdade, portadores de patologias mentais e pessoas em menor posição de poder. Vale ressaltar que em certas pesquisas nem sempre se consegue comprovar a participação autônoma do sujeito, pela impossibilidade de se obter a assinatura do termo de consentimento livre e esclarecido, quando esta é uma exigência do CEP. No Brasil, a partir da Resolução nº 510/2016, houve a diferenciação entre assinatura e registro do termo de consentimento livre e esclarecido. Em determinados casos, o registro não precisa ser por escrito. Isso pode ocorrer, por exemplo, quando o estudo se refere a práticas ilegais como o aborto ou o tráfico de drogas em que o sujeito de pesquisa que aceitou participar obviamente não concordará em deixar registrado seu consentimento por meio de assinatura (Taquette; Pereira, 2012).

Outras situações de possível não respeito à autonomia podem acontecer quando o estudo é conduzido por profissionais com seus próprios pacientes. Nesses casos, há um conflito ético claro instalado, já que dificilmente o paciente sentirá liberdade de não consentir. O não respeito à autonomia também é descrito nas práticas de análises secundárias de dados de pesquisa, em que os participantes não autorizaram no estudo original o uso posterior de seus dados, por outros pesquisadores (Antes *et al.*, 2018).

A autonomia também é duvidosa quando o pesquisador depende de terceiros para recrutamento de participante (informantes-chave) em que não se sabe com certeza como o voluntário foi convidado, que grau de autonomia teve em aceitar ser integrante da pesquisa. Além disso, por vezes o recrutador pode se utilizar critérios que impeçam a participação de certas pessoas (Øye; Sørensen; Glasdam, 2016).

Conflito relacionado ao risco de provocar danos aos participantes/pesquisador/pesquisa

Determinados temas e situações de pesquisa são extremamente sensíveis e podem provocar danos tanto aos participantes como ao pesquisador, assim como podem prejudicar ou até mesmo inviabilizar a pesquisa. Por exemplo, estudos com pessoas que sofrem preconceito, que tiveram perdas de entes queridos e estão enlutadas ou com temas ligados à intimidade que podem por si só serem geradoras do conflito e mobilizar sentimentos nos participantes e pesquisadores. Nesse último caso, há o risco de o pesquisador não conseguir manter a isenção necessária, sentir-se vulnerável e angustiado e acabar provocando vieses de interpretação no estudo ou mesmo mudanças no rumo de uma entrevista. Pode também interferir negativamente no caráter de uma entrevista, inibindo o interlocutor de falar o que pensa, induzindo-o a responder o que entrevistador quer ouvir, o que confirma suas hipóteses (Råheim *et al.*, 2016).

A divulgação dos resultados da pesquisa é outra situação geradora de conflito, pois há casos em que interesses individuais e políticos impedem ou interferem na forma como os resultados serão devolvidos ou quais serão ou não tornados públicos e para quem. Nos casos de devolução dos resultados aos próprios participantes, esta deve ser cuidadosa, pois pode provocar danos tanto ao pesquisador como aos pesquisados (Knauth; Meinerz, 2015). Há casos emblemáticos na literatura em estudos etnográficos em que a relação entre o pesquisador e a comunidade pesquisada é prolongada, criando-se a possibilidade de vínculos estreitos de amizade. Por vezes, na divulgação dos resultados do estudo, os participantes podem se sentir expostos ou não concordarem com a interpretação feita pelo pesquisador (Minayo; Guerriero, 2014).

Conflito relacionado à confusão de papéis de pesquisador/ terapeuta/amigo

A relação de confiança que se estabelece entre pesquisador e pesquisado é fundamental para se obter dados fidedignos e verdadeiros. Contudo, é necessário saber diferenciar uma entrevista de pesquisa de uma entrevista terapêutica ou mesmo de um diálogo entre amigos. Uma entrevista de pesquisa visa a compreensão intelectual de um tema e a terapêutica objetiva tratar o entrevistado. Pesquisadores da área de saúde mental que também exercem função profissional como terapeutas frequentemente enfrentam esse conflito. É difícil terminar uma entrevista quando um participante verbaliza sofrimento e está emocionalmente vulnerável. O pesquisador também pode se perceber fragilizado e angustiado durante a entrevista. É imprescindível conhecer seus próprios limites e não sair do papel de pesquisador para não criar problemas para si próprio e nem vieses na pesquisa (Bulpitt; Martin, 2010). Por outro lado, existem certas situações de pesquisa em ambiente clínico que provocam a mudança obrigatória do papel de pesquisador para o de terapeuta. Um exemplo pode ser quando, ao coletar os dados de determinados pacientes, alguma demanda de saúde urgente que precisa ser atendida é observada (Reid *et al.*, 2018). Esse não é fato infrequente, principalmente em estudos em que o pesquisador exerce diferentes papéis no mesmo cenário da pesquisa, como clínico, professor, mentor, entre outros.

Conflito relacionado à avaliação de projetos nos CEPs

Como dito anteriormente, as normas e diretrizes éticas foram construídas tendo como modelo as pesquisas biomédicas de cunho quantitativo, o que dificulta sobremaneira a aprovação de pesquisas em outras áreas ou que têm proposta metodológica de cunho qualitativo, que não conseguem se adequar às exigências contidas nos formulários. Como no meio acadêmico predominam as pesquisas quantitativas, a maioria dos membros dos CEPs acaba por não abordar de forma justa as propostas de estudos qualitativos. Os avaliadores por vezes têm dificuldade de analisá-las por desconhecimento do método ou colocam obstáculos intransponíveis para os proponentes do estudo, impossíveis de serem superados, e impõem o cumprimento deles como condição para a aprovação ética do projeto. Guerriero e Minayo (2013) comentam sobre proposta de investigação de uma psicóloga cujo parecer do CEP apontou como exigência para a sua aprovação que o estudo fosse conduzido por um profissional médico.

A falta de adaptação das diretrizes de revisão ética ao desenho da pesquisa qualitativa é um problema também identificado fora do Brasil. Cabe destacar também a dificuldade de aprovação nos CEPs de projetos na área de saúde mental, pois poucos membros têm conhecimento sobre o tema e o preconceito é frequente (Graor; Knapik, 2013). A análise quase sempre é feita com base em estereótipos e/ou informações empíricas do senso comum. Projetos sobre temas relativos à atividade sexual, a preconceitos de raça, de gênero e de orientação sexual e à interrupção voluntária da gravidez também são amiúde examinados pelos membros dos CEPs por códigos morais e/ou até abalizados por crenças religiosas e não por fundamentos técnico-científicos. Essas condições também ocorrem devido ao escasso contato existente entre os diversos CEPs e os proponentes dos projetos, em que não há diálogo entre pesquisadores e avaliadores, revelando uma certa atitude autoritária por parte dos seus componentes. O pesquisador é totalmente dissociado do procedimento de análise de seu projeto, pois dificilmente lhe é permitido falar com algum integrante do colegiado dos CEPs. As cobranças de mudanças requeridas pelos CEPs por vezes divergem das propostas de pesquisa e não são plausíveis para a integridade pela mesma (McCormack *et al.*, 2012). A recente Lei nº 14.874, que dispõe sobre pesquisa com seres humanos, promulgada em 28 de maio de 2024, inova ao prever que a critério do Comitê de Ética, mesmo não sendo norma o contato pessoal seus integrantes e o pesquisador, será permitido sua participação na reunião do colegiado para prestar esclarecimentos sobre a proposta de investigação (Brasil, 2024).

Conflito de interesse

Algumas pesquisas e atividades científicas podem ter sua validade questionada devido a conflitos de interesse do pesquisador. Estes podem ter como consequência a parcialidade na condução da investigação, levando a resultados tendenciosos. Por vezes, uma pesquisa financiada por um patrocinador leva a produtos não esperados ou não desejados por ele. Nessa situação o pesquisador pode ser pressionado a não divulgar esses resultados. Por outro lado, também pode acontecer a divulgação seletiva de resultados, dependendo do interesse do financiador. Em outros casos, pode-se omitir ou alterar dados pelos mesmos motivos. Conflitos de interesse também podem ocorrer quando o pesquisador se apropria de informações confidenciais sem autorização ou se utiliza de ideias de outrem sem o devido crédito (Rego; Palácios, 2008).

Frequentemente, nos processos de avaliação de projetos de pesquisa há probabilidade de ocorrerem casos de conflitos de interesse quando existe alguma relação entre o avaliador e o avaliado. Muitos pesquisadores atuam como revisores e pareceristas de periódicos científicos ou de propostas de financiamento por agências de fomento. Quando o revisor tem conhecimento sobre o proponente, o revisor deve se recusar a fazer a avaliação pelo risco de conflitos de interesse (ICMJE, 2024).

Outras situações menos reveladas de conflito de interesse em potencial podem acontecer no processo de avaliação de propostas e de manuscritos para publicação, quando, por exemplo, o revisor participa do desenvolvimento ou supervisiona um participante do projeto que está sob sua avaliação. Em alguns casos, o parecerista tem interesse comercial ou financeiro no desenvolvimento da proposta submetida à sua avaliação, ou tem alguma relação familiar com pesquisadores responsáveis pela proposta. Qualquer espécie de relação que possa ser razoavelmente percebida como prejudicial com respeito à objetividade e à imparcialidade da mesma representa um conflito de interesse.

Conflito relacionado ao uso de placebo

O uso do placebo em ensaios clínicos, principalmente aqueles financiados pela indústria farmacêutica, já foi no passado uma prática muito comum e pouco supervisionada, o que claramente trouxe prejuízos aos participantes desses estudos. As mudanças promovidas na Declaração de Helsinque na reunião da Associação Médica Mundial, ocorrida no ano 2000 em Edimburgo, na Escócia, resultaram na flexibilização do uso do placebo ao permitir a opção de intervenções menos eficazes do que a melhor já comprovada. Essas mudanças se mantiveram nas revisões seguintes, apesar das críticas de parte da comunidade mundial, incluindo o Brasil, apenas com a ressalva de que patrocinadores, pesquisadores e governos dos países anfitriões devem fazer provisões para o acesso pós-ensaio a todos os participantes que ainda precisam de uma intervenção identificada como benéfica no estudo. Não é aceitável flexibilizar as normas éticas para permitir pesquisas com uso placebos em países em que a pobreza torna seus sujeitos susceptíveis e essas podem lhes trazer danos. No Brasil, a Resolução nº 1885 do Conselho Federal de Medicina, de 23 de outubro de 2008, em seu artigo 1º, determina que: "É vedado ao médico vínculo de qualquer natureza com pesquisas médicas envolvendo seres humanos, que utilizem placebo em seus experimentos, quando houver tratamento eficaz e efetivo para a doença pesquisada" (Passini; Pinheiro; Montagner, 2018).

Os benefícios, os riscos, os ônus e a efetividade de uma nova intervenção devem ser testados contra aqueles das melhores intervenções comprovadas e não contra placebos. Portanto, o uso do placebo só é aceitável quando não existe intervenção comprovada ou não intervenção. Também pode ser usado por motivos metodológicos convincentes e cientificamente sólidos quando necessário para comprovar a eficácia ou a segurança de uma intervenção em pacientes que não estarão sujeitos a riscos adicionais ou danos graves e irreversíveis por não receber a melhor e mais eficaz intervenção.

Além dos conflitos abordados, novos tipos de conflitos éticos têm surgido a partir do uso da Inteligência Artificial nas pesquisas científicas. Eles são contemplados no capítulo 10 deste livro.

Caminhos possíveis na solução de situações conflituosas

Realizar um estudo científico que envolva seres humanos implica, além do respeito aos códigos e da transparência metodológica, estar preparado para lidar com o inesperado e sempre se autoquestionar e repensar os passos a serem dados. Para lidar com a maioria dos conflitos, a peça-chave apontada por vários estudos é agir com reflexividade, ou seja, é manter a atenção constante sobre o que ocorre no contexto empírico e como isso afeta o pesquisador e a própria pesquisa. Devem ser alvo de reflexão o envolvimento do cientista com o campo de pesquisa, como ele analisa o material e relata o conhecimento produzido pela investigação (Minayo; Guerriero, 2014).

A personalidade e a biografia do pesquisador podem enviesar a interpretação dos dados e, para se antecipar a esse problema, é preciso um exame contínuo e sistemático da subjetividade pessoal. Uma pesquisa reflexiva envolve o cuidado emocional dos participantes e dos próprios pesquisadores. As emoções provocadas na pesquisa são inevitáveis em certa medida, mas também desejáveis, pois auxiliam no amadurecimento do pesquisador e da equipe de pesquisa, proporcionando a construção de saberes emancipatórios (Malacrida, 2007).

Ao praticar a reflexividade, pode-se encontrar soluções para os conflitos que se estabelecem. Para isso, é fundamental que a pesquisa seja conduzida por equipe e não por apenas um pesquisador e os conflitos que emergirem de seu desenvolvimento sejam discutidos e solucionados de forma coletiva. A análise da narrativa dos pesquisadores pela equipe é citada como um meio útil de se contribuir com o autoconhecimento e a reflexividade (Guillemin; Gillam, 2015).

No trato das questões que colocam em risco a confidencialidade é importante que somente os dados que não põem em risco a revelação da identidade do participante sejam tratados. Quando estes implicam a possibilidade de quebra da confidencialidade, uma estratégia viável de evitá-la é a mudança nos critérios de recrutamento de participantes, para que estes não tenham sua identificação reconhecida nos resultados. Pode-se também discutir com eles as especificidades da confidencialidade, alertando sobre os riscos e condicionando a divulgação dos resultados à aprovação prévia por parte dos envolvidos.

Pesquisas com pessoas que se conhecem devem ser evitadas sempre que possível. Na formação de grupos focais preferencialmente se deve recrutar indivíduos que não tenham relacionamento prévio e o pacto de confidencialidade ser firme e lembrado no grupo quando se perceber algum deslize de seus integrantes. Nas pesquisas feitas com o uso de mídias sociais, o risco da quebra da confidencialidade necessita ser minimizado pelo conhecimento profundo de seu funcionamento, caso contrário, elas não devem ser usadas (Lunnay *et al.*, 2015).

Para que haja respeito total à autonomia do participante, o consentimento pode ser revisto durante a pesquisa. O interlocutor pode ter consentido inicialmente, mas no decorrer da coleta de dados sente algum desconforto ou mesmo reconsidera sua concordância em participar. Para solução deste conflito, muitos autores defendem o consentimento contínuo ou processual (Cutcliffe; Ramcharan, 2002; Jones *et al.*, 2021). Este deve ser confirmado nas diversas fases do estudo até a sua divulgação, sem pressão ou coerção dos pesquisados. Os participantes precisam ser encorajados a fazer perguntas e a verbalizar o que está entendendo e, se necessário, serem dadas informações verbais complementares durante todo o seu envolvimento no estudo.

Em situações de pesquisas com populações vulneráveis pode-se contar com a participação de pessoas ou entidades de fora do circuito da pesquisa para um controle independente da autonomia do participante, como órgãos de proteção social e legal (Mollard; Hatton-Bowers; Tippens, 2020). Nas investigações com adolescentes, na impossibilidade de assinatura dos responsáveis, pelo não acesso a eles ou pela compreensão de que pelo tema do estudo não merece ser compartilhado com os pais e o potencial participante adolescente tem maturidade suficiente para consentir e exercer seu direito à autonomia, esses argumentos precisam estar bem explícitos no projeto de pesquisa (Taquette; Pereira, 2012).

Os conflitos relacionados ao risco de uma pesquisa provocar danos podem ser prevenidos em algumas circunstâncias. Temas sensíveis podem mobilizar sentimentos tanto nos participantes quanto no pesquisador e impedir que continue na coleta de dados. Nestes casos é fundamental a equipe de pesquisa garantir o suporte necessário para ambos que permita o seguimento do estudo, sendo estabelecido um fluxo de encaminhamento para solução de possíveis problemas que surjam. Nos casos em que possa haver influência da ideologia e de interesses particulares no processo da pesquisa, é preciso que as escolhas interpretativas estejam explícitas para que se saiba o caminho percorrido pelo investigador até o resultado final.

Na divulgação dos resultados de um estudo, é indispensável se pensar em suas consequências. Em certos casos já comentados, os participantes devem novamente ser convocados a dar o consentimento. Nas ocorrências de análises secundárias de dados é fundamental que se criem diretrizes de compartilhamento nos repositórios de dados disponíveis. Os pontos de vista de todas as partes interessadas devem ser considerados no empreendimento da pesquisa.

As situações em que o papel do pesquisador é confundido com o de terapeuta ou amigo podem ser precavidas deixando claro para o participante como é o processo da pesquisa, esclarecendo que as perguntas e o diálogo que serão feitos têm por objetivo a coleta de dados, de informações e não finalidade de tratamento, mesmo sabendo-se que, por vezes, na entrevista, falar dos próprios problemas pode ter um efeito terapêutico. Deve-se manter um limite claro entre pesquisador e terapeuta, sem tentar processar os problemas e poupar-se de oferecer informações ou educação aos participantes. Pesquisas em que o profissional de saúde realiza com seus próprios pacientes precisam ser evitadas, pois o conflito ético está instalado de antemão, pela não garantia da autonomia dos participantes.

Autores defendem que os CEPs tenham uma função mais educacional do que disciplinadora para, desse modo, evitar que os conflitos ocorram na avaliação das propostas de pesquisa. A ética em pesquisa não é uma atividade inerte, e sim dinâmica, processual. Sua condução e gerenciamento devem ser partilhados entre os componentes do comitê e a equipe de pesquisa, em diálogo contínuo. A análise ética dos comitês poderia ser ativa e continuada como o é a própria pesquisa. É aconselhável que se amplie a clareza do processamento da avaliação e autores discutem que esse procedimento poderia ser correspondente ao da revisão por pares de manuscritos científicos (Graor; Knapik, 2013). Para prevenir interpretações impróprias por parte dos integrantes dos comitês, seja por falta de conhecimento, por atitudes preconceituosas ou conservadoras, o pesquisador deve expor minuciosamente em sua proposta de estudo as questões éticas envolvidas e como prevenirá falhas na confidencialidade e no desrespeito à autonomia quando o grupo a ser estudado é de pessoas vulneráveis ou quando o objeto em estudo fere sensibilidades.

Conflitos de interesse podem ser identificados previamente e os pesquisadores precisam agir com honestidade e transparência para que sejam evitados. Na maioria dos casos de potencial conflito de interesse numa situação de pesquisa, seja no seu desenvolvimento ou avaliação, o pesquisador deve se isentar de participar.

Quanto ao uso do placebo, o Brasil assumiu uma posição em defesa do indivíduo pesquisado com mais garantia do que o previsto na Declaração de Helsinque, assim como o Conselho Federal de Medicina. As normativas são claras e devem ser seguidas. Não é aceitável que um participante de pesquisa seja prejudicado em prol de um experimento científico.

Por fim, vale destacar que não existem respostas certas ou erradas para um conflito ético. A melhor decisão possível deve ser tomada e, para isso, é necessária a atenção ética plena, que implica, além de adotar deliberações éticas, reconhecer os conflitos, dar valor aos sentimentos que envolvem os componentes do *setting* da pesquisa, praticar a reflexividade, ter autoconhecimento, conhecer códigos de normas e ser hábil e competente para articular o caminho mais ético a seguir.

Este texto não visa esgotar o tema proposto e é limitado à visão da autora, atuante no campo biomédico e da saúde coletiva. O objetivo é contribuir com os demais pesquisadores na prevenção e identificação de situações eticamente conflituosas na prática científica que envolve seres humanos e na apresentação de alguns possíveis caminhos a serem seguidos para garantir a liberdade e a dignidade dos participantes, assim como a integridade ética e a qualidade da pesquisa.

Referências

ANTES, A. L. *et al.* Examining Data Repository Guidelines for Qualitative Data Sharing. *Journal of Empirical Research on Human Research Ethics*, v. 13, n. 1, p. 61-73, 2018.

BRASIL. Lei nº 14.874, de 28 de maio de 2024. Dispõe sobre a pesquisa com seres humanos e institui o Sistema Nacional de Ética em Pesquisa com Seres Humanos. *Diário Oficial da União*: seção 1, Brasília, DF, p. 3, 29, maio 2024.

BRAYBROOK, D. E. *et al.* Holistic experiences and strategies for conducting research with couples. *Qualitative health research*, v. 27, n. 4, p. 584-590, 2017.

BULPITT, H.; MARTIN, P. J. Who am I and what am I doing? Becoming a qualitative research interviewer. *Nurse researcher*, v. 17, n. 3, p. 7-16, 2010.

CHIUMENTO, A. *et al.* Online interviewing with interpreters in humanitarian contexts. *International Journal of Qualitative Studies on Health and Well-Being*, v. 13, n. 1, p. 1444887, 2018.

CUTCLIFFE, J. R.; RAMCHARAN, P. Leveling the playing field? Exploring the merits of the ethics-as-process approach for judging qualitative research proposals. *Qualitative health research*, v. 12, n. 7, p. 1.000-1.010, 2002.

DENZIN, N. K.; LINCOLN, Y. S. Introduction: the discipline and practice of qualitative research. *In*: DENZIN, N. K.; LINCOLN, Y. S. (orgs.). *The Sage handbook of qualitative research*. 5. ed. Washington: SAGE Publications, 2018. p. 1-26.

DINIZ, D. Ela Zefinha: o nome do abandono. *Ciência & Saúde Coletiva*, v. 20, n. 9, p. 2.667-2.674, 2015.

FRANKLIN, P. *et al.* Research ethics in accessing hospital staff and securing informed consent. *Qualitative health research*, v. 22, n. 12, p. 1.727-1.738, 2012.

GRAOR, C. H.; KNAPIK, G. P. Addressing methodological and ethical challenges of qualitative health research on persons with schizophrenia and bipolar disorder. *Archives of psychiatric nursing*, v. 27, n. 2, p. 65-71, 2013.

GUERRIERO, I. C. Z.; DALLARI, S. G. The need for adquate ethical guidelines for qualitative health research. *Ciência & Saúde Coletiva*, v. 13, n. 2, p. 303-311, 2008.

GUERRIERO, I. C. Z.; MINAYO, M. C. S. O desafio de revisar aspectos éticos das pesquisas em ciências sociais e humanas: a necessidade de diretrizes específicas. *Physis: Revista de Saúde Coletiva*, v. 23, n. 3, p. 763-778, 2013.

GUILLEMIN, M.; GILLAM, L. Emotions, narratives, and ethical mindfulness. *Academic medicine*, v. 90, n. 6, p. 726-731, 2015.

ICMJE. *Recommendations for the conduct, reporting, editing, and publication of scholarly work in medical journals*. Disponível em: https://www.icmje.org/icmje-recommendations.pdf. Acesso em: 23 dez. 2024.

JONES, A. *et al.* Conducting focus groups in neurodegenerative disease populations: ethical and methodological considerations. *BMJ open*, v. 11, n. 1, p. e041869, 2021.

KNAUTH, D. R.; MEINERZ, N. E. Reflexões acerca da devolução dos dados na pesquisa antropológica sobre saúde. *Ciência & Saúde Coletiva*, v. 20, n. 9, p. 1.659-2.666, 2015.

LUNNAY, B. *et al.* Ethical use of social media to facilitate qualitative research. *Qualitative health research*, v. 25, n. 1, p. 99-109, 2015.

MALACRIDA, C. Reflexive journaling on emotional research topics: ethical issues for team researchers. *Qualitative health research*, v. 17, n. 10, p. 1.329-1.339, 2007.

McCORMACK, D. *et al.* Getting through ethics: the fit between research ethics board assessments and qualitative research. *Journal of Empirical Research on Human Research Ethics*, v. 7, n. 5, p. 30-36, 2012.

MINAYO, M. C. S.; GUERRIERO, I. C. Z. Reflexividade como *ethos* da pesquisa qualitativa. *Ciência & Saúde Coletiva*, v. 19, n. 4, p. 1.103-1.112, 2014.

MOLLARD, E.; HATTON-BOWERS, H.; TIPPENS, J. Finding Strength in Vulnerability: Ethical Approaches when Conducting Research with Vulnerable Populations. *Journal of Midwifery & Women's Health*, v. 65, n. 6, p. 802-807, 2020.

ØYE, C.; SØRENSEN, N. Ø.; GLASDAM, S. Qualitative research ethics on the spot: Not only on the desktop. *Nursing Ethics*, v. 23, n. 4, p. 455-464, 2016.

PASSINI, R.; PINHEIRO, M.; MONTAGNER, M. Declaração de Helsinque: flexibilização do uso do placebo, um interesse do mercado farmacêutico. *Revista Brasileira de Bioética*, v. 14, p. 1-20, 2018.

RÅHEIM, M. *et al.* Researcher-researched relationship in qualitative research: Shifts in positions and researcher vulnerability. *International Journal of Qualitative Studies on Health and Well-Being*, v. 11, p. 30996, 2016.

REGO, S.; PALÁCIOS, M. Conflitos de interesse e a produção científica. *Revista Brasileira de Educação Médica*, v. 32, n. 3, p. 281-282, 2008.

REID, A. M. *et al.* Ethical dilemmas and reflexivity in qualitative research. *Perspectives on Medical Education*, v. 7, n. 2, p. 69-75, 2018.

TAQUETTE, S. R.; MINAYO, M. C. S.; RODRIGUES, A. O. The perceptions of medical researchers on qualitative methodologies. *Cadernos de Saúde Pública*, v. 31, n. 4, p. 722-732, 2015.

TAQUETTE, S. R.; PEREIRA, S. M. Adolescência, bioética e saúde. *In*: TAQUETTE, S. R.; CALDAS, C. P. (orgs.). *Ética e pesquisa com populações vulneráveis*. Rio de Janeiro: EdUERJ, 2012. p. 147-169.

TAQUETTE, S. R.; SOUZA, L. M. B. M. Ethical dilemmas in qualitative research: a critical literature review. *International Journal of Qualitative Methods*, v. 21, p. 1-15, 2022.

WEBSTER, S.; LEWIS, J.; BROWN, A. Ethical considerations in qualitative research. *In*: RITCHIE, J. *et al.* (orgs.). *Qualitative research practice*: a guide for Social Science students and researchers. 2. ed. Londres: Sage Publications, 2013. p. 77 110.

5
Ética na orientação acadêmica na pós-graduação stricto sensu

Introdução

A orientação acadêmica na pós-graduação *stricto sensu* é definida pela Capes – Coordenação de Aperfeiçoamento de Pessoal de Nível Superior como o processo de acompanhamento e apoio que os professores prestam aos estudantes na formação acadêmica e profissional dos cursos de mestrado e doutorado. O orientador aconselha o aluno em cada fase do processo de pesquisa até a defesa da dissertação de mestrado ou da tese de doutorado, respectivamente. O trabalho de orientação é fundamental para o desenvolvimento do aluno na vida acadêmica e na produção de conhecimento científico. O orientador é a principal referência nessa formação, como um alicerce de uma edificação que será construída ao longo do curso. Pode-se dizer que a maior parte do conhecimento científico no país é produzida nos programas de pós-graduação, por docentes e discentes. Portanto, a ciência tem sua base na relação orientador-orientando, o que torna a orientação acadêmica parte essencial do processo de formação de pesquisadores e do progresso científico do país.

A Capes é uma fundação do Ministério da Educação, criada em 1951, com a meta de aperfeiçoar o pessoal de nível superior, investindo na formação de especialistas de alto nível. Em 1966, ganhou novas atribuições e passou a trabalhar com a qualificação dos professores das universidades brasileiras. Em 1981, a Capes se tornou responsável por elaborar, avaliar, acompanhar e coordenar as atividades relativas ao ensino superior. Em 2007, passou a atuar também na formação de professores da educação básica e, atualmente, as atividades da Capes se referem às seguintes linhas de ação: avaliação da pós-graduação *stricto sensu*; acesso e divulgação da produção científica, investimentos na formação de pessoal de alto nível no país e no exterior; promoção da cooperação científica internacional; e indução e fomento da formação inicial e continuada de professores para a educação básica nos formatos presencial e à distância[5].

A pós-graduação *stricto sensu*, segundo a Capes, tem por objetivo aprofundar o desenvolvimento científico do aluno já graduado, sendo realizada pelos cursos de mestrado ou doutorado. Estes concedem diplomas, respectivamente, de mestre ou doutor. O objetivo do mestrado é o aperfeiçoamento do conhecimento técnico e acadêmico da formação obtida na graduação, possibilitando o preparo de pesquisadores capacitados a desenvolver projetos de investigação científica e a exercer a docência em ensino superior, em cursos de graduação e de pós-graduação *lato sensu*. Tem duração mínima de um ano e inclui: a elaboração de um projeto de pesquisa, a sua aprovação em um exame de qualificação, a frequência em um determinado número de disciplinas afins, o domínio de uma língua estrangeira, o desenvolvimento do estudo, a defesa da dissertação e a sua aprovação por uma banca de professores doutores. O curso de doutorado tem por objetivo a formação de pesquisadores capacitados a desenvolver de forma independente projetos de investigação científica e preparação de docentes para o ensino superior, em nível de graduação, pós-graduação *lato sensu* e *stricto sensu*. Tem duração mínima de dois anos e inclui o domínio de dois idiomas estrangeiros, a elaboração de um projeto de pesquisa original e a sua aprovação no exame

---

5. História e missão da Capes (Disponível em: https://www.gov.br/capes/pt-br/acesso-a-informacao/institucional/historia-e-missao. Acesso em: 24 dez. 2024).

de qualificação, frequência em um certo número de disciplinas afins, desenvolvimento do estudo e defesa e aprovação da tese por uma banca de professores doutores.

Em meados da década de 1990, a Capes estipulou o tempo máximo de 24 meses para o mestrado e de 48 meses para o doutorado. Tanto o curso de mestrado quanto o de doutorado se caracterizam pela flexibilidade e liberdade de iniciativa do aluno na escolha do caminho científico a seguir, recebendo a assistência de um professor orientador. A duração tanto do mestrado quanto do doutorado pode ser legalmente estendida por quatro meses por afastamento por licença maternidade, conforme a Portaria nº 248/2011 da Capes. Também é possível a extensão por até seis meses do mestrado e do doutorado, mediante justificativa do orientando e do orientador e decisão favorável das coordenações dos programas de pós-graduação. No exterior, os cursos de pós-graduação têm estrutura semelhante à brasileira, sendo que sua duração em alguns países é bem maior, como na Finlândia, por exemplo, que o tempo médio é de cinco a seis anos nos programas das ciências naturais e de sete a dez anos nos das ciências comportamentais (Löfström; Pyhältö, 2014).

Os cursos de mestrado e doutorado estão sob a tutela da Capes. Ela é responsável por acompanhá-los, fomentá-los e induzi-los, além de sua função de avaliá-los. Para o funcionamento de qualquer curso de pós-graduação *stricto sensu* no Brasil é necessária a avaliação positiva da Capes, o seu reconhecimento pelo Conselho Nacional de Educação e homologação pelo Ministério da Educação[6].

A pós-graduação *latu sensu* é voltada para formação técnica profissional especializada, com sentido eminentemente prático-profissional, enquanto a pós-graduação *stricto sensu* tem objetivos mais amplos e aprofundados de formação científica ou cultural, de natureza acadêmica e de pesquisa. Os cursos de pós-graduação *lato sensu* oferecem um certificado (e

---

6. Sobre a Capes (Disponível em: https://www.gov.br/capes/pt-br/acesso-a-informacao/perguntas-frequentes/sobre-a-cap. Acesso em: 24 dez. 2024).

não um diploma) de eficiência na especialidade profissional. A duração mínima da pós-graduação *latu sensu* é de 360 horas. Os cursos de pós-graduação *lato sensu* não são regulados e avaliados pela Capes. Eles independem de sua autorização e reconhecimento para funcionarem. Sua oferta e responsabilidade é exercida pelas instituições de Ensino Superior credenciadas e fiscalizadas diretamente pelo MEC, devendo atender ao disposto na resolução do CNE nº 01/2007 (Brasil, 2007).

A pós-graduação *stricto sensu* no Brasil

A pós-graduação no Brasil tem estrutura semelhante às das universidades norte-americanas, que, por sua vez, foram delineadas com influência germânica. Ela surgiu quando as faculdades, centros universitários e universidades deixaram de ser apenas instituiçoes de ensino formadoras de profissionais de nível superior para dedicarem-se também às atividades tecnológicas e de pesquisa acadêmica. A pós-graduação tornou-se, portanto, pelas necessidades de treinamento avançado, um sistema de cursos voltados à pesquisa científica e que proporciona ao estudante um aprofundamento do saber (Brasil, 1965).

Em 1965, Newton Sucupira, professor, bacharel em Direito e filósofo, então secretário de Educação Superior do Ministério da Educação e membro do Conselho Nacional de Educação, foi relator de um parecer, conhecido como "Parecer Sucupira", que regularizou a pós-graduação *stricto sensu* no Brasil. Naquela época, existiam poucos cursos de pós-graduação no país. Os interessados em se pós-graduar e obter conhecimentos mais aprofundados tinham que buscar essa formação fora do Brasil. A regulamentação da pós-graduação veio atender a uma demanda interna de formação de pesquisadores, assim como de professores qualificados para o Ensino Superior. Ela permitiu a expansão da formação de docentes para os cursos de graduação, o estímulo à pesquisa científica por meio da preparação adequada de pesquisadores e treinamento eficaz de intelectuais de alto padrão para atender às necessidades de desenvolvimento nacional em vários setores. Esse parecer definiu os conceitos de pós-graduação *lato sensu* e *stricto sensu*, trazendo uma concepção mais clara das finalidades da pós-graduação e reduzindo a confusão conceitual frequente entre elas. Segundo o parecer, a pós-graduação se refere a qualquer curso que ocorre posteriormente à graduação. Porém, a *lato sensu* (cursos de especialização e aperfeiçoamento) tem objetivo técnico profissional específico, destinado ao treinamento de um ramo profissional, com uma meta de domínio científico e técnico de uma certa e limitada área do saber ou da profissão. A pós-graduação *stricto sensu* (cursos de mestrado e doutorado) tem objetivos mais amplos e aprofundados de formação científica e cultural, sendo parte integrante do sistema universitário e necessária ao cumprimento de seus fins. As características principais da pós-graduação *stricto sensu* são a natureza acadêmica e de pesquisa. A Plataforma Sucupira, sistema de coleta de informações, análises e avaliações do Sistema Nacional de Pós-Graduação brasileira, criada em 2012, é assim denominada em homenagem a Newton Sucupira[7].

Apesar de ter estrutura semelhante à norte-americana, a pós-graduação no Brasil se assemelha mais ao modelo europeu, segundo Verhine (2008). Ela é tutorial, sendo seu centro o professor-orientador. Trata-se de um processo personalista e individualizado em que o professor tem o poder de formular o programa de estudo do orientando e este é submetido aos desejos do professor. Já o modelo norte-americano é denominado de profissional, pois não é dirigido pelo professor e sim pelo curso ou programa.

Houve grande expansão da pós-graduação *stricto sensu* no país ao longo dos anos e mudanças gradativas no processo de avaliação dos programas. Em 1965, ano da sua regulamentação, foram registrados 27 cursos de mestrado e 11 de doutorado. A partir da Constituição de 1988, a educação teve grande desenvolvimento e na década de 1990 a pós-graduação passou por mudanças substanciais na forma de gestão, avaliação e financiamento. Em 2024, a Plataforma Sucupira informou a existência no Brasil

7. História e missão da Capes (Disponível em: https://www.gov.br/capes/pt-br/acesso-a-informacao/institucional/historia-e-missao. Acesso em: 24 dez. 2024).

de 7.105 cursos, nos quais atuam 111.541 docentes e estão matriculados 428.598 discentes. Quase a metade dos programas (42,6%) se localiza na região Sudeste e apenas 6,4% estão na região Norte. Porém, mesmo com essa grande expansão da pós-graduação, o Brasil ainda conta com um número reduzido de doutores quando comparado aos países desenvolvidos, além de estar longe de alcançar o padrão de nações como os EUA, Reino Unido, França, Alemanha e Japão. Segundo dados do Centro de Gestão de Estudos Estratégicos (CGEE), o Brasil tem cerca de um terço do número de doutores desses países (CGEE, 2024). Em 2021, contava com dez doutores para cada 100 mil habitantes, enquanto na Alemanha esse número é de 34 e no Reino Unido, 37.

O processo de avaliação da pós-graduação *stricto sensu* é de responsabilidade da Capes, tanto para a entrada de novos cursos como para a avaliação da permanência dos que estão em funcionamento. Para isso, em 1976 a Capes criou o Sistema Nacional de Avaliação da Pós-graduação. No período de 1976-1997, os programas eram classificados com conceitos de A a E, sendo considerados cursos de padrão internacional aqueles contemplados com o conceito "A" (Nobre; Freitas, 2017).

As mudanças ocorridas na pós-graduação na década de 1990 compreenderam a redução do tempo de conclusão do curso de mestrado para 24 meses e de doutorado para 48 meses. Ainda, incluíram a padronização do processo de avaliação trienal para todas as áreas de conhecimento (que passou a regular a quantidade de bolsas e taxas de auxílio) e alterações nos objetivos da Capes, da formação de professores para o desenvolvimento de pesquisadores (Bianchetti; Valle, 2014).

A avaliação da Capes abarca o processo de entrada de novos cursos e a permanência dos que já estão em funcionamento. Os programas existentes passaram a receber na avaliação de permanência, a cada três anos, notas de 1 a 7, sendo 7 a mais conceituada. Além disso, o foco passou a ser a produção intelectual dos docentes e discentes do programa. Os programas de mestrado que recebem notas 1 e 2 e os de doutorado com notas 3 ou menores entram em processo de desativação, ficando impedidos de matricular novos alunos e tendo que cumprir apenas o compromisso de concluir a formação dos já matriculados, sendo fechados em seguida. Portanto, a nota mínima para a permanência dos cursos no Sistema Nacional de Pós-Graduação é 3 para o mestrado e 4, para o doutorado. Os programas que recebem notas superiores a 5 são os que têm cursos de mestrado e doutorado considerados de elevado padrão de excelência.

A partir de 2018, a avaliação dos programas de pós-graduação pela Capes se tornou quadrienal, mantendo o sistema de classificação com notas de 1 a 7, porém, cada dimensão da ficha de avaliação passou a receber uma nota independente, o que permitiu uma análise mais individualizada e precisa. O novo modelo de avaliação incluiu mudanças significativas no processo a partir do quadriênio de 2017 a 2020 com o objetivo de torná-lo mais justo, valorizando aspectos qualitativos da formação do pós-graduando e não somente indicadores quantitativos. A avaliação é composta por cinco dimensões: o ensino e a aprendizagem (formação discente); a internacionalização (capacidade de parcerias internacionais promovendo mobilidade acadêmica); a produção de conhecimento (publicações, patentes); a inovação e a transferência de conhecimento (capacidade de disseminação do conhecimento produzido); e o impacto e a relevância para a sociedade (impacto das pesquisas na sociedade).

As avaliações anteriores se baseavam fundamentalmente nos dados da produção docente, não se importando com a dimensão formativa do programa, ou seja, se o docente dava boas aulas, se estava preocupado com seus alunos, se tinha vínculos com setores da sociedade. A partir de 2019 isso mudou, dando importância à dimensão formativa – o que inclui o impacto que o programa tem na formação dos discentes –, que pode ser verificada pela sua inserção no campo de pesquisa e na qualidade de suas práticas profissionais. Na dimensão "ensino e aprendizagem" avalia-se a formação do discente por meio do desempenho de alunos e docentes, por exemplo, identificando se os egressos publicaram sua dissertação ou tese, em qual revista foi publicada e se os resultados foram apresentados em encontros científicos. Em relação aos alunos matriculados, esses dados também são verificados, incluindo se os egressos são coautores dos artigos publicados sobre o tema de sua pesquisa junto com o orientador. Outra dimensão importante da avaliação é a do "impacto e relevância para a sociedade" nos níveis local, regional e nacional que examina as ações dos programas para melhorar as condições sociais da população (Oliveira, 2023).

Ainda não se pode estimar com segurança o impacto que as mudanças no processo de avaliação da Capes estão tendo no ambiente científico, mas a expectativa é de que o produtivismo acadêmico seja freado, pois a nova avaliação privilegia aspectos qualitativos e formativos. O produtivismo acadêmico, ao incitar o aumento das publicações científicas, conspira contra a qualidade destas e tem consequências na saúde física e psíquica dos pesquisadores. Vale destacar que a Capes não tem ingerência sobre o relacionamento dos programas de pós-graduação com os respectivos alunos. Um eventual conflito entre orientandos e seus orientadores deve ser resolvido internamente nas instituições sedes dos respectivos programas, ou por vias judiciais, caso necessário[8].

Nem todos os alunos que conquistam uma vaga num curso de pós-graduação *stricto sensu* chegam ao final. Não se conhece com fidedignidade qual percentual de pós-graduandos abandona o curso, pois trata-se de um tema pouco estudado. No início da pós-graduação no Brasil, nos primeiros 20 anos de expansão, a evasão era alta. Cerca de metade dos alunos não concluía. No período de 1986-1989, houve uma evasão de 45% (Santos Junior; Magalhães; Real, 2020). A partir das mudanças no processo de avaliação na década de 1990, a evasão foi diminuindo. Alguns estudos fazem estimativas e identificam razões para essa evasão. Segundo investigação de Pereira Neto e Pontes Junior (2024), a taxa de evasão da pós-graduação se manteve estável em cerca de 3,3% no período de 2004 a 2019. O baixo número de bolsas e a defasagem

---

8. Ficha de avaliação da Capes – 2019 (Disponível em: https://www.gov.br/capes/pt-br/centrais-de-conteudo/10062019-fichaavaliacao-pdf. Acesso em: 24 dez. 2024).

no valor financeiro é uma das causas apontadas. Os alunos podem se evadir do curso por abandono ou desligamento, sendo o abandono responsabilidade do aluno e o desligamento um procedimento do programa. No período de 2004 a 2019, a maioria dos casos de evasão (2/3) foi por desligamento. A evasão mais intensa se dá nos cursos de mestrado profissional, e a menor, nos de doutorado.

Não se tem disponibilizados dados oficiais sobre a evasão de discentes da pós-graduação. É um problema que representa perdas para a sociedade e para o governo, que é o grande financiador da produção científica no país e a formação de mestres e doutores é dispendiosa.

Orientação na pós-graduação *stricto sensu*

O trabalho de orientar inclui a supervisão na elaboração do projeto e na maneira de como pesquisar, desde a escolha do objeto e sua justificativa até a divulgação dos resultados, passando pela definição dos objetivos, a escolha do método de pesquisa, a coleta e análise de dados. O orientador contribui também na preparação do orientando para a atividade docente, na clabοração de tarefas acadêmicas e do trabalho final. Ele deve conduzir o aluno em novas leituras, na compreensão do conhecimento e nos meandros da vida acadêmica. A orientação é uma relação profissional e pessoal dinâmica e recíproca entre o orientador e o orientando. Professores despreparados, número excessivo de alunos, falta de disponibilidade de tempo para orientar afetam a atividade de orientação. Compõem a relação professor-aluno aspectos afetivos, profissionais, teórico-metodológicos e institucionais.

A orientação acadêmica dá sustentação aos programas de pós-graduação *stricto sensu* no Brasil. O trabalho dos orientadores propicia a formação de pessoas treinadas, competentes e emocionalmente inteligentes, com a capacidade de liderar o desenvolvimento de seus países, o que é essencial para a produção científica de qualidade. Todo o percurso de um mestrado ou de um doutorado é guiado por um orientador, que é um profissional que tem o título de doutor. Ter o título de doutorado é a condição mínima para se tornar um orientador de mestrandos e doutorandos. Todo o processo de produção de conhecimento científico é dependente dessa relação orientador-orientando, o que lhe confere o caráter de fundamental e de grande importância.

A pesquisa científica é a atividade básica do cientista. Ele busca por meio de experimentos responder aos questionamentos que se apresentam na vida. A produção de conhecimento científico é fruto das investigações que são mediadas pelo método científico, que tem por objetivo principal dar respostas às necessidades apresentadas pela sociedade. O desenvolvimento de qualquer nação depende da produção científica, a qual traz solução para as questões que se apresentam. A pesquisa científica deve priorizar dar respostas a problemas que tenham relevância social, científica, política, jurídica, ambiental, com vistas a melhorar a vida das pessoas.

A ampliação da produção científica nos diversos países é atrelada à pós-graduação *stricto sensu*, pois é o lócus de formação dos futuros cientistas. O investimento na criação de programas de pós-graduação e na sua qualificação é de suma importância para qualquer país, principalmente aqueles em desenvolvimento como o Brasil. Ainda, na dinâmica dos programas de pós-graduação, uma boa orientação acadêmica é essencial, pois sem ela não se constrói o embasamento necessário para a atuação de um bom cientista. Portanto, para que uma ciência de qualidade e relevância seja estruturada, é necessário que haja uma relação harmoniosa entre os indivíduos que a produzem, ou seja, entre orientadores e orientandos. A importância de um bom relacionamento entre esses agentes é semelhante à importância das relações entre educadores e educandos nos diversos níveis da formação escolar dos indivíduos. Porém, trata-se de uma relação mais intensa e estreita, visto que é individual, única, tem longa duração e muitas singularidades.

Na atualidade, a maior parte da produção de conhecimento científico se dá de forma coletiva, em equipe, pois os problemas são complexos e atingem um número grande de pessoas. A colaboração entre pesquisadores resulta na construção de melhores respostas às questões que se apresentam.

A qualidade da relação entre orientadores e orientandos influencia não só a formação acadêmica do estudante, mas a própria produção do conhecimento científico. Portanto, praticamente podemos dizer que a qualidade da ciência brasileira é dependente de uma boa relação de orientação na pós-graduação, daí a importância de se conhecer melhor como ela acontece e o que pode ser feito para aperfeiçoá-la.

A relação de orientação acadêmica é entre profissionais, mas é também uma relação humana e, por esse motivo, está sujeita às peculiaridades e idiossincrasias que todos têm. A interação entre orientador e orientando deve ser pautada pelo respeito e responsabilidade mútuos, que são atributos necessários para garantir uma ética relacional e, consequentemente, influencia na integridade ética da pesquisa. A integração do aluno à vida acadêmica depende da sua relação com o orientador. O bom relacionamento entre eles é responsável por proporcionar o engajamento satisfatório do aluno na produção acadêmica.

Na maioria dos programas de pós-graduação no Brasil não há funções bem definidas para o trabalho do orientador, nem mesmo exigências no desempenho dessa atividade além do cumprimento de ritos e prazos, o que resulta em que cada um desenvolva seu trabalho de forma intuitiva e improvisada. Problemas na relação de orientação não são raros. Há pouco tempo se tinha acesso a um *blog* na *internet* denominado "Eu confesso, odeio meu orientador" que trazia diversos relatos de situações conflituosas que ocorrem nessa relação, a partir da visão do estudante. A principal causa de desistência da pós-graduação é o relacionamento ruim com o orientador, que pode se ter origem no despreparo deste para a função, sua pouca disponibilidade de tempo, atitudes autocráticas, entre outras (Minayo, 2019). Há evidências de que nos programas de pós-graduação em países desenvolvidos como os EUA também não existe um treinamento formal dos docentes para a função de orientação acadêmica (Young *et al.*, 2019).

Ter doutorado é uma exigência para um professor ser um orientador na pós-graduação *stricto sensu.* Porém, por si só, ser doutor não é uma qualificação suficiente para exercer a função de orientação acadêmica. Um professor-doutor não necessariamente é um pesquisador, nem um pesquisador é obrigatoriamente um orientador. As atividades de docência, pesquisa e orientação são diferenciadas, apesar de que, de modo geral, a função de orientador tem sido encarada como uma tarefa simples que todo pesquisador deveria dominar, pois seria praticamente inerente ao seu papel. As funções de professor, pesquisador e orientador podem ser exercidas por uma mesma pessoa, mas são competências diferentes. Uma não garante a outra. Cada uma requer habilidades e preparos específicos. O fato de se ter um diploma de doutor não significa tornar-se de forma automática um pesquisador ou um orientador. Os orientadores desempenham diversas funções que exigem capacitações específicas como: formação didática, conhecimentos de gestão, vocação para a pesquisa e para a orientação. Esses atributos não são instintivos e devem ser aprendidos. A maioria dos problemas que surgem nessa relação são fruto do despreparo para o exercício desse papel e do desconhecimento sobre a atividade em si. É preciso profissionalizar a função de orientação acadêmica na pós-graduação *stricto sensu* no Brasil (Machado, 2008).

A literatura científica sobre orientação acadêmica é escassa, apesar de sua grande relevância. Ela não define claramente como os orientadores devem agir no ofício de orientação, quais procedimentos não podem faltar e quais devem ser evitados para o bom andamento da relação, da formação do aluno e da produção científica. Os programas de pós-graduação não abordam essa questão com a devida importância. Ela é fragilmente tratada, sem definições de deveres e direitos, como se ela não implicasse um relacionamento interpessoal longo e intenso, de no mínimo dois anos. Essa relação é próxima e hierarquizada, pois o orientador detém o poder, o que é terreno propício para o surgimento de conflitos (Nóbrega, 2018).

Em geral, os docentes não têm capacitação específica para orientar, não têm formação didática. A própria Capes, que é o órgão que regula e avalia os programas de pós-graduação no país, apresenta escassas informações sobre o papel do orientador e do orientando em seu *website*. Ademais, não se tem conhecimento da existência de mecanismos formais para a solução de conflitos que porventura acontecem ou de atividades de capacitação de professores para a função de orientação acadêmica.

Características da relação orientador-orientando

O modelo da pós-graduação *stricto sensu* brasileira é centrado no professor-orientador, que tem uma relação hierárquica com seu orientando. O aluno, em geral, desenvolve seu trabalho de acordo com a perspectiva do orientador, de sua filiação teórico-metodológica e seus pressupostos. A pesquisa é desenvolvida individualmente pelo aluno com o professor e, posteriormente, tem sua qualidade validada por outros professores numa defesa pública do trabalho (Oliveira, 2024).

Na regulamentação da pós-graduação no Brasil, a função de orientação foi estabelecida como a assistência aos pós-graduandos com ampla liberdade e iniciativa do aluno. A orientação acadêmica no seu início até meados da década de 1990 era uma atividade assistemática, intuitiva, individual, geralmente influenciada pela maneira como o orientador havia sido orientado quando da realização da sua pós-graduação. De certa forma, essa situação se mantém pouco alterada até a atualidade, pois não existe por parte da Capes uma capacitação estruturada para o desempenho desse importante papel e suas variadas funções, nem dos programas de pós-graduação. Além disso, os orientadores não são avaliados diretamente. O mais comum é o orientador atuar espontaneamente, de forma autodidata ou mimetizando seus próprios ex-orientadores, repetindo os mesmos erros e acertos na sua prática de orientação acadêmica. Por vezes, se desenvolve uma grande relação de amizade entre orientador e orientando, mas em alguns casos a relação entre eles é conturbada e prejudicial, principalmente para o aluno, pois é ele que corre o risco de ser desligado do programa ou de ter a bolsa cancelada, visto que está sob o domínio do orientador. O aluno é a parte frágil da relação.

Muitos doutorandos encerram suas atividades de pesquisa após o término do doutorado. Portanto, apesar de potencialmente poder exercer a função de orientador, esse fato pode evidenciar que ele não está habilitado para tal tarefa. Como mencionados anteriormente, ter um diploma de doutor não garante que o profissional seja um pesquisador, muito menos um orientador. Para ser considerado um pesquisador, o doutor deve desenvolver atividades de pesquisa com regularidade, num processo ininterrupto de produção de conhecimento. Para atuar como orientador, entre outros atributos, é preciso dominar e ter experiência de coleta de dados de pesquisa, condição essencial para um docente estar habilitado para a função de orientação. Os orientadores devem contribuir para o desenvolvimento de várias competências, como conhecimentos sobre conteúdos acadêmicos relevantes e o tema em estudo, saberes epistemológicos e metodológicos, conhecimentos de prática docente, de pesquisa, de escrita acadêmica e de integridade ética na pesquisa (Haguette, 1994).

A orientação acadêmica é um ato técnico-profissional no qual as partes podem ter maior ou menor empatia, mas nunca falta de respeito e de compromisso. Ela é influenciada por aspectos afetivos, profissionais, teórico-metodológicos e institucionais. Um pós-graduando não é um aluno, e sim um pesquisador sob supervisão. Essa supervisão afeta diretamente o resultado da pesquisa. Ela é o que mais influencia a formação do pós-graduando, seu desenvolvimento e sucesso. Na maioria das instituições, o orientador é o único responsável por monitorar a progressão da tese. Em outras, um comitê é criado para supervisionar a progressão do trabalho de tese por meio de reuniões periódicas.

A reponsabilidade do orientador inclui a formação do aluno como profissional, professor e pesquisador nas dimensões científica, intelectual, social e moral. A relação entre orientador e orientando é educacional, sendo que educar é conduzir e preparar o aluno/pesquisador para viver no mundo. Nessa relação repleta de subjetividade, desenvolve-se uma intimidade entre duas pessoas debruçadas num projeto de pesquisa a ser desenvolvido, apesar do contexto aparentemente racional da produção de conhecimentos.

Quando o papel do orientador não é bem definido, situações eticamente conflituosas e prejudiciais para o desenvolvimento acadêmico podem ocorrer na relação com o aluno. Nos programas em que o pós-graduando tem a possibilidade de escolha do orientador, ela é feita por motivos variados: amizade, conhecimento prévio, competência acadêmica e boa reputação, entre outros. Os orientadores preferem alunos que já estão com o projeto pronto, que tenham experiência em pesquisa ou que foram alunos de Iniciação Científica na graduação, dado que esses são mais fáceis de orientar. Nos programas de pós-graduação que não oferecem autonomia aos pós-graduandos, mesmo aqueles em que os alunos escolhem o orientador, a relação que se estabelece é heterônoma devido ao poder outorgado ao orientador (Alves; Espindola; Bianchetti, 2012). Vale destacar a possibilidade de um coorientador para mestrandos e doutorandos, que auxilia o trabalho de orientação, contribui para o monitoramento da progressão do aluno e pode colaborar na neutralização de conflitos interpessoais que acontecem com frequência (Orer, 2020).

A partir das mudanças no processo de avaliação da Capes, ocorridas na década de 1990, houve uma valorização do "produtivismo acadêmico", fenômeno que também ocorreu nos países europeus após o Pacto de Bolonha[9]. O produtivismo acadêmico foi resultado das mudanças ocorridas aliadas à influência da política americana do "publish or perish" (publique ou pereça). A produção científica foi hipervalorizada, pois se tornou responsável pelos índices de classificação dos programas e, com isso, gerou grande competitividade entre eles.

Na Europa, a Organização para Educação de Doutorado em Ciências da Saúde no Sistema Europeu (Orpheus) com a Associação de Escolas Médicas e a Federação Mundial de Educação Médica publicaram, em 2019, um documento intitulado "Melhores Práticas para Treinamento de Doutorado", com recomendações básicas, sugestões de melhoria da

---

9. Documento assinado por ministros da educação de 29 países da União Europeia e adotado por 47 países com o objetivo de unificar o sistema de ensino superior para torná-lo mais acessível, inclusivo, competitivo e atrativo internacionalmente no contexto da globalização.

qualidade para as instituições relativas ao ambiente de pesquisa, estrutura administrativa, desenvolvimento de tese e supervisão. Esse documento enfatiza a importância do papel do orientador no sucesso dos programas de doutorado e fornece sugestões críticas para melhorar a qualidade da supervisão e fortalecer a estrutura institucional. As instituições devem desenvolver programas de treinamento para orientadores, estabelecer mecanismos administrativos para monitorar o processo de supervisão e incluir mecanismos para lidar com as múltiplas queixas dos doutorandos (Orer, 2020).

Além das qualidades do pesquisador, a capacidade de um supervisor de apoiar o desenvolvimento do aluno tem um papel crucial na realização de uma pós-graduação. Os orientadores devem dedicar um certo tempo para se reunir com seus alunos, e essas reuniões devem ser presenciais e regulares. O aluno vai se tornando um pesquisador independente conforme o trabalho progride. A jornada da pós-graduação não é fácil, já que várias decisões têm que ser tomadas para equilibrar seus interesses pessoais com os do orientador, assim como das equipes de pesquisa e da instituição. Quase todo pós-graduando passa por momentos de insegurança, nos quais se sente incapaz de conseguir alcançar o seu intento e teve vontade de desistir. Rodrigues (2021), após refletir sobre sua jornada como pós-graduando, suas dificuldades e como as superou, sugere alguns mecanismos para obter equilíbrio e sucesso na experiência de doutorado:

- Desenvolver resiliência: enfrentar os fracassos e as críticas (que sempre acontecem), ir em frente, aprender com os erros e não ter expectativas muito altas.
- Procurar suporte/apoio: com os colegas e o próprio orientador, mas lembrando que o doutorado é do aluno, que muitas vezes tem de resolver sozinho os problemas.
- Priorizar o bem-estar: ter moderação entre a vida pessoal e a profissão, gerenciando o tempo de forma equilibrada.
- Seguir a sua motivação: fazer as próprias escolhas, pois o doutorado é do aluno.

• Aproveitar o caminho a seguir: a tese é um trabalho único, original, cujo autor é quem mais domina o tema escolhido. É preciso se dedicar para, no futuro, ao olhar para trás, orgulhar-se da obra que realizou. Fazer um doutorado é uma experiência rica e transformadora.

A limitação de duração do mestrado e do doutorado repercutiu negativamente na relação de orientação acadêmica. A duração mais prolongada do modelo anterior facilitava vínculos mais sólidos de companheirismo, parceria e cumplicidade. A relação passou a ser mais superficial e heterônoma e com objetivos produtivistas. A sobrecarga de trabalho ampliou os índices de desistência da pós-graduação e de resultados acadêmicos pouco relevantes. A pressão por publicar fez com que os professores passassem a se preocupar mais com seu currículo do que com suas funções acadêmicas, afetando a qualidade de sua vida, pois ficaram escravos da produtividade. Estudos mostram que o produtivismo acadêmico é prejudicial à qualidade do conhecimento produzido assim como à vida dos que estão envolvidos no mundo acadêmico, especialmente nos programas de pós-graduação (Bianchetti; Valle, 2014).

Na escassa literatura científica sobre orientação acadêmica no Brasil, ela é considerada por alguns uma função obscura, complexa, pouco avaliada e polifônica, apesar da importância que adquiriu ao longo do desenvolvimento da pós-graduação no país. Para Viana (2008) existem duas concepções de orientação que norteiam o trabalho do docente: a orientação como ajuda, apoio, um guia amigável; e a orientação como trabalho conjunto, parceria, coautoria, coparticipação, com estímulo à autonomia do orientando. A autora considera a segunda a mais adequada. Para uma orientação saudável é importante encorajar a independência do aluno, colaborando com seu trabalho em um ambiente de apoio profissional e pessoal. A comunicação clara entre orientador e orientando, a confiança mútua, o comportamento proativo do aluno e o incentivo à sua independência com suporte e oportunidades de desenvolvimento atuam positivamente nessa relação (Young *et al.*, 2019).

A função de orientação acadêmica ganhou importância nos Planos Nacionais de Pós-graduação, sendo considerado um sistema eficiente. Porém, segundo as pesquisas de Bianchetti (2021), os orientadores tinham grande número de orientandos e realizavam poucos encontros com eles. Também, a orientação era assumida sem que os professores fossem formados para isso, ou seja, eles exerciam a função de forma intuitiva. O tempo para conclusão do curso era dilatado e não havia exigências de publicação. Além desses problemas e com as mudanças ocorridas no sistema, constata-se a necessidade de estratégias para a formação de orientadores, de uma pedagogia da orientação acadêmica para treinamento de futuros orientadores (Bianchetti, 2022; Costa; Sousa; Silva, 2015).

Orientação coletiva

Uma outra forma de orientação acadêmica é a coletivo-grupal, preconizada por alguns pesquisadores experientes, mas não uma unanimidade como proposta de atuação de orientadores e treinamento de orientandos. Trata-se de uma modalidade de orientação em que há uma coorientação mútua entre pesquisadores, orientadores e orientandos que pode ser trabalhada em conjunto com a orientação individual. Ela propicia troca de saberes entre diferentes professores e orientandos, permitindo aprender com os erros e acertos dos demais. Contribui na divisão de tarefas entre orientadores, em um ambiente acadêmico que tem demandas elevadas, conforme Bianchetti (2021) ressalta em um artigo em que descreve a primeira experiência documentada de orientação coletiva no Brasil realizada pelo educador Demerval Saviani, na década de 1970.

Compõem o grupo de orientação coletiva um ou mais docentes, mestrandos, doutorandos, pós-doutorandos, alunos de iniciação científica, entre outros interessados. As atividades de orientação coletivo-grupal incluem encontros de estudo e discussão de textos, debates sobre as pesquisas em andamento, produção de manuscritos para publicação, treinamento da docência, entre outros. Trata-se de um espaço democrático de apresentação de novas ideias, de trocas de experiência, de esclarecimento de dúvidas teóricas e práticas, de oportunidade de aperfeiçoamento das pesquisas com as contribuições do grupo, de reflexão sobre situações conflituosas e dificuldades que surgem no campo empírico de coleta de dados, entre outros. Também, é um espaço propício para lidar com questões subjetivas como as inseguranças relacionadas à capacidade de cumprir os prazos exigidos, de falar em público, de exercício da autonomia acadêmica em um ambiente de cooperação coletiva acolhedor, de relações horizontais e respeitosas no qual todos os participantes têm o mesmo objetivo de aprendizagem e se sentem à vontade para falar o que pensam e sentem. Para Bianchetti (2022), a orientação coletivo-grupal preenche uma lacuna de espaços e propostas institucionais de formação de orientadores. As reuniões grupais são importantes e permitem o compartilhamento de experiências, angústias, dificuldades e saberes. O crescimento profissional nesse processo é de todos e, se possível, a relação profissional deve seguir mesmo após o término da pós-graduação.

Implicações éticas da relação orientador-orientando

Na relação de orientação acadêmica na pós-graduação *stricto sensu* atuam dois profissionais com níveis diferentes de experiência científica. São duas pessoas com características pessoais e profissionais próprias, cujas diferenças devem ser respeitadas. É comum que as questões pessoais interfiram nessa dinâmica, pois são seres humanos se relacionando. Porém, é necessário que os papéis de ambos sejam bem definidos para que o orientador não seja demandado a agir como pai, advogado ou terapeuta do aluno, como acontece com frequência. Em uma orientação ética, o docente não deve agir de forma autocrática; pelo contrário, deve estimular a autonomia do discente, numa relação horizontal em que haja respeito mútuo (Lopes *et al.*, 2020).

Para que a relação de orientação seja profícua e alcance seus objetivos de formar professores pesquisadores qualificados e de produzir conhecimento útil para a sociedade, ela deve acatar todos os preceitos éticos. O aprendizado de pós-graduandos sobre diretrizes éticas e códigos de conduta se dá preferencialmente com os seus orientadores e colegas. Essas diretrizes e códigos são frequentemente mais implícitos do que explícitos na comunidade acadêmica.

Em geral, os futuros orientandos escolhem o orientador por já terem um conhecimento prévio ou por indicação de algum colega. A escolha baseada no currículo é menos comum. Os elementos pessoais e a afinidade são mais valorizados. Já os orientadores preferem alunos que tenham capacidade técnica.

A relação de orientação é educativa e formativa. O orientador quase sempre funciona como um modelo para o orientando. Este último tende a "espelhar-se" no orientador, adaptando-se às características de sua própria personalidade. Dessa forma, pode-se dizer que o papel dos orientadores na formação ética de seus orientandos está baseado na capacidade de servirem de inspiração e de modelos a serem imitados na sua prática de pesquisa (De La Fare; Savi Neto, 2021).

A relação entre orientador e orientando deve ser de um líder/mentor com seu seguidor/protegido e não de um chefe com seu funcionário. Trata-se de um vínculo entre indivíduos que requer cuidados e precauções. Um orientador deve agir como um líder com conhecimento e ser capaz de dar suporte ao seu orientando. Esse relacionamento deve ser pautado no respeito, na confiança, na liberdade e, por vezes, até em amizade, associada à cobrança pelo desenvolvimento do trabalho (Melo, 2023). Em pesquisa realizada por meio de entrevistas com orientadores, cuja relação destes com os orientandos foi analisada, Viana (2008) verificou que a relação não é determinante, mas é fundamental para o êxito do trabalho do aluno. Alguns consideram que o relacionamento deve ser cordial, empático, de confiança mútua tanto no nível pessoal como acadêmico, mas não necessariamente afetiva. A autora discorda, pois, por ser uma relação humana, sempre existe algum grau de afetividade.

Três características de orientadores, que consistem em traços de personalidade subclínica e antissocial, são particularmente graves no trato com seus orientandos: o maquiavelismo, que se refere à manipulação do outro; o narcisismo, em que o orientador se sente superior e deve ser admirado; e a psicopatia, em que existe uma baixa empatia pelo outro e uma preocupação única consigo próprio. As instituições devem reconhecer docentes com essas características para que maiores problemas sejam evitados (Cohen; Baruch, 2022).

A orientação acadêmica está inserida dentro de um contexto institucional e por ele é influenciado. Portanto, a tradição ética da instituição inspira a formação ética dos estudantes. As instituições com cultura ética em pesquisa, em geral, dispõem de estratégias educativas sobre as diretrizes éticas, canais de comunicação para denúncias e identificação de más práticas e mecanismos punitivos dos casos identificados. Essas medidas contribuem para o desenvolvimento de um ambiente institucional ético que representa um exemplo a ser seguido. Para alguns autores, em instituições muito competitivas que operam na lógica do produtivismo acadêmico, essas características contribuem negativamente na formação ética dos estudantes. Essas instituições têm como prática dispensar alunos menos competentes. Com isso, promovem comportamentos com ênfase no interesse pessoal em detrimento da busca de conhecimento e descobertas úteis para a sociedade. Isso significa que as práticas adotadas numa determinada cultura institucional podem inibir ou promover o aprendizado da integridade ética (Löfström; Pyhältö, 2014).

Para garantir um relacionamento ético entre orientadores e orientandos é importante ter uma cultura organizacional ética na instituição de ensino. Essa cultura ética faz com que seus membros percebam as práticas, procedimentos, normas e valores organizados dentro de um contexto ético. Uma tradição ética na instituição fornece aos professores diretrizes de comportamento que permitem que identifiquem o que é certo e errado, o que é um comportamento desviante. Quando a tradição ética não existe ou quando a organização é omissa em relação aos comportamentos antiéticos que ocorrem dentro dela, a mensagem que é passada é a de que apoia ou não condena os casos de abuso e exploração.

A responsabilização pelos comportamentos antiéticos na instituição é uma estratégia obrigatória para coibir esses comportamentos e não os deixar prosperar. Para a redução do abuso e da exploração de estudantes é necessário que a seleção de futuros orientadores seja cuidadosa, dentro de uma política institucional que seja flexível para mudanças de orientação, que incentive uma cultura ética com normas a serem seguidas e que exista um canal para que os prejudicados possam se manifestar.

Desvios e conflitos éticos na relação de orientação são comuns e têm consequências nefastas como a desistência do curso e/ou da carreira acadêmica e, tristemente, não raramente, o adoecimento do estudante. As situações eticamente conflituosas entre orientadores e orientandos por vezes podem levar os pós-graduandos a escolhas acadêmicas antiéticas, como a falsificação de resultados e/ou se configurarem em assédio moral e/ou sexual. Alguns exemplos de problemas éticos na relação de orientação acadêmica são: orientação incompetente ou inadequada; abandono da orientação; imposição das ideias do orientador, o que impede a autonomia do estudante; incentivo à fraude, entre outros (Löfström; Pyhältö, 2014).

Os problemas éticos na relação de orientação podem ser classificados de acordo com os princípios éticos do respeito à autonomia, da não maleficência, da beneficência, da justiça e da fidelidade (Löfström; Pyhältö, 2014). O respeito à autonomia significa que o pós-graduando tem direito de escolher seu caminho e suas ideias e de tomar decisões sobre sua vida acadêmica e profissional. A beneficência expressa que o orientador deve contribuir positivamente com o orientando, oferecendo-lhe incentivo e suporte. Ser justo significa ser imparcial na distribuição de recompensas e ter reciprocidade no relacionamento. A não maleficência implica em se evitar atividades que possam prejudicar o doutorando. Por fim, a fidelidade significa cumprir as promessas, ser leal e verdadeiro e mostrar respeito pelo outro e por seu trabalho.

Em estudo por meio de entrevistas com 28 doutorandos na Finlândia, com o objetivo de identificar questões éticas enfrentadas pelos alunos,

Löfström e Pyhältö (2014) verificaram diversas experiências eticamente conflituosas, classificadas segundo os princípios da autonomia, beneficência, não maleficência, justiça e fidelidade. A falta de autonomia foi identificada na não permissão aos doutorandos de desenvolverem suas próprias ideias e escolhas acadêmicas, sendo obrigados a seguir as escolhas teóricas do orientador. A ausência de beneficência foi verificada na falta de apoio e de compreensão do orientador das dificuldades pessoais do orientando, inclusive expressas em preconceitos de gênero em relação as estudantes do sexo feminino que tinham que conciliar a vida pessoal de mãe e de dona de casa com as atividades acadêmicas. A falta de respeito à não maleficência foi externada: na exploração dos doutorandos por imposição de uma carga excessiva de trabalho, fora do contexto de suas próprias pesquisas, o que os fazem sentir ser usados como mão de obra qualificada e barata; nas humilhações públicas com comentários depreciativos dos orientadores ou críticas severas e destrutivas; e nos casos de roubo de ideias. A ausência de justiça foi externada pela desigualdade no tratamento entre os estudantes, como se houvesse um sistema de "castas". A falta de fidelidade evidenciou-se no abandono da orientação sem a sua substituição ou responsabilização da instituição, além do desrespeito no trato pessoal. Nas conclusões, os autores reafirmam que muitos dos problemas éticos são resultantes de uma orientação ruim e sugerem que a orientação acadêmica deixe de ser uma questão individual e sim uma preocupação comum a todos os envolvidos.

Uma das atitudes que mais prejudicam a progressão do orientando é a indisponibilidade do orientador, sendo uma causa frequente de desistência do curso. Ao contrário, os que têm uma boa orientação têm maior probabilidade de apresentar bom desempenho na pós-graduação (Löfström *et al.*, 2023).

Assédio moral, assédio sexual e outros conflitos éticos na pós-graduação *stricto sensu*

O abuso e exploração de alunos de pós-graduação é um fenômeno frequente a amplamente negligenciado. Alguns orientadores exploram seus orientandos, exigindo o desempenho de tarefas que não dizem respeito às suas atribuições. A orientação abusiva pode se dar por comportamentos hostis verbais e não verbais. As situações eticamente conflituosas na relação de orientador com seu orientando são várias, podendo se configurar em assédio moral e/ou sexual. O assédio moral, segundo a cartilha de prevenção ao assédio moral e sexual da Capes[10] (2023, p. 4), é definido como:

> [...] a exposição de pessoas a situações humilhantes e constrangedoras no ambiente de trabalho, de forma repetitiva e prolongada, no exercício de suas atividades. É uma conduta que provoca danos à dignidade e à integridade do indivíduo, prejudicando a sua saúde, bem como o ambiente de trabalho.
> É uma forma de violência que pode ocorrer por meio de ações diretas (acusações, insultos, gritos e humilhações públicas) e indiretas (propagação de boatos, isolamento, recusa na comunicação, fofocas e exclusão social).

O assédio moral pode ser interpessoal, institucional, vertical, horizontal ou misto. Algumas situações podem causar sofrimento, mas não necessariamente configuram assédio moral. Para que o assédio seja caracterizado, as agressões devem ocorrer repetidamente, por tempo prolongado e com a intenção de prejudicar emocionalmente o outro. As principais queixas dos orientandos em relação à orientação, as quais caracterizam um assédio moral, referem-se à arrogância, ao menosprezo, à impaciência, às atitudes impositivas e à negligência.

O assédio sexual ocorre mediante condutas de natureza sexual indesejadas que restringem a liberdade sexual da vítima. Não é preciso que a conduta seja reiterada para se caracterizar o assédio sexual. Segundo a Cartilha de Prevenção ao Assédio Moral e Sexual da Capes, são exemplos de situações de assédio sexual: insinuações, explícitas ou veladas, de caráter sexual; gestos ou palavras, escritas ou faladas, de duplo

---

10. Cartilha de prevenção ao assédio moral e sexual da Capes (Disponível em: https://www.gov.br/capes/pt-br/centrais-de-conteudo/documentos/16102023_Cartilha_de_Preveno_aos_assdios_moral_e_sexual.pdf. Acesso em: 24 dez. 2024).

sentido; conversas indesejáveis sobre sexo; narração de piadas ou uso de expressões de conteúdo sexual; contato físico não desejado; convites impertinentes; e solicitação de favores sexuais.

O conflito ético mais comum é a orientação inadequada ou incompetente, que pode ser configurada também como negligente, podendo chegar ao abandono total do orientando. Outros exemplos são: a imposição ao aluno das concepções científicas do professor; a supervisão abusiva e exploradora, por vezes associada à humilhação e ao desprezo em público; e problemas relacionados à má conduta científica, como o incentivo à fraude, à autoria indevida e até mesmo à apropriação indevida de ideias do orientando. No relacionamento interpessoal também se identificam conflitos referentes a certos tipos de preconceito e discriminações relacionados à questão racial, de gênero, de classe social e de orientação sexual, assim como o assédio sexual e vínculos problemáticos e duais em papéis que se confundem, como amizade profunda, interações terapêuticas ou íntimas e relacionamento romântico.

Os problemas éticos envolvendo a relação de orientação já foram motivo de artigos jornalísticos, tendo foco nas dificuldades enfrentadas pelos estudantes, mas também evidenciando questões relacionadas aos professores, às instituições e ao ambiente acadêmico. Uma reportagem da Gazeta do Povo (Drechsel, 2017) intitulada "Orientador que não orienta: você não é o único a sofrer esse mal", publicada em 3 de janeiro de 2017, revela nuances desse relacionamento. As queixas relacionadas aos professores e que trazem grande sofrimento aos alunos ressaltam os seguintes fatores: a incompetência e a negligência de orientadores que não orientam e não leem o que seus orientandos escrevem; as atitudes de má conduta científica, como roubo de ideias e autoria indevida; a exploração e o abuso dos alunos que são obrigados a realizar tarefas dos professores que não dizem respeito ao seu curso; o autoritarismo científico, impondo suas escolhas teórico-metodológicas aos alunos e impedindo sua autonomia; e o poder e vaidade dos professores que são centralizadores, desqualificam e humilham os alunos, desprezam suas iniciativas acadêmicas, e querem ser bajulados e referenciados. Denúncias de assédio sexual são menos frequentes, mas ocorrem por meio de comentários ou elogios de caráter sexual durante encontros individuais de orientação. Houve quem ressaltasse características negativas dos próprios alunos, como esperar que os orientadores escrevam por eles seus textos, não ler e não estudar e, por isso, não conseguir avançar na pesquisa. As dificuldades que os professores enfrentam também foram apontadas, por exercerem suas funções em um meio acadêmico competitivo, receberem salários com valores defasados que os obrigam a ter outros empregos e, portanto, a reduzir o tempo dedicado à orientação, além de serem excessivamente cobrados a publicar devido ao produtivismo científico.

Numa orientação inadequada, tanto pode haver problemas provocados pelo professor quanto pelo aluno. Este último pode ser refém de um professor que utiliza da sua posição de poder para não orientar direito ou criar obstáculos. Já o professor pode sofrer com um estudante que não assume seu próprio trabalho.

Em reportagem publicada no jornal Folha de São Paulo em 2017, estudantes de mestrado e doutorado de todas as regiões do país relataram suas dores na pós-graduação. O autor ressalta o papel central que o orientador desempenha na formação do aluno, sendo determinante para o sucesso ou fracasso do mesmo e que, frequentemente, não estão preparados para desempenhá-lo. Para isso, o autor sugere que um código de conduta poderia ser estabelecido com padrões de comportamento e ressalta que o meio ambiente acadêmico é estressante, pois os profissionais trabalham com prazos exíguos, baixo financiamento das pesquisas e muita cobrança para publicar (Moraes, 2017). Os valores das bolsas são baixos, ficando mais de dez anos sem serem reajustados, de 2013 a 2023, ocasião em que houve um aumento de 40%, elevando as bolsas de mestrado de R$1.500,00 para R$2.100,00 e as de doutorado de R$2.200,00 para R$3.100,00.

Os relatos de sofrimento dos pós-graduandos se referem a três motivos principais: relação abusiva do orientador; ambiente científico competitivo e desumano, com baixos valores de bolsa e sem garantias trabalhistas, e ausência de regras institucionais e com infraestrutura precária. Os pós-graduandos sofrem pressões diárias que geram angústia e depressão que podem levar à síndrome do pânico, ao *burnout* ou, em situações extremas, ao suicídio. Outras consequências são a sensação de fracasso, a desistência do curso ou até mesmo da carreira acadêmica. Um pós-graduando com problemas de saúde mental deflagrados pelas dificuldades enfrentadas no percurso acadêmicos, além do sofrimento pessoal, gera prejuízos e custos para o grupo de pesquisa ao qual faz parte, para o programa de pós-graduação em que é vinculado, para a instituição e para o governo que financia sua bolsa (Drechsel, 2017).

Muitos orientadores acham que têm poder total sobre o aluno, inclusive de eliminá-lo da pós-graduação a qualquer momento. Os alunos se sentem indefesos e desprotegidos, não sabendo o que fazer quando estão insatisfeitos com a orientação. O Programa de Pós-graduação em geral não oferece um canal fácil de comunicação com as chefias e não dispõe de um setor anônimo específico, como uma ouvidoria, para os pós-graduandos reclamarem e se sentirem seguros de que não haverá retaliação, prejudicando ainda mais sua condição.

Sofrimento mental de alunos de pós-graduação *stricto sensu*

A literatura científica mostra que o principal motivo de adoecimento mental de mestrandos e doutorandos é a relação conflituosa com o orientador. Como já exposto anteriormente, encontram-se na rede de *internet* de diversas formas, inclusive com humor, comentários depreciativos a respeito dos orientadores, como o *blog* "Eu confesso, odeio meu orientador". O sofrimento mental provocado pelas pressões do ambiente acadêmico e pelas exigências do orientador pode levar até mesmo a um *Burnout* quando acontece um esgotamento físico e mental que paralisa a vida do estudante. Trata-se de um estado mental em que o indivíduo chegou ao limite por falta de energia para desempenhar qualquer atividade e que precisa de tratamento. Um estudo realizado no Brasil com estudantes de pós-graduação de uma universidade federal mostrou que o desenvolvimento do *Burnout* está associado a uma autoestima negativa do estudante e um relacionamento negativo com o orientador (Silva; Vieira, 2015).

Essa realidade é verificada também em outros países. Uma pesquisa desenvolvida com uma amostra significativa de estudantes de doutorado na Bélgica evidenciou que o risco de transtorno mental em alunos de doutorado é quase três vezes maior do que em outros indivíduos de alta escolaridade. Um a cada dois doutorandos tem sofrimento psicológico e um a cada três tem transtorno psiquiátrico comum. O estudo revelou que um dos preditores de sintomas depressivos em alunos de doutorado é a qualidade da relação com o orientador. A dificuldade de conciliar o doutorado com a vida doméstica é outro fator preditivo de problemas de saúde mental. Os sintomas mais prevalentes foram os sentimentos de estar sob constante tensão, infelicidade, depressão, problemas de sono devido a preocupações, incapacidade de superar dificuldades e de aproveitar as atividades do dia a dia (Levecque *et al.*, 2017).

Estudo realizado com doutorandos espanhóis de diferentes cursos das ciências sociais, com o objetivo de analisar suas experiências durante a pós-graduação, revelou que o orientador desempenha um papel muito importante no sentido de acalmar a ansiedade do doutorando, confortando-o nas suas inseguranças e melhorando sua autoestima. As críticas destrutivas recebidas e a falta de suporte repercutem negativamente na saúde mental do doutorando, podendo provocar sentimentos de isolamento e solidão. O estudo confirmou que o orientador é o principal ponto de referência do aluno e que a relação com ele interfere nas suas reações emocionais. Os autores sugerem que os programas de pós-graduação incluam atividades que ajudem alunos e orientadores a tratarem de aspectos emocionais implícitos no desenvolvimento do doutorado (Weise; Aguayo-González; Castelló, 2020).

O adoecimento mental é um fenômeno cada vez mais presente na sociedade capitalista na qual o espaço acadêmico está inserido. Nas últimas décadas houve uma intensificação da exploração da classe trabalhadora. Os pós-graduandos são pressionados a buscarem aquilo que é considerado bom na sociedade, ou seja, o sucesso profissional, pessoal e uma família feliz. Essa pressão provoca o adoecimento, visto que a remuneração é baixa e a perspectiva profissional é incerta. Vivem num ambiente extremamente competitivo e hostil, ficando angustiados com a imposição para produzir trabalhos científicos em prazos muito curtos. Quando entram na pós-graduação, especialmente no nível do mestrado, os alunos não sabem o que os espera, já que poucos conhecem de perto como é o percurso acadêmico até sua finalização. São poucos os orientadores que explicam formal ou informalmente ao orientando como se dará o processo de orientação, o que espera do aluno e como será a jornada até a defesa da dissertação ou da tese.

Cobranças exageradas por parte do programa ou do orientador ou má orientação, somados ao excesso de trabalho, o ambiente hostil, pressão para publicar e finalizar a pesquisa geram adoecimento mental. Contribuem para esse adoecimento a escassez ou inexistência de apoio em um ambiente competitivo e individualista que é fomentado pelos Programas de Pós-graduação. No caso das estudantes do sexo feminino, há ainda o assédio sexual, para o qual existe pouco ou nenhum apoio. As bolsas de pesquisa são de valor irrisório considerando o nível de formação elevado dos pós-graduandos. Não há férias, direitos trabalhistas e a carga horária de afazeres é praticamente infinita, uma vez que as atividades de pesquisa geralmente se estendem para além das horas determinadas, invadindo os espaços da vida pessoal dos discentes. O pós-graduando fica à mercê do orientador que, a qualquer hora e por qualquer motivo, pode pedir o desligamento do aluno que acaba perdendo a bolsa (Silva, 2022).

A orientação acadêmica ética e de qualidade: uma proposta

A orientação acadêmica, como já enfatizado anteriormente, é uma tarefa educativa, e exige uma responsabilidade ética no seu desempenho.

Segundo Paulo Freire, patrono da educação brasileira, a ética é inseparável da prática educativa. A bagagem científica do orientador deve harmonizar-se com sua retidão ética, o que inclui o respeito aos outros, coerência entre discurso e ação, a capacidade de viver e aprender com o diferente. Numa relação de orientação, ambos aprendem, pois trata-se de uma partilha de conhecimentos e experiências. Por meio da doação de um ao outro, ambos se realizam (Freire, 2019).

Desempenhar uma orientação acadêmica ética e de qualidade não é uma empreitada simples, pois trata-se de uma relação ao mesmo tempo profissional e pessoal entre duas pessoas que são diferentes e podem ter expectativas diversas. Para lidar com essa diversidade com responsabilidade e obter um resultado positivo são essenciais o respeito mútuo, a capacidade de diálogo e a disponibilidade do orientador em atender ao aluno, de modo que seja construído um bom entendimento entre ambos, guardadas as devidas idiossincrasias dos dois.

O ofício de orientador não se aprende somente fazendo. Para fazer bem e melhor, é necessário que haja treinamento específico para essa função. Por princípio, uma boa orientação acadêmica pressupõe: conhecimento do orientador sobre o tema, experiência em pesquisa e orientação e sensibilidade em relação às necessidades educacionais, psicológicas e sociais do aluno.

No início do processo, o orientador deve informar ao orientando os objetivos do mestrado ou doutorado, qual o caminho que deverá ser seguido em termos do cumprimento da carga horária em disciplinas e o desenvolvimento da dissertação ou tese, além do que é importante ser feito e aprendido durante o curso, os prazos a serem cumpridos, o que se espera do aluno, o que o aluno pode esperar do orientador e o agendamento de reuniões regulares de orientação. É importante o orientador ouvir o aluno em suas expectativas e conhecer seu histórico acadêmico e seus interesses científicos.

Nenhum aluno é igual ao outro. Um mesmo orientador pode ter diferentes *performances* com cada pós-graduando que orienta. Uma das qualidades do orientador é a flexibilidade no trato pessoal com seus orientandos, de acordo com o perfil de cada um. Quando a relação de orientação é boa, ambos são beneficiados. Os orientandos ganham com o crescimento pessoal, profissional e acadêmico, com desenvolvimento de autonomia e pensamento crítico e os orientadores se mantêm mais atualizados, consolidam suas linhas de pesquisa, passam a atrair novos alunos e colaboradores, ampliam a produção científica e o legado que deixarão para as futuras gerações.

Uma das queixas mais comuns de pós-graduandos em relação aos seus orientadores é a pouca disponibilidade para orientar, a dificuldade de acesso e a não resposta ou demora excessiva em responder às suas demandas. Outro protesto frequente é o do orientador que não lê o que o pós-graduando escreve. Há quem reclame de orientador muito presente e que cobra muito ou que é superprotetor e dificulta a autonomia do aluno, mas também há queixas do contrário, ou seja, do orientador que deixa o aluno muito solto e quase não cobra. Existem pós-graduandos que esperam que os orientadores determinem tudo o que eles têm de fazer, que delineiem o caminho a ser seguido. Tem aqueles que desenvolvem uma relação muito próxima em que os papéis acabam se confundindo e prejudicando a orientação. Existem também orientadores que são obsessivos em relação ao andamento do trabalho, *workaholics* que enviam mensagens aos educandos a qualquer hora do dia ou da noite, inclusive nos finais de semana e feriados, que fazem reuniões e orientações muito longas e cansativas. Alguns são estressados, grosseiros e mal-humorados quando não satisfeitos com as atitudes do orientando.

A fama dos orientadores, de um modo geral, não é boa. Os orientandos já esperam enfrentar dificuldades. Ter um coorientador é uma estratégia que frequentemente é positiva, pois colabora com o trabalho do educando e reduz as preocupações do orientador. Porém, por vezes, há desentendimento entre orientador e coorientador, o que pode prejudicar o trabalho do pós-graduando, ou ainda pode existir um laço de amizade entre eles que enseja a conivência dos atos praticados por um e pelo outro, não deixando aparecer a real dificuldade pela qual o pós-graduando passa e que é resultante dessa tolerância e acobertamento duplo. Nessa perspectiva, vale destacar o que um orientador não deve ser, segundo Diniz (2021), tirano, de quem o aluno sente medo; terapeuta, de quem o aluno espera receber tratamento de suas dificuldades emocionais; inalcançável, impossível de ser encontrado quando necessário; uma celebridade a ser endeusada e admirada.

Papel do orientador

O relacionamento entre orientador e orientando deve ser baseado em respeito mútuo, responsabilidade e participação. O principal foco do trabalho do orientador é a formação do estudante e a produção científica de qualidade. São características importantes de um orientador: experiência na respectiva área de pesquisa, profissionalismo, interesse, flexibilidade, paciência, comunicação, criatividade, honestidade, responsabilidade, organização, respeito aos pares e integração com uma rede de contatos internacionais. Além de ser capaz de ouvir, de encorajar o debate, de fornecer *feedback*, demonstrar atenção e respeito (Hamburg, 2024).

O orientador deve ser um pesquisador ativo e receber treinamento para desenvolver suas habilidades de supervisão. Ele é o gestor do processo de orientação acadêmica. Deve ter um método de trabalho flexível, porém, sem deixar de cumprir os acordos pré-estabelecidos. Deve incentivar a autonomia do orientando dando apoio no direcionamento de seus trabalhos, no desenvolvimento de habilidades da escrita científica, de apresentação oral de trabalhos, de leitura e debate críticos sobre artigos e autores, de cooperação, de trabalho em equipe, de criatividade, de autonomia e de iniciativa. O processo de orientação envolve a elaboração do plano de estudo, o acompanhamento do desempenho do estudante nas disciplinas, as ações complementares de treinamento à docência, como aulas, elaboração e correção de provas, a orientação de iniciação científica, a prática reflexiva no processo de construção do conhecimento e do trabalho final e a orientação da produção oral e escrita.

O acompanhamento do pós-graduando pode ser mais próximo ou mais distante, dependendo da maturidade e do nível de autodirecionamento do orientando. É necessário incentivar a autonomia do mestrando/doutorando sem negligenciá-lo ou abandoná-lo. Por outro lado, o orientador não é o "dono" da vida acadêmica do educando, não devendo ser autoritário. O orientando não é o substituto do orientador nas suas tarefas. O orientador não necessariamente é coautor dos trabalhos de seus orientados.

São características relevantes para uma boa orientação acadêmica:

• Atuar de forma respeitosa, transparente, cortês e responsável.

• Promover o primeiro contato com o orientando e explicar as regras da orientação: como é o trabalho, o que espera do aluno, o que o aluno pode esperar dele, como se dará a comunicação entre eles.

• Ter disponibilidade e boa comunicação, sem protocolos, deixar o orientando à vontade, numa relação entre iguais.

• Ser uma pessoa humana que sabe que muita coisa pode acontecer nos 2 a 4 anos de pós-graduação e perceber quando o aluno está passando por dificuldades.

• Não tratar o aluno como se fosse alguém que nada sabe.

• Ajudar o orientando a definir seu problema de pesquisa sem fazer imposições.

• Ter competência técnica, em metodologia científica, em integridade ética na pesquisa, experiência didática e em pesquisa e um bom currículo.

• Incentivar o educando a estudar a bibliografia pertinente ao seu objeto de pesquisa e orientar sobre como fazer isso de forma organizada, respeitando sua individualidade e incentivando sua autonomia.

• Realizar encontros periódicos de orientação e estabelecer um cronograma de atividades estipulando metas e prazos.

• Cumprir os compromissos e ler a produção escrita do pós-graduando, contribuindo para seu aperfeiçoamento.

- Não exigir do orientando mais do que ele potencialmente pode fazer.
- Não exigir do pós-graduando a realização de tarefas que não estão diretamente relacionadas ao seu curso de pós-graduação.
- Elogiar sempre que merecido, assim como fazer críticas francas quando necessário, indicando o caminho para a resolução dos problemas.
- Ser empático, acessível e acolhedor, mantendo um relacionamento profissional amigável e estar aberto a críticas.
- Trabalhar com o orientando num objetivo comum, compartilhando conhecimentos e aprendendo juntos.
- Agendar a defesa da dissertação/tese quando tiver certeza de que o trabalho está em condições de ser aprovado.
- Defender o trabalho do orientando.

Papel do orientando

A responsabilidade maior na relação de orientação é do orientador, pois é o profissional mais experiente e quem conduz o processo. Porém, muitos conflitos ocorrem por conta de atitudes dos orientandos. Estes também têm responsabilidades no processo e são os que mais se beneficiam dele, assim como são os mais prejudicados quando não é bem conduzido.

Alguns pós-graduandos esperam que o orientador faça o trabalho por eles, ou se comportam como se não fossem profissionais, colocando-se numa posição de um aluno de graduação com pouca autonomia, de um filho que precisa de um pai para guiá-lo e protegê-lo, de um amigo para ajudar a resolver seus problemas familiares ou de um doente que precisa de um terapeuta para tratar de suas ansiedades e/ou sintomas depressivos.

Existem educandos que não respeitam seus orientadores ou suas orientações, agem à revelia deles, não cumprem prazos e são negligentes nas tarefas que estão sob sua responsabilidade ou até mesmo praticam fraudes científicas.

Os orientadores valorizam os estudantes que são capazes de realizar com responsabilidade as tarefas e leituras obrigatórias, que cumprem prazos institucionais, que têm boa capacidade de escrever e que são criativos e proativos no desenvolvimento de suas pesquisas.

São qualidades que se espera de orientandos:

- Responsabilidade, curiosidade e proatividade.
- Disciplina e dedicação.
- Cumprimento de tarefas referentes ao seu trabalho nos devidos prazos.
- Conduta respeitosa com o orientador, os demais professores, os pares e o público em geral.
- Ser diligente nas leituras indispensáveis para o desenvolvimento do curso de pós-graduação.
- Respeito à integridade ética na pesquisa.
- Equilibrar a vida pessoal com o trabalho profissional de forma que uma não prejudique a outra.
- Adquirir competência na prática docente, de pesquisa e de produção escrita.

Papel dos programas de pós-graduação e da Capes

Os programas de pós-graduação não podem estar alheios ao que se passa na relação entre orientadores e orientandos, pois é dessa relação que despontam seus principais produtos: a formação de docentes e pesquisadores e o conhecimento científico para a sociedade. Eles devem exercer principalmente o papel educativo, mas também ser fiscalizador do cumprimento de deveres e responsabilidades, mediador de conflitos e ter mecanismos de solução dos problemas e de punição para eventuais desvios de conduta.

As instituições devem estabelecer formalmente quais são os deveres e responsabilidades do orientador e oferecer, dentro das regras institucionais, treinamento e capacitação para futuros orientadores, que pode ser denominada de "pedagogia da orientação", como sugerem alguns autores e já existente em outros países (Bianchetti, 2022; Costa; Sousa; Silva, 2015). A orientação é uma atividade de ensino com especificidades e funções próprias, demandando uma metodologia e uma formação mais ampla do orientador. Essa pedagogia poderia ser coordenada pela Capes, com instruções a serem oferecidas para todos os programas de pós-graduação do país.

Outra sugestão que poderia contribuir para uma boa relação de orientação e para a solução de conflitos seria a instituição de ensino preparar um contrato a ser assinado pelo orientador e pelo aluno, especificando as tarefas a serem desenvolvidas, como um ponto de partida. O preenchimento de fichas de avaliação das atividades de orientação desenvolvidas preenchidas por ambos, orientador e orientando, também poderia ser útil. Em situações de conflito, é importante que os programas disponham de mecanismos acessíveis e com boa divulgação para encaminhamento de reclamações, assim como propostas de solução dos problemas e de atitudes a serem tomadas em casos de má conduta científica.

Para uma orientação mais ética é preciso que as instituições e os programas de pós-graduação assumam as responsabilidades que lhes cabem na prevenção, no diagnóstico e no tratamento dos problemas relativos à orientação acadêmica, tomando emprestada a linguagem médica. Para a prevenção, o estabelecimento de uma pedagogia da orientação é a melhor ferramenta. Para o diagnóstico, ouvidorias podem ser criadas e/ou fortalecidas, além de espaços de acolhimento e escuta dos discentes e docentes para a solução de conflitos. Para o tratamento, uma possibilidade é a criação de mecanismos de punição para aqueles que infringem a integridade ética da pesquisa.

A assunção e o exercício de um papel mais ativo e inclusivo dos programas de pós-graduação e das instituições na atividade de orientação acadêmica contribuirão para a geração de professores e pesquisadores mais bem formados e para a produção de conhecimento científico de qualidade. Como consequência, cooperarão profundamente para o desenvolvimento do país, atraindo somente aqueles que estão cientes e conscientes desses deveres da relação orientador-orientando.

Referências

ALVES, V. M.; ESPINDOLA, I. C. P.; BIANCHETTI, L. A relação orientador-orientando na Pós-graduação *stricto sensu* no Brasil: a autonomia dos discentes em discussão. *Revista Educação em Questão*, v. 43, n. 29, p. 135-156, 2012.

BIANCHETTI, L. A orientação coletiva na pós-graduação *stricto sensu*: o pioneirismo de Demerval Saviani. *Revista Brasileira De Educação*, v. 26, p. e260055, 2021.

BIANCHETTI, L. Grupos de pesquisa e formação de orientadores: depoimentos de pesquisadores. *Cadernos de Pesquisa*, v. 52, p. e08943, 2022.

BIANCHETTI, L.; VALLE, I. R. Produtivismo acadêmico e decorrências às condições de vida/trabalho de pesquisadores brasileiros e europeus. *Ensaio: Avaliação e Políticas Públicas em Educação*, v. 22, n. 82, p. 89-110, 2014.

BRASIL. Capes. Definição dos cursos de pós-graduação. *Parecer nº 977/65 de 03 de dezembro de 1965*. Disponível em: https://www.gov.br/capes/pt-br/centrais-de-conteudo/parecer-cesu-977-1965-pdf.

BRASIL. Ministério da Educação. *Resolução do CNE nº 01/2007*. Disponível em: https://www.gov.br/mec/pt-br/media/acesso_informacacao/pdf-arq/rces001_07.pdf.

CGEE. *Brasil*: mestres e doutores 2024. Disponível em: https://mestresdoutores2024.cgee.org.br/estudo. Acesso em: 24 dez. 2024.

COHEN, A.; BARUCH, Y. Abuse and exploitation of doctoral students: a conceptual model for traversing a long and winding road to academia. *Journal of Business Ethics*, v. 180, p. 505-522, 2022.

COSTA, F. J.; SOUSA, S. C. T.; SILVA, A. B. Um modelo para o processo de orientação na pós-graduação. *Revista Brasileira de Pós-Graduação*, v. 11, n. 25, p. 823-852, 2015.

DE LA FARE, M.; SAVI NETO, P. Papel dos orientadores/as na formação ética de seus orientandos/as e para a ética em pesquisa. *In*: COMISSÃO DE

ÉTICA EM PESQUISA DA ANPED (org.). *Ética e pesquisa em Educação: subsídios – volume 2*. Rio de Janeiro: ANPEd, 2021. p. 87-93.

DINIZ, D. Banquinha 34 | O que é isso que se chama orientação? *BrasilAnis - Instituto de Bioética*, 2021.

DRECHSEL, D. Orientador que não orienta: você não é o único a sofrer desse mal. *Gazeta do Povo*, 2017. Disponível em: https://www.gazetadopovo.com.br/educacao/orientador-que-nao-orienta-voce-nao-e-o-unico-a-sofrer-desse-mal-62y0op5vst6efbwpfsma8vnwg/. Acesso em: 24 dez. 2021.

FREIRE, P. *Pedagogia da autonomia*. 60. ed. São Paulo: Paz & Terra, 2019.

HAGUETTE, T. M. F. Universidade: nos bastidores da produção do conhecimento. *Revista Brasileira de Estudos Pedagógicos*, v. 75, p. 157-169, 1994.

HAMBURG, S. Advising Practices in Postgraduate Programs and Doctoral Students' Satisfaction. *Paidéia*, v. 31, p. e3414, 2024

LEVECQUE, K. *et al.* Work organization and mental health problems in PhD students. *Research Policy*, v. 4, n. 46, p. 868-879, 2017.

LÖFSTRÖM, E. *et al.* Profiles of doctoral students' experience of ethics in supervision: an inter-country comparison. *Higher Education*, v. 86, p. 617-636, 2023.

LÖFSTRÖM, E.; PYHÄLTÖ, K. Ethical issues in doctoral supervision: the perspectives of PhD students in the natural and behavioral sciences. *Ethics & Behavior*, v. 24, n. 3, p. 195-214, 2014.

LOPES, E. F. B. *et al.* A relação entre orientador e orientando no processo de produção científica. *Brazilian Journal of Development*, v. 6, n. 1, p. 3.854-3.868, 2020.

MACHADO, A. M. N. A bússola do escrever: sobre a função da orientação de teses e dissertações. *Revista FAMECOS*, v. 7, n. 13, p. 140-147, 2008.

MELO, A. Ser orientador na pós-graduação: reflexões sobre a pesquisa narrativa. *Revista Brasileira de Educação*, v. 28, p. e280028, 2023.

MINAYO, M. C. S. Orientação de mestrandos e doutorandos como atividade profissional. *Cadernos de Saúde Pública*, v. 35, n. 10, p. e00135719, 2019.

MORAES, F. T. *Estudantes de mestrado e doutorado relatam suas dores na pós-graduação. Folha de São Paulo*, 2017. Disponível em: https://www1.folha.

uol.com.br/ciencia/2017/12/1943862-estudantes-de-mestrado-e-doutorado-relatam-suas-dores-na-pos-graduacao.shtml. Acesso em: 14 dez. 2024.

NOBRE, L. N.; FREITAS, R. R. A evolução da pós-graduação no Brasil: histórico, políticas e avaliação. *Brazilian Journal of Production Engineering*, v. 3, n. 2, p. 26-39, 2017.

NÓBREGA, M. H. Orientandos e orientadores no século XXI: desafios da pós-graduação. *Educação & Realidade*, v. 43, n. 3, p. 1.055-1.076, 2018.

OLIVEIRA, T. A dimensão formativa do processo de avaliação da pós-graduação: considerações sobre o novo modelo de avaliação da Capes. *Educação & Sociedade*, v. 44, p. e273292, 2023.

OLIVEIRA, T. Training of Education professionals: political and social impacts of the relationship between mentors and mentees in postgraduate studies. *Ensaio: Avaliação e Políticas Públicas em Educação*, v. 23, n. 124, p. e0244581, 2024.

ORER, H. S. IUBMB/PSBMB 2019 Conference/Plenary: mentoring in postgraduate training and the role of Organization for PhD Education in Health Sciences in European System. *Biochemistry and Molecular Biology*, v. 48, n. 6, p. 592-595, 2020.

PEREIRA NETO, F. E.; PONTES JUNIOR, J. A. F. Evasão na pós-graduação *stricto sensu* brasileira: um estudo exploratório. *Educação & Linguagem*, v. 11, n. 1, p. 13-23, 2024.

RODRIGUES, R. S. Seizing balance and success during your PhD experience. *The European Journal of Neuroscience*, v. 54, n. 6, p. 5.907-5.914, 2021.

SANTOS JUNIOR, J. S.; MAGALHÃES, A. M. S.; REAL, G. C. M. A gestão da evasão nas políticas educacionais brasileiras: da graduação à pós-graduação *stricto sensu*. *Educação Temática Digital*, v. 22, n. 2, p. 460-478, 2020.

SILVA, A. H.; VIEIRA, K. M. Síndrome de *Burnout* em estudantes de pós-graduação: análise da influência da autoestima e relação orientador-orientando. *Pretexto*, v. 16, n. 1, p. 52-68, 2015.

SILVA, M. G. DA. Capitalismo, pós-graduação e adoecimento mental. *Metodologias e Aprendizado*, v. 5, p. 1-14, 2022.

VERHINE, R. E. Pós-graduação no Brasil e nos Estados Unidos: uma análise comparativa. *Educação*, v. 31, n. 2, p. 166-172, 2008.

VIANA, C. M. A relação orientador-orientando na pós-graduação *stricto sensu*. *Linhas Críticas*, v. 14, n. 26, p. 93-110, 2008.

WEISE, C.; AGUAYO-GONZÁLEZ, M.; CASTELLÓ, M. Significant events and the role of emotion along doctoral researcher personal trajectories. *Educational Research*, v. 62, n. 3, p. 304-323, 2020.

YOUNG, S. N. *et al.* Factors affecting PhD student success. *International Journal of Exercise Science*, v. 12, n. 1, p. 34-45, 2019.

6
Fraude na ciência

Introdução

Fraude, má conduta ou desonestidade na ciência ocorre quando um pesquisador, por intenção ou negligência, transgride os valores e princípios que definem a integridade ética da pesquisa e das relações éticas entre pesquisadores; ou quando há uso e/ou apresentação de dados deliberadamente errados, feita por quem sabe a verdade. Os erros científicos que porventura ocorram de boa-fé, sem intenção ou as divergências honestas em matéria científica não se caracterizam como má conduta.

Há registros de fraudes científicas de longa data. O caso mais conhecido e emblemático é do "Homem de Piltdown", ocorrido em 1912. Os paleontólogos Arthur Smith Woodward e Charles Dawson relataram a descoberta de uma nova espécie de humano em Piltdown, cidade na Inglaterra, o *Eoanthropus dawsoni*, que teria cerca de 200 mil anos. Contudo, na verdade se tratava de uma montagem de ossos humanos e de orangotango feita para comprovar o que seria o "elo perdido" da evolução da humanidade. Essa descoberta trazia uma explicação para a evolução humana. Somente em 1953, ou seja, mais de 40 anos depois, a fraude foi desmascarada. Com a evolução da ciência e da possibilidade de datação dos fósseis, pesquisadores fizeram um estudo intenso dos fragmentos do "Homem de Piltdown" e afirmaram que ele não teria mais do que 500 anos. Exames microscópicos comprovaram que era um crânio humano com uma mandíbula de um orangotango e dentes de chipanzé modificados para que ficassem parecidos com os de humanos (CNPq, 2011).

Existem diversas tentativas de definir o que é fraude na ciência, tanto do ponto de vista legal como prático. Legalmente, considera-se fraude em ciência uma apresentação de fatos ou dados deliberadamente errados, efetuada por quem sabe a verdade. A má conduta científica provoca prejuízos à reputação do cientista e outras consequências. O principal dano é em decorrência da falta de veracidade do conhecimento produzido, o qual pode ser mais ou menos intenso, dependendo do tipo de fraude. Existe também um custo financeiro alto para a detecção e para o tratamento das fraudes. A fim de proteger a integridade da ciência, devemos prevenir e combater a desonestidade do pesquisador, que pode ter origem em uma gama ampla de práticas de pesquisa questionáveis, sendo as mais comuns a falsificação e fabricação de dados e o plágio.

A atividade de pesquisa pressupõe o respeito às diretrizes éticas. Todo cientista deve conduzir-se com honestidade intelectual, objetividade e imparcialidade, veracidade, justiça e responsabilidade. A fidedignidade dos resultados da pesquisa é dependente do cumprimento desses valores. O cientista é eticamente responsável pelo avanço da ciência. Toda transgressão a esses princípios, de forma intencional ou por negligência, é considerada fraude ou má conduta científica.

Toda pesquisa científica deve visar oferecer contribuições originais e relevantes à sociedade. Não se faz pesquisa simplesmente por curiosidade ou capricho. Seus objetivos necessitam incluir os benefícios que trará para alguma das diversas dimensões da vida no planeta como um todo. Os fatores positivos e negativos que podem influir na viabilidade do projeto devem ser expostos e a pesquisa ser executada por meio de procedimentos cientificamente apropriados. Não pode haver conflitos de interesse do pesquisador, que precisa dispor de capacidade científica, recursos humanos, institucionais e financeiros necessários para realizá-la.

O empreendimento científico, desde a elaboração do projeto até a divulgação do conhecimento produzido, inclui a participação de pesquisadores, periódicos científicos, instituições acadêmicas, agências financiadoras e reguladoras. Para a realização de uma pesquisa ética, algumas condições mínimas precisam ser cumpridas: o problema de pesquisa deve ter valor e estar devidamente justificado; o método precisa ser adequado ao objeto de pesquisa; as normas e regras éticas devem ser respeitadas a fim de garantir a integridade ética na pesquisa e de evitar todas as formas de desonestidade científica; o respeito pelos participantes que estão sendo estudados é fundamental; e as pesquisas que envolvem risco somente devem ser realizadas após uma revisão de projetos idênticos já executados e relatados na literatura mundial, de modo a não expor os pacientes a riscos desnecessários.

A fraude, a má conduta ou a desonestidade na ciência são práticas comuns, produzidas para enganar os outros e, assim, obter vantagens. Ter competência ética não é algo natural. Esta tem que ser ensinada e aprendida, ou seja, depende da educação. A falta de abordagem suficiente do tema integridade ética na graduação propicia a ocorrência de más condutas na pesquisa. A aprendizagem do comportamento ético se dá ao longo da vida sob a influência da instrução recebida na família e no ensino escolar. A integridade ética na condução de pesquisas deve ser conteúdo didático também nos cursos de graduação e pós-graduação. As normas éticas em pesquisa vêm evoluindo e há uma tendência atual de algumas agências e periódicos nacionais e internacionais de solicitar dos autores informações sobre os dados que coletaram para disponibilizá-los para verificação por terceiros, de forma a comprovar sua veracidade.

Tipos de má conduta científica

São variadas as formas de desonestidade científica já identificadas. Elas podem ocorrer no manejo dos dados da pesquisa, no percurso metodológico, na divulgação dos resultados por meio da manipulação da autoria nas publicações, no financiamento do estudo e nas relações pessoais entre os pesquisadores. Algumas são mais fáceis de verificar, outras são mais sutis. Há fraudes que são consideradas mais graves na literatura científica, como a falsificação e/ou fabricação de dados e o plágio. Outras são avaliadas como práticas de pesquisa questionáveis.

Segundo o CNPq (2011), a fabricação ou invenção de dados consiste na apresentação de resultados inverídicos. Por sua vez, a falsificação traduz-se na manipulação fraudulenta de resultados obtidos de forma a alterar seu significado, sua interpretação ou mesmo sua confiabilidade. Também é falsificação a apresentação de resultados reais como se tivessem sido obtidos em condições diferentes daquelas efetivamente utilizadas.

Entre as fraudes que podem ser cometidas no desenvolvimento da pesquisa se destacam a fabricação, a falsificação, a duplicação e a omissão de dados e os erros no delineamento do estudo e/ou no percurso metodológico. Essas condutas desonestas podem ser motivadas por conflitos de interesse. Na divulgação do estudo sobressaem as fraudes referentes às autorias indevidas como: autoria-fantasma, omissão de autoria e autoria concedida. No processo de publicação temos a publicação "salame", a submissão de publicações duplicadas, a falta de ética na revisão e na aprovação de manuscrito, o plágio e o pastiche, que serão detalhados a seguir e nos próximos capítulos.

As práticas de pesquisa que são classificadas e denominadas de questionáveis também comprometem a validade dos resultados do estudo. Abaixo estão alguns exemplos citados pelos autores Kaiser *et al.* (2021):

- Cópia de citações de outros autores;
- Atribuição de autoria com base em critérios diferentes de contribuição significativa para um trabalho científico;
- Negação ou omissão de autoria apesar de contribuição significativa para um trabalho científico;
- Divisão ou segmentação de resultados de estudo em duas ou mais publicações para aumentar seus créditos de publicação, às custas da qualidade científica (publicação salame);

• Alteração do delineamento, da metodologia e/ou dos resultados de um estudo em resposta à pressão de partes interessadas ou fontes de financiamento;

• Utilização de dados/materiais de pesquisa de validade contestada;

• Abstenção de informar sobre as limitações e/ou incertezas significativas dos dados, análise e/ou conclusão;

• Abstenção de denunciar violações graves de diretrizes éticas de pesquisa;

• Inclusão de referências irrelevantes ou desnecessárias em uma publicação para aumentar a frequência de citação de um colega ou um periódico.

Outros tipos de má conduta científica menos abordados na literatura são os que ocorrem no processo de orientação acadêmica, por meio de condutas eticamente inadequadas e de supervisão deficiente, e que servem de modelo de desonestidade científica aos que estão iniciando a carreira profissional.

Falsificação, fabricação e omissão de dados

A falsificação de dados ocorre quando as informações da pesquisa são alteradas deliberadamente. Caracteriza a falsificação também a fabricação de dados que não existem ou a omissão de dados, ou seja, omitir ou fornecer informações incompletas ou inadequadas, seja no início ou no decorrer da pesquisa, aos sujeitos do estudo ou aos Comitês de Ética para facilitar a aprovação do projeto. Não informar os pacientes sobre os riscos do estudo ou que este não foi autorizado em outros países é um exemplo dessa conduta. Por vezes pesquisadores mudam um Termo de Consentimento aprovado por outro, omitindo as informações que porventura poderiam dificultar a participação dos voluntários na pesquisa.

Fraudes na autoria e fatiamento do estudo (publicação salame)

Outro tipo de fraude frequente ocorre na atribuição indevida de autoria dos artigos científicos incluem os casos de autoria-fantasma, autoria concedida, autoria convidada, autoria paga, autoria negada, entre outras, que serão debatidas no próximo capítulo. Além disso, uma forma de prática científica desonesta na autoria é o fatiamento de um estudo em várias publicações diferentes, também denominada de publicação "salame". Como mencionado anteriormente, o objetivo é avolumar a produção científica do pesquisador, aumentando artificialmente o número de artigos de sua autoria. Publicar artigos muito semelhantes e com base no mesmo estudo também se configura em má conduta científica.

Conflitos de interesse

Conflitos de interesse no meio acadêmico científico são frequentes e podem incitar a fraude. Eles podem ocorrer em diversas situações, mas normalmente acontece quando o valor científico da pesquisa é orientado por interesses que podem prejudicar o julgamento profissional e os objetivos do estudo. Os conflitos de interesse representam um poderoso viés na pesquisa científica. Os mais comuns são aqueles relacionados ao financiamento dos experimentos, como os ensaios clínicos remunerados pela indústria farmacêutica, em que o pesquisador sacrifica o rigor científico para atender as exigências do patrocinador ou como o comparecimento em congressos para divulgar resultados de interesse do financiador e com omissão dos resultados desfavoráveis a ele.

Um estudo de revisão de literatura médica evidenciou que pesquisas realizadas com financiamento da indústria farmacêutica têm melhor proporção de resultados favoráveis quando comparadas com as que são realizadas de forma independente. Os autores inferem que os conflitos de interesses envolvidos nessas pesquisas podem alterar seus resultados e representam vieses que reduzem sua credibilidade e relevância (De Souza *et al.*, 2013).

Conflitos de interesse também são verificados no processo de revisão de manuscritos por pares, em que o revisor tem conhecimento de quem é o autor e faz uma avaliação tendenciosa, seja para o bem ou para o mal. O mesmo pode ocorrer na decisão do editor sobre o aceite ou não de um manuscrito para publicação, baseado no sentimento que se possa nutrir pelo autor conhecido, positivo ou negativo. Nesses casos, o ético seria não aceitar fazer a revisão do manuscrito ou não tomar a decisão sobre a publicação, solicitando a outro colega que assuma a tarefa.

O International Committe of Medical Journal Editors - ICMJE estabeleceu normas éticas para a publicação científica que são largamente adotadas em vários países do mundo. Elas definem que existe conflito de interesse quando um participante de um processo de revisão por pares tem ligações e/ou atividades (financeiras, relações pessoais, competição acadêmica, escolhas intelectuais) que poderiam influenciar de modo indevido seu julgamento. No caso dos autores, estes devem declarar conflitos financeiros ou outros interesses que poderiam causar vieses em seus trabalhos. Também, devem especificar no manuscrito todos os financiamentos recebidos e outras conexões com o estudo.

Os revisores precisam declarar conflitos de interesse financeiros aos editores e se recusar a fazer a revisão, se apropriado, nos casos em que eles existem. Além disso, é má conduta científica usar dados dos manuscritos revisados em seu próprio benefício. O *staff* editorial do periódico é que detém o poder de decisão final sobre os manuscritos submetidos e essa decisão deve ser isenta de qualquer comprometimento financeiro nos assuntos que estão sendo julgados. Os que contribuem para as decisões editoriais devem fornecer uma descrição atualizada de seus rendimentos financeiros aos editores.

Submissão e publicação duplicadas e a autocitação

Tanto a submissão quanto a publicação duplicada são falhas éticas. Não é ético e nem se admite, e isso está incluído nas instruções aos autores da grande maioria das revistas científicas qualificadas, que se submeta um manuscrito para publicação em mais de uma revista ao mesmo tempo, assim como um artigo já aceito para publicação não deve ser publicado novamente em outro periódico científico. Contudo, as publicações duplicadas, infelizmente, são muito comuns. Elas só beneficiam o próprio autor, pois desperdiçam o tempo dos revisores e editores, consomem recursos dos periódicos e distorcem o sistema de prêmios acadêmicos, além de inflarem a literatura científica. Os direitos autorais nas publicações duplicadas são violados e estas falseiam os estudos de metanálise, visto que distorcem seus resultados, e isso potencialmente afeta as decisões tomadas na prática profissional que é baseada em evidências.

A autocitação também não é incomum, nem uma prática, *a priori*, desonesta, pois muitos pesquisadores permanecem fazendo experimentos sobre o mesmo tema por anos, aprofundando o conhecimento cada vez mais naquela área, sendo inevitável numa nova publicação deixar de citar artigos anteriores, que precederam as novas descobertas. Contudo, alguns cientistas fazem citações de si próprios como artifício para sobrevalorizar seu trabalho. Essa é uma prática antiética.

Comunicação dos resultados da pesquisa e autoria

Na submissão de um manuscrito para publicação, o pesquisador deve declarar a existência de qualquer conflito de interesse. No caso de submeter um trabalho cujos resultados já tenham sido publicados em algum outro veículo de comunicação, o pesquisador deve declarar o fato ao editor no momento da submissão.

Na atribuição da autoria de um trabalho científico, só são considerados autores aqueles que tenham dado contribuições intelectuais substanciais para a concepção ou realização da pesquisa. Contribuições financeiras por meio de recursos humanos, equipamentos, laboratórios e insumos não são condições suficientes para a autoria de trabalho científico, como será mais bem detalhado no próximo capítulo.

Plágio e pastiche

Plágio é definido como a apropriação indevida de ideias, processos, discurso ou da obra de outrem ou de partes desses sem o devido crédito. O autoplágio ocorre quando o autor copia trechos de outras publicações de sua autoria sem citar a fonte.

Pastiche é uma cópia dissimulada, na qual são mudados alguns elementos em relação à obra original. Um texto científico pastiche é aquele em que um autor copia a obra de outro autor trocando as palavras por sinônimos. O pastiche é comum em obras literárias e artísticas quando se tem deliberadamente a intenção de imitar o estilo de outros escritores, pintores e músicos. O quadro "Monalisa", de Leonardo da Vinci, é um exemplo de obra artística da qual existem pastiches variados de diversos outros artistas.

Alguns defendem que todo texto é composto de outros textos e, portanto, é complexo caracterizar o plágio. Historicamente se tem notificado a prática de cópia de textos de outrem, pois o conceito do que é autoria e sua importância sofreram variações ao longo do tempo. A discussão sobre autoria e plágio é muito atual no meio acadêmico, principalmente a partir do advento da *internet* e, mais recentemente, da inteligência artificial. Muitos estudantes defendem seu uso para suprir a falta de tempo, pela facilidade de opções que oferecem e pelo embasamento teórico que proporciona para as atividades acadêmicas. Esses temas serão discutidos com mais detalhes nos próximos capítulos.

Falta de ética na aprovação de manuscritos: conduta editorial inadequada

No processo de avaliação de manuscritos para publicação podem ocorrer diversos tipos de desvios éticos, considerados um tipo de má conduta científica. São exemplos: a falha em seguir o devido processo de avaliação; o atraso nas decisões e comunicação com os autores; as falhas técnicas na revisão; a não investigação de comportamento científico suspeito; a não retratação de um artigo quando indicado; o não respeito às principais fontes internacionais de orientação em pesquisa, publicação e política editorial.

Fraudes que passam desapercebidas

Alguns tipos de desonestidade científica são mais difíceis de serem percebidas e detectadas. Entre eles podemos citar os erros no delineamento do estudo, a falta de transparência metodológica ou no relato do estudo, o uso de estratégias estatísticas para se chegar ao resultado desejado (os dados são "torturados" até que se encontre o pretendido); a publicação seletiva de resultados; a compra da coautoria de artigos aceitos para publicação em periódicos de alto impacto, entre outros.

Estimativas de fraude na ciência no mundo

A má conduta científica é muito frequente, tendo aumentado exponencialmente nos últimos 20 anos. Isso representa um grande desperdício, pois fazer pesquisas é um trabalho dispendioso e, quando são fraudadas, seus resultados são inúteis. Sem contar os custos de apuração da fraude e da punição dos envolvidos, os danos causados aos pacientes – que muitas vezes são irreversíveis – e às futuras pesquisas da equipe. Não se conhece uma prevalência precisa da má conduta, pois ela é de natureza clandestina e relativamente difícil de ser detectada.

Uma recente revisão sistemática com metanálise de estudos na área biomédica publicados em periódicos indexados no PuBMed e Google Scholar sobre desonestidade científica revelou alta prevalência de casos não autorrelatados: 27,9% de plágio, 21,7% de fabricação de dados e 33,4% de falsificação de dados. Os percentuais de fraudes autorrelatadas foram bem menores (Phogat *et al.*, 2023). Ao refletir sobre esses resultados pode-se inferir que o não relato pessoal de uma fraude evidencia a intencionalidade da má conduta por parte de seus atores e a ausência de autocrítica em relação ao desvio cometido.

Uma outra metanálise de 18 pesquisas sobre má conduta verificou que 2% dos pesquisadores confessaram já ter praticado má conduta grave (fabricado, modificado ou falsificado dados) pelo menos uma vez e 34% admitiram já ter praticado conduta eticamente questionável. O relato de prática de má conduta grave vindo de outros pesquisadores foi de 14% e de conduta eticamente questionável foi 72% (Fanelli, 2009), ou seja, os percentuais de autorrelato são bem menores do que os descritos por outros pesquisadores; entretanto, ambos são preocupantes.

Estudo com uma amostra ampla de pesquisadores noruegueses sobre a prevalência de fraudes nos três anos anteriores evidenciou um percentual baixo de autorrelato de fabricação, falsificação e plágio (0,2-0,3%), ao passo que o autorrelato de práticas de pesquisa questionáveis (por exemplo: autorias indevidas, falta de consentimento informado, supervisão inadequada, entre outras) atingiu 40%. Os autores informam que os pesquisadores consideram as práticas questionáveis menos graves do que a fabricação e falsificação dos dados. Todavia, esses dados demonstram que o problema pode estar profundamente arraigado na cultura científica e em suas instituições (Kaiser *et al.*, 2021).

A alta frequência de comportamentos inapropriados por cientistas foi verificada em entrevistas com 3.247 pesquisadores. Do total de entrevistados, 33% tiveram pelo menos um dos dez comportamentos inapropriados mais frequentes, entre eles: a falsificação de resultados, o uso de ideias de outros sem o devido crédito, uso de informação confidencial sem autorização, duplicação de publicação, deixar de apresentar resultados contraditórios com estudos anteriores, atribuição indevida de autoria e mudança de delineamento do estudo, método ou resultado por pressão do financiador (Martinson; Anderson; De Vries, 2005).

Todas as estimativas de fraude científica são subestimadas, porque muitas são difíceis de serem detectadas, por exemplo, a manipulação do sistema de revisão por pares, o enviesamento do estudo por interesse do financiador que o controla, a exploração de colegas iniciantes, a não declaração de conflitos de interesse, o roubo de ideias de anais de conferências etc. Em muitos casos, portanto, apenas os pesquisadores sabem se eles ou seus colegas distorceram intencionalmente seus dados.

No Brasil, os tipos de má conduta científica mais comuns identificados em um estudo de revisão foram o plágio e os conflitos de interesse sobre autoria. Os autores chamam a atenção que a discussão sobre ética em pesquisa no país é recente, sendo que o primeiro Encontro Brasileiro de Integridade Científica e Publicação Ética – I BRISPE ocorreu em 2010. Ainda, ressaltam a necessidade de inserção precoce do tema integridade científica na formação acadêmica (Pádua; Guilhem, 2015).

Motivação para a fraude

As razões que levam a uma fraude científica podem ser de natureza diversa, entre elas, a desatenção e falta de cuidado, o treinamento insuficiente em integridade ética na pesquisa e o denominado produtivismo acadêmico, sendo este último apontado como a causa mais frequente. Para alguns, o produtivismo acadêmico é o reflexo do poder do dinheiro na sociedade ocidental, ou seja, o capitalismo em sua versão acadêmica (Zuin; Bianchetti, 2015). Para se evitar a má conduta científica, são necessários esforços educativos em um processo que enfatiza o respeito às normas éticas em pesquisa e mecanismos de detecção das fraudes e de punição aos fraudadores.

O produtivismo acadêmico se traduz em um ambiente científico extremamente competitivo que pressiona os pesquisadores a publicarem. Ele é resultado do processo de mercantilização que a ciência vem passando nas últimas décadas. A ciência se comporta como uma empresa que tem como componente principal os métodos quantitativos produtivistas de avaliação do trabalho científico (De Oliveira, 2015). Um pesquisador que não publica tem chances reduzidas de ascensão na carreira. Isso significa menores salários, menos chances de conseguir financiamento para suas pesquisas e reputação acadêmica insignificante. É o "publique ou pereça", expressão que surgiu no meio acadêmico nos EUA nas décadas de 1940-1950. Inicialmente foi usada de forma irônica e não foi bem acolhida. Posteriormente, a partir de 1980, quando se começou a avaliar a produtividade das instituições científicas pelo número de publicações, passou a valer de forma desastrosa, pois esse critério se tornou condição para obtenção de financiamento para a pesquisa. A sobrevivência dos pesquisadores passou a depender do número de publicações. Eles ficaram reféns do produtivismo. Publicar se tornou uma imposição da carreira acadêmica. Para isso, utilizam como estratégia de aumento do número de publicações a fragmentação de suas pesquisas. Passa a valer a contagem de produtos e não a qualidade deles.

A pesquisa científica no sistema capitalista também é determinada pelo mercado. Ela é administrada por métodos típicos de empresas privadas que operam com base nas relações custo/benefício, avaliadas por parâmetros quantitativos. O capitalismo científico também é expresso na expansão e fortalecimento dos direitos de propriedade intelectual. A distribuição desigual de bolsas de estudos entre as áreas de conhecimento e os financiamentos direcionados às pesquisas que potencialmente podem gerar lucros é uma outra expressão do capitalismo científico. A "comercialização" da ciência no contexto político neoliberal traz consequências nefastas. Os valores que inicialmente caracterizavam a ciência são ameaçados, pois busca-se primordialmente o lucro e não a produção de um conhecimento comprometido com a solução de problemas. E essa busca independe dos meios, importando seu fim, o que propicia a fraude e, consequentemente, a perda de autoridade moral da ciência. A mercantilização da ciência se materializa na indução de pesquisas voltadas para o mercado, nos projetos de pesquisa impostos por quem detém o poder, no foco centrado na produção de novas tecnologias e nos meios quantitativos de avaliação da ciência. Essa dinâmica mercantilista propicia a fraude científica.

O produtivismo despertou o interesse da indústria farmacêutica que se aproveitou dessa situação para cooptar pesquisadores a publicar seus trabalhos mediante remuneração. Ao final, todos tiraram proveito dessa conjuntura, a indústria tendo seus produtos divulgados e os profissionais ganhando duplamente, a publicação e o recurso financeiro. Dessa forma, a produção científica dos pesquisadores passou a ser pautada em parte pelos interesses da indústria farmacêutica (Russo, 2014).

Fica evidente que esse sistema induz os cientistas a práticas desonestas, pois premia aquele pesquisador que produz muito em detrimento daquele que produz pouco, mas com qualidade. A publicação se tornou, também, uma condição para obtenção de financiamento de pesquisas e certos benefícios, como bolsa produtividade, melhores notas no *ranking* da pós-graduação, prestígio junto aos pares, participação em congressos, entre outros. A cultura produtivista, além de contribuir para a fraude científica, torna o trabalho docente mais árduo, o que faz com que poucos estejam dispostos a assumir cargos administrativos ou participar de comitês nas universidades. Cria-se um clima de competição acirrada na instituição e de pouca colaboração entre pares.

A pressão para publicar foi o preditor individual mais forte de má conduta científica em estudo realizado por profissionais do governo norte-americano com 590 pesquisadores das profissões da saúde. A má conduta científica foi mais comum nos investigadores mais jovens, os que tinham mais publicações e os provenientes da Ásia quando comparados com os da América do Norte (Maggio *et al.*, 2019).

No ambiente médico, aponta-se também como motivação para a má conduta científica a falta de uma crítica reflexiva sobre as práticas desonestas em pesquisa. No Reino Unido, segundo Rahman (2020), existe um código de silêncio que protege os médicos seniores de serem questionados e uma desatenção histórica frente à facilidade com que os médicos podem se envolver em má conduta em pesquisa. A profissão médica ainda goza de uma boa reputação e confiança da sociedade.

Segundo Gollogly (2006), todo cientista tem um *ethos*, ou seja, um conjunto de valores característicos de sua atividade em uma determinada coletividade. A natureza do *ethos* é técnica e ética, visto que está associada a valores. O *ethos* científico é caracterizado pelo universalismo, comunismo, desinteresse e ceticismo organizado. O universalismo se refere ao fato de que a ciência não envolve critérios religiosos, raciais, políticos, de nacionalidade, gênero ou classe social. O comunismo diz respeito ao fato de o conhecimento científico ser patrimônio da humanidade e, por isso, deve ser socializado a todos os indivíduos, e o desinteresse demonstra que o cientista não deve seguir os interesses pessoais e sim coletivos. O ceticismo organizado caracteriza uma atitude crítica e não preconceituosa na produção do conhecimento.

Na era digital, cada vez mais se impõe um outro imperativo que é ser midiático e eletronicamente visualizado. Ao "publique ou pereça", soma-se o "apareça". Segundo Zuin (2015), com esse incremento da cultura digital, o produtivismo acadêmico transforma-se numa espécie de produtivismo midiático e performático, na medida em que quando os artigos são mais visualizados e citados, aumentam de valor. Não é por acaso que surgiram as expressões anedóticas: "*lattes*, mas não mordes"; "*lattes*, *lattes* meu, existe alguém mais produtivo do que eu?"; "artigos passados não movem o *lattes*". Os pesquisadores têm maior preocupação com o currículo do que com o estudo científico em si. O currículo *lattes* passou a ser visto como um tipo de revista "Caras"[11] do mundo científico, em que é possível ser visualizado e admirado.

A competição acirrada no meio científico por financiamento para as pesquisas e outras atividades acadêmicas cria um ambiente propício para o comprometimento do progresso científico e para o aumento de ações antiéticas. A lógica quantitativa no meio científico, que confere mais valor a quem publica mais, ainda é dominante no mundo acadêmico, sendo a base para aferição dos currículos em concursos, de contratações em universidades, de promoções, premiações e obtenção de fomento financeiro.

A valorização maior é de quem publica artigos em revistas com alto fator de impacto (FI)[12]. Quanto mais qualificada e numerosa a produção científica do autor, maior chance ele tem de obter recursos para realização de pesquisa, de conseguir uma bolsa de pesquisa do CNPq e de receber convites para congressos. A instituição e o programa do qual faz parte também se tornam mais valorizados.

Estudo recente de revisão narrativa mostra as implicações do produtivismo acadêmico na formação médica e discute as consequências das violações éticas que ele produz. A pressão por publicar potencialmente contribui para a má conduta e não há soluções fáceis num meio acadêmico que sucumbiu ao produtivismo. As consequências do produtivismo que violam a integridade ética são variadas, como a fabricação de dados

---

11. Revista de fatos gerais relacionados à vida pessoal e profissional de personalidades midiáticas.

12. Indicador bibliométrico que mede a relevância do periódico a partir do número de citações que recebe.

e as autorias indevidas. Estas servem de modelo de conduta para os estudantes. A cultura produtivista faz os estudantes de medicina perceberem que publicar aumenta suas chances na carreira (Kearney; Downing; Gignac, 2024).

A pressão para publicar, além de incitar à má conduta, prejudica a qualidade da produção científica. Em pesquisa realizada com docentes de medicina no Irã, 70% dos participantes concordaram que sua produção científica seria melhor se não houvesse a pressão para a publicação. E 72,5% identificaram algum caso de má conduta no ano anterior. Os autores enfatizam a necessidade de educação continuada aos profissionais de saúde sobre normas éticas em pesquisa e as repercussões da má conduta (Shamsoddin *et al.*, 2021).

As consequências das fraudes têm grande impacto, pois reduzem a confiabilidade da ciência, sua autoridade e prestígio no meio acadêmico e na sociedade como um todo. Vale lembrar que todo pesquisador deve prestar contas à sociedade da pesquisa realizada. No entanto, sua responsabilidade não é contábil. Ele deve respostas relativas ao produto de sua investigação. Pode-se concluir que para combater a má conduta na ciência, é necessário enfrentar o produtivismo, porque esse é o motor que move a desonestidade científica.

A má conduta científica nem sempre é detectada ou considerada, já que, para alguns, determinados comportamentos fazem parte da "regra do jogo" em um ambiente tão competitivo e difícil de se conquistar uma boa posição no meio científico. Em um estudo realizado com alunos de graduação e pós-graduação da área de negócios, tendo como objetivo de analisar o comportamento no que tange a práticas acadêmicas desonestas, como cola e plágio, os estudantes expressaram determinadas crenças em relação à desonestidade acadêmica que demonstram essa afirmativa. Para eles, são corretas as práticas desonestas em provas ou exames, porque é assim que funciona no mundo real. As práticas desonestas nas provas são necessárias para se sobreviver num cotidiano de intensa carga de trabalho. Assim é possível obter uma média final razoável para ser capaz de conseguir um bom emprego ou uma vaga na pós-graduação (Veludo-de-Oliveira *et al.*, 2014).

Consequências da má conduta científica

As consequências da má conduta são várias e de longo alcance. Os resultados das pesquisas fraudadas são inúteis, podem provocar danos aos seres humanos e às pesquisas futuras. Nos casos de fraudes em ensaios clínicos de novas drogas há grande risco de prejuízos aos pacientes que são tratados inadequadamente devido aos resultados falsos.

Pode-se dizer que os custos da má conduta científica, além dos referentes aos agravos que pode provocar nos seres humanos, são de três ordens: na condução da pesquisa fraudulenta, na investigação da fraude e em sua mediação. Os custos associados à condução da pesquisa fraudulenta incluem todos os investimentos financeiros feitos na pesquisa, desperdiçados e outros intangíveis como: perda de produtividade, perda da confiança, desmoralização dos pesquisadores e dos laboratórios. Os custos investigativos dependem da natureza da fraude e de sua complexidade. Por exemplo, o custo do tempo para o trabalho de investigação de diversos profissionais envolvidos, materiais que serão gastos e apoio administrativo. Na investigação da fraude se analisam em detalhes as alegações, examinam-se as evidências em profundidade para determinar especificamente se a má conduta de pesquisa foi cometida, por quem e em que medida. Os custos de remediação se referem às perdas de financiamentos obtidos para a pesquisa que podem ser devastadoras para os laboratórios e de bolsas para pesquisadores, sem contar as despesas para recuperar a reputação da instituição que podem afetar futuras concorrências. Além de custos de ações legais de pacientes, gastos para a retirada de estudos enganosos de circulação e para revisar diretrizes baseadas em pesquisas fraudulentas (Michalek *et al.*, 2010).

O desperdício de recurso causado pelos custos na condução da pesquisa fraudulenta, na investigação e na remediação da fraude citados é estimado em mais de 100 milhões de dólares por ano nos EUA (Michalek *et al.*, 2010). Por outro lado, o capitalismo científico que frequentemente motiva a fraude tem consequências para os cientistas para além da própria má conduta. São comuns a deterioração da qualidade de vida dos pesquisadores, o declínio na qualidade da produção científica, a incompatibilidade com o exercício de responsabilidade social na ciência e a proliferação de fraudes de vários tipos, entre outras.

As consequências da má conduta podem alcançar a esfera penal e seus autores serem responsabilizados e punidos. Segundo o Código Penal Brasileiro (Brasil, 1940), três artigos abordam as penalidades referentes à falsificação de documentos:

> Art. 297 – Falsificar, no todo ou em parte, documento público, ou alterar documento público verdadeiro:
>
> Pena – reclusão, de 2 (dois) a 6 (seis) anos, e multa.
>
> Art. 298 – Falsificar, no todo ou em parte, documento particular ou alterar documento particular verdadeiro:
>
> Pena – reclusão, de 1 (um) a 5 (cinco) anos, e multa.
>
> Art. 299 – Omitir, em documento público ou particular, declaração que dele devia constar, ou nele inserir declaração falsa ou diversa da que devia ser escrita, com o fim de prejudicar direito, criar obrigação ou alterar a verdade sobre fato juridicamente relevante:
>
> Pena – reclusão, de 1 (um) a 5 (cinco) anos, e multa, se o documento é público, e reclusão de 1 (um) a 3 (três) anos e multa, se o documento é particular.

Enfrentamento da má conduta científica

O enfrentamento da má conduta inclui a prevenção, a identificação e a punição dos responsáveis. As principais ações são as preventivas e pedagógicas, pois potencialmente podem evitar a ocorrência de fraudes e suas consequências. Podem ser desenvolvidas de diversas formas. A integridade ética na pesquisa deve ser abordada precocemente durante a formação acadêmica por meio de cursos de treinamento que promovam a incorporação dos princípios básicos da ética em pesquisa. Deve ser obrigatória nos cursos de mestrado e doutorado e com a utilização de estratégias educativas que promovam uma cultura de prevenção da má conduta.

A prevenção da má conduta científica deve ser responsabilidade compartilhada por pesquisadores, agências de fomento, instituições de ensino, periódicos científicos e sociedade em geral. É de extrema importância que as instituições e agências de fomento formulem políticas científicas que definam quais são os comportamentos ou atividades consideradas como de má conduta científica e quais são as consequências para o pesquisador que infringir as regras. Há necessidade de ações voltadas à conscientização de boas práticas na pesquisa científica.

Os periódicos científicos devem divulgar, em suas instruções aos autores, de forma clara, as exigências éticas adotadas para a submissão de manuscritos. Cabe a eles descreverem-nas e ter mecanismos para identificar fraudes. As exigências da maioria dos periódicos se referem à apresentação de documento que certifique que o projeto foi aprovado por um comitê de ética, no caso de estudos que envolvem seres humanos ou animais. Outra exigência é a declaração dos autores quanto aos conflitos de interesse. Caso existam, têm de ser relatados. As diretrizes concernentes aos critérios de atribuição de autoria adotados pelos periódicos devem ser explicitadas, assim com a cobrança, nos casos de autoria múltipla, da descrição da participação de cada autor no desenvolvimento da pesquisa e na elaboração do manuscrito. Outra exigência é a declaração dos autores de que o manuscrito não está sendo submetido em outro periódico ao mesmo tempo e nem foi publicado anteriormente. A checagem do manuscrito por meio eletrônico quanto à existência de plágio já é requisitada por alguns periódicos no processo de submissão. Ela é feita por meio de *softwares* para detecção de similaridade de conteúdo.

Os tópicos descritos no parágrafo anterior representam o conteúdo mínimo das instruções para submissão de manuscritos dos periódicos para que os autores demonstrem o respeito às normas éticas essenciais para a integridade ética do estudo. Porém, essa ainda não é a realidade dos periódicos brasileiros. Estudo sobre as diretrizes para submissão de artigos em todas as revistas digitais brasileiras cadastradas na base de dados UlrichsWeb revelou que essas instruções não são encontradas em sua totalidade. Menos da metade delas (44%) utilizou *softwares* de similaridade de conteúdo, denominados de *softwares* antiplágio, sendo que apenas 12% descrevem que fazem indicação sobre percentual aceito de similaridade (Rocha; Andrade, 2023).

A prevenção da má conduta no Brasil precisa ser ampliada e intensificada. Um estudo qualitativo realizado por meio de entrevistas, com 20 estudantes de medicina dos diversos anos, sobre integridade ética na pesquisa evidenciou que o conhecimento do estudante sobre o sistema CEP/Conep é pequeno, não sabem o que é integridade ética na pesquisa e desonestidade científica e reconhecem que pouco é discutido ou ensinado sobre esse tema no curso médico. Os autores consideram que a falta de abordagem suficiente do tema integridade ética na graduação propicia a ocorrência de má conduta na pesquisa. Indicam que o tema integridade científica deve ser incluso precocemente no currículo médico (Schmitz; Menezes; Lins, 2012).

Na identificação da fraude, destacam-se o papel da editoria dos periódicos científicos e dos pares na avaliação do material a ser publicado. Na atualidade, os *softwares* antiplágios, que serão abordados no capítulo 8, constituem-se em ferramentas valiosas na identificação de um tipo de fraude muito comum que é o plágio acadêmico.

As instituições científicas também desempenham um papel fundamental no monitoramento e controle da má conduta científica, sendo que as ações de natureza punitiva não podem ser minimizadas. Uma das formas preconizadas por agências internacionais que financiam estudos é a divulgação para o público dos dados coletados, de forma que estejam disponíveis para serem verificados por outros pesquisadores (Goulart; Levey; Rech, 2018).

Um exemplo a ser seguido é a iniciativa da Dinamarca que criou em 1979 um Comitê sobre desonestidade científica. Trata-se de um órgão independente que se ocupa em apurar denúncias sobre fraudes e má prática em atividades de pesquisa científica. O comitê é composto por oito membros que não recebem qualquer remuneração, com exceção do vice-presidente e do presidente, que é um juiz da Suprema Corte. Tem como função apurar a veracidade das denúncias e instruir as instituições com os dados necessários para a eventual aplicação de medidas punitivas, em nível da própria instituição. Sua atuação envolve três etapas: *verificação* (para avaliar se o caso não é insignificante); *investigação* (feita por um grupo de consultores *ad hoc*, frequentemente com membros externos que ambas as partes aceitem, mas sempre com um membro do Comitê como presidente); *punição*, em que toda e qualquer medida é deixada a cargo da instituição a qual o cientista fraudulento se vincula, nos casos comprovados de desonestidade científica. As desonestidades científicas apuradas pelo Comitê abrangem a fabricação e exclusão de dados, o plágio, o roubo de ideias, a negligência, a inclusão ou exclusão indevida de autores, a perda de controle na utilização de cargos ou de recursos de pesquisa, além de muitas outras transgressões intermediárias de padrões científicos adequados. Contudo, o principal objetivo do Comitê não é punir o cientista fraudador e sim prevenir a desonestidade científica. São realizadas palestras sobre integridade ética na pesquisa, as quais são obrigatórias em todos os cursos de metodologia para cientistas iniciantes (Riis, 2009).

Outros países se valem de estratégias semelhantes para a valorização da integridade ética na pesquisa e da prevenção da má conduta. A Suíça dispõe de um código cujo principal objetivo é promover uma conduta responsável em pesquisa em qualquer área do conhecimento e educação. As diretrizes do código pretendem, entre outras atribuições, promover uma compreensão comum sobre comportamentos que violam a integridade científica e prover uma base para a regulamentação da integridade científica que possa ser adotada por todas as instituições científicas e agências de fomento. Além disso, o código traz uma seção que se refere à proteção dos delatores da má conduta científica. Estes têm o direito à confidencialidade e devem ser protegidos contra possíveis discriminações e represálias (Andorno, 2021).

Retratação

Um dos mecanismos de enfrentamento da fraude científica é a retratação. Quando se descobre que uma pesquisa tem erros e/ou foi fraudada e está publicada, deve ser retratada. A retratação de um trabalho significa dar conhecimento à comunidade científica do erro e/ou da fraude cometida. Trata-se de um instrumento público para registrar problemas em artigo publicado que não está correto por conter erros e/ou que houve alguma má conduta científica. As falhas não intencionais, que podem motivar uma retratação, incluem erros na coleta, métodos e análise de dados, erros em figuras, em citações, entre outros. A má conduta se refere aos tipos citados anteriormente no início deste capítulo.

A SciELO (Scientific Electronic Library Online) disponibilizou, em 2024, um guia para o registro, marcação e publicação de retratação, em que descreve os procedimentos para o registro e publicação de retratação de artigos publicados pelos periódicos que nela são indexados. A retratação pode ser total, quando todo o conteúdo é cancelado, ou parcial, quando somente uma parte é cancelada. Todo texto retratado deve explicar de forma clara o porquê de o artigo estar sendo objeto de retratação e deve incluir uma citação completa do artigo que sofre a retratação. A definição do texto fica a critério da equipe editorial do periódico (SciELO, 2023).

Segundo Santos-D'Amorim *et al.* (2023), a retratação de um artigo científico é um registro de que a pesquisa apresenta algum problema que foi comprovado. Em casos muito graves, claramente difamatórios, em que o trabalho viole os direitos legais de outros ou represente um sério risco à saúde, o artigo pode sofrer uma despublicação. Em alguns casos, pode também haver substituição do artigo fraudado por um corrigido, quando for do interesse dos editores e dos autores. O artigo novo deve trazer explicações sobre o artigo original que foi substituído.

A retratação é um mecanismo importante de combate à fraude científica. Permite-se que o artigo retratado permaneça nos periódicos e nas bases de dados como um aviso aos demais pesquisadores, para que não repliquem um estudo que não se pode confiar em seus resultados. Porém, os artigos retratados por vezes continuam, infelizmente, sendo citados por outros autores como se fossem artigos válidos, pois são pouco sinalizados (Machado; David; Morgon, 2023). Artigos retratados que continuam sendo citados como estudos válidos é uma questão atual a ser enfrentada.

No cenário brasileiro, tem-se discutido sobre retratações, tanto de artigos em que houve erros não intencionais como os que são fruto de fraudes. Em uma investigação sobre como se configuram esses estudos, os autores fizeram um levantamento na base *Retraction Watch* no período de 2002 a 2019 e encontraram 162 retratações. Destas, 61,1% se referiam à má conduta científica, 14,8% foram devido a erros editoriais e somente 7,9% foi consequente a algum tipo de erro não intencional. Plágio foi o principal motivo de retratação, em 12,2% dos casos (Santos-D'Amorim *et al.*, 2021). Esses mesmos autores, em estudo posterior, analisaram 512 citações pós-retratação de dez dentre os 162 artigos brasileiros retratados, que foram os mais citados, classificando-as em: positivas, quando o artigo retratado foi citado como válido; negativas, quando o artigo retratado foi citado efetivamente como retratado, portanto, com conclusões inadequadas; e neutras, quando não houve indicação pelo autor de que o artigo citado foi retratado e nem foi incluído nenhum julgamento sobre sua validade. A maioria dos artigos retratados mais citados foram das áreas das Ciências da Saúde e se constatou que 75,8% das citações foram neutras, 23% positivas e apenas 1,2% negativas (Santos-D'Amorim *et al.*, 2023). Esses resultados mostram que somente a retratação não é suficiente para reduzir o dano futuro que um artigo fraudado pode trazer, assim como levanta questionamentos sobre a validade do conhecimento construído em pesquisas nas quais os autores dialogam com dados falsos da literatura de artigos retratados.

Referências

ANDORNO, R. New Swiss guidelines on scientific integrity: a step in the right direction, but still not enough. *Swiss Medical Weekly*, v. 151, p. w30074, 2021.

BRASIL. *Decreto-Lei nº 2.848, de 7 de dezembro de 1940*. Código Penal. Brasília: Presidência da República, 1940.

CNPQ. *Relatório da Comissão de Integridade de Pesquisa do CNPq*. Brasília: CNPq, 2011. Disponível em: https://www.gov.br/cnpq/pt-br/composicao/comissao-de-integridade/relatorio-comissao-integridade-do-cnpq.pdf.

FANELLI, D. How many scientists fabricate and falsify research? A systematic review and meta-analysis of survey data. *PLoS ONE*, v. 4, n. 5, p. e5738, 29 maio 2009.

GOLLOGLY, L.; MOMEN, H. Ethical dilemmas in scientific publication: pitfalls and solutions for editors. *Revista de Saúde Pública*, v. 40, n. spe, p. 24-29, ago. 2006.

GOULART, B. N. G. DE; LEVEY, S.; RECH, R. S. The role of ethics and research integrity in the training of health professionals and in the development of human research. *Revista CEFAC*, v. 20, n. 5, p. 561-564, out. 2018.

KAISER, M. *et al.* Questionable research practices and misconduct among Norwegian researchers. *Science and engineering ethics*, v. 28, n. 1, p. 2-31, 21 dez. 2021.

KEARNEY, M.; DOWNING, M.; GIGNAC, E. A. Research integrity and academic medicine: the pressure to publish and research misconduct. *Journal of Osteopathic Medicine*, v. 124, n. 5, p. 187-194, 1 maio 2024.

MACHADO, G.; DAVID, J.; MORGON, N. Os desafios enfrentados pelos editores de periódicos científicos: plágio e produção de pesquisa falsa. *Química Nova*, v. 46, n. 9, p. 845, 2023.

MAGGIO, L. *et al.* Factors associated with scientific misconduct and questionable research practices in health professions education. *Perspectives on Medical Education*, v. 8, n. 2, p. 74-82, 26 mar. 2019.

MARTINSON, B. C.; ANDERSON, M. S.; DE VRIES, R. Scientists behaving badly. *Nature*, v. 435, p. 737-738, 8 jun. 2005.

MICHALEK, A. M. *et al.* The costs and underappreciated consequences of research misconduct: a case study. *PLoS Medicine*, v. 7, n. 8, p. e1000318, 17 ago. 2010.

OLIVEIRA, M. B. A epidemia de más condutas na ciência: o fracasso do tratamento moralizador. *Scientiae Studia*, v. 13, n. 4, p. 867-897, dez. 2015.

PÁDUA, G. C. C.; GUILHEM, D. Integridade científica e pesquisa em saúde no Brasil: revisão da literatura. *Revista Bioética*, v. 23, n. 1, p. 124-138, abr. 2015.

PHOGAT, R. *et al.* Misconduct in biomedical research: a meta-analysis and systematic review. *Journal of International Society of Preventive and Community Dentistry*, v. 13, n. 3, p. 185-193, maio 2023.

RAHMAN, H.; ANKIER, S. Dishonesty and research misconduct within the medical profession. *BMC Medical Ethics*, v. 21, n. 1, p. 22, 18 dez. 2020.

RIIS, P. O comitê dinamarquês sobre desonestidade científica. *Revista de Bioética*, v. 6, n. 2, 2009.

ROCHA, E. S. S.; ANDRADE, D. R. S. Integridade científica nos periódicos de Ciência da Informação: análise de conteúdo das diretrizes para submissão de artigos. *Transinformação*, v. 35, p. e220017, 2023.

RUSSO, M. Ética e integridade na ciência: da responsabilidade do cientista à responsabilidade coletiva. *Estudos Avançados*, v. 28, n. 80, p. 189-198, abr. 2014.

SANTOS-D'AMORIM, K. *et al.* Reasons and implications of retracted articles in Brazil. *Transinformação*, v. 33, p. e210001, 2021.

SANTOS-D'AMORIM, K. *et al.* Retratados e ainda citados: perfil de citações pós-retratação em artigos de pesquisadores brasileiros. *Em Questão*, v. 29, p. 125494, 27 fev. 2023.

SCHMITZ, P. D.; MENEZES, M.; LINS, L. Percepção de integridade científica para o estudante de medicina. *Revista Brasileira de Educação Médica*, v. 36, n. 4, p. 447-455, dez. 2012.

SCIELO. *Guia para o registro, marcação e publicação de retratação.* [s.l: s.n.]. Disponível em: https://wp.scielo.org/wp-content/uploads/guia_retratacao.pdf. Acesso em: 19 dez. 2024.

SHAMSODDIN, E. *et al.* Assessing research misconduct in Iran: a perspective from Iranian medical faculty members. *BMC Medical Ethics*, v. 22, n. 1, p. 74, 21 dez. 2021.

SOUZA, R. P. *et al.* Conflitos de interesses na pesquisa médico-farmacológica. *Revista Bioética*, v. 21, n. 2, p. 237240, 2013.

VELUDO-DE-OLIVEIRA, T. M. *et al.* Cola, plágio e outras práticas acadêmicas desonestas: um estudo quantitativo-descritivo sobre o comportamento de alunos de graduação e pós-graduação da área de negócios. *RAM. Revista de Administração Mackenzie*, v. 15, n. 1, p. 73-97, fev. 2014.

ZUIN, A. A. S.; BIANCHETTI, L. O produtivismo na era do "publique, apareça ou pereça": um equilíbrio difícil e necessário. *Cadernos de Pesquisa*, v. 45, n. 158, p. 726-750, 2015.

7 Autoria do trabalho científico

Introdução

Historicamente a concepção do que é um autor sofreu variações ao longo do tempo. É importante entender como a autoria era vista no passado para compreender o que é ser um autor atualmente. A função autoral envolve responsabilidade sobre o que se escreve e tem implicações sociais e financeiras. Ser um autor literário não é igual a ser autor de um texto científico. A escrita literária apresenta diferenças da escrita acadêmica.

As primeiras manifestações sobre o que é um autor datam da Idade Média, quando os livros ainda eram manuscritos. Naquela época, a autoria estava ligada à retórica, que era muito valorizada. O escritor era o que copiava as ideias, não criava nada de original. O conceito de autoria que temos hoje começou a se formar por volta do século XVII com o advento da tipografia e a multiplicação da produção impressa dos livros e, com eles, surgiram os primeiros instrumentos legais sobre o direito autoral. Até o século XVII eram os livreiros que tinham direito sobre as obras que publicavam. O papel do autor foi se consolidando e se institucionalizando por motivos econômicos e ideológicos no final do século XIX. No século XX, com o fortalecimento do capitalismo, a autoria passou a se tornar um bem, uma propriedade intelectual. Portanto, pode-se dizer que o conceito de autoria foi e é moldado pela organização social, econômica e política de cada época (Accioly, 2006; Fortunato, 2018).

O filósofo francês Roland Barthes, em 1967, divulgou ensaio de sua autoria, que teve grande repercussão, denominado "A morte do autor". Neste, critica aqueles que querem esclarecer o significado definitivo de uma obra por meio da análise das intenções e da biografia do autor. Para Barthes, um texto não é uma junção de palavras com um sentido único. Cada leitor interpreta de seu jeito o texto e tem uma compreensão individual, independentemente do que o autor do escrito quis dizer. Atribuir uma interpretação única e correspondente ao autor "é impor um limite a esse texto". Deve-se separar a obra literária de seu criador para libertar o texto da "tirania interpretativa". Tentar decifrar um texto é inútil (Barthes, 1988).

O filósofo Michel Foucault, em uma conferência intitulada "O que é um autor", proferida em 22 de fevereiro de 1969, na Sociedade Francesa de Filosofia, comentou sobre essa visão crítica e metafórica de Barthes sobre a morte do autor. Foucault considera que a autoria é uma função e questiona sua autoridade. Ele trata o autor não como sendo uma pessoa e sim como uma função enunciativa. O autor junta discursos, enunciados e produz um texto. É um produtor de linguagem. O autor é aquele que dá coerência ao texto, a sua inserção no real. Quem fala ou filma também é um autor, e não só aquele que escreve. O autor é aquele que dá uma unidade ao texto, ao discurso. E todo discurso, para ser compreendido, tem que ser contextualizado na cultura em que é produzido (Foucault, 1969).

Na visão bakhtiniana, segundo o linguista Carlos Alberto Faraco (2005), autor é todo aquele que produz um discurso, seja falado ou escrito, na esfera pública ou privada. Todo enunciado tem uma autoria. Mikhail Bakhtin, filósofo russo, distingue o autor-pessoa, que é o escritor, o artista, do autor-criador, que é quem executa a função da produção da obra, é o que dá forma ao conteúdo. O autor-criador é uma das faces do autor-real, uma das formas com que se expressa. O autor-real é a pessoa física. A obra escrita, porém, não é uma reprodução do mundo objetivo do autor-pessoa. Ela reflete uma multiplicidade e heterogeneidade de vozes do mundo. No olhar de Bakhtin, nenhum texto é constituído por uma única voz, e sim a partir de vários enunciados já existentes. Um mesmo autor pode se manifestar de diversas formas, vide, por exemplo, o poeta Fernando Pessoa[13] que se expressa por meio de seus inúmeros heterônimos. Portanto, o autor-escritor é uma parte do autor-pessoa (Faraco, 2005).

Pode-se compreender que tanto Bakhtin quanto Foucault reconhecem o autor como um organizador de uma obra, um texto marcado pelo estilo pessoal do autor, ou seja, um produto único fruto de uma atividade autoral. Como comentado nos parágrafos anteriores, o conceito de autoria vem se transformando, com o passar dos anos, com influência do contexto social do momento. Na contemporaneidade, a autoria está diretamente relacionada ao capitalismo, pois a discussão relativa a ela trata do reconhecimento da propriedade da obra.

Barthes, Foucault e Bakhtin refletiram e deram contribuições para a compreensão do que é autoria, cada um a seu jeito, com interpretações que dialeticamente se complementam. Barthes legitima que o significado do texto não está dado pelo autor, já que depende da interpretação de quem está lendo. Foucault considera a autoria uma função, ou seja, o autor é um produtor de texto pela junção de enunciados. Bakhtin compreende que existem várias vozes no autor que compõem sua produção literária, e que discursos de outras pessoas são articulados para conformar o texto do autor. O autor é o sujeito capaz de criar discursos com sentido, a partir da organização de enunciados construídos em seus meios social e cultural (Dias; Eisenberg, 2015).

Autoria de trabalho científico

Pode-se dizer que o conceito de autoria de um trabalho científico tem em si componentes das visões dos três filósofos citados. O autor de um trabalho científico é aquele que exerce a função de produtor da obra, por meio da junção de outros textos, dando-lhe significado, acrescido dos dados empíricos da pesquisa, quando há, e sua discussão. Portanto,

---

13. Poeta português (1888-1935) que escreveu sob diversas personalidades, que ele próprio denominou de heterônimos: Ricardo Reis, Álvaro de Campos e Alberto Caeiro.

uma obra que traz discursos de outras pessoas e que para ser compreendida precisa ser contextualizada. Ainda, o significado da obra depende da interpretação de quem lê. No mundo científico, a autoria é de grande importância. A escrita científica implica responsabilidade pelo trabalho, confere crédito ao autor e tem consequências sociais e financeiras.

A escrita científica tem características próprias que a difere de um texto literário ou jornalístico. Devido às especificidades do conhecimento científico, principalmente a sua reprodutibilidade potencial, grande parte de um texto científico é composto de saberes produzidos por outros pesquisadores que são referenciados. A partir desses saberes, o autor do novo texto acrescenta o conhecimento que produziu em seus estudos e apresenta sua interpretação desse novo constructo. Desse modo, o autor de um texto científico o elabora com informações de outros autores, adicionados do novo conhecimento construído em sua pesquisa, dando-lhe um significado original por meio de sua interpretação.

A forma de se divulgar o conhecimento científico é reconhecidamente padronizada e protocolar, principalmente em se tratando de artigos em periódicos. Suas normas de publicação seguem um roteiro pouco flexível e o texto tem extensão limitada. É dado mais valor à forma do texto do que à criatividade de seu autor. Porém, ressalta-se que para uma escrita acadêmica de qualidade é essencial o domínio consistente do conhecimento científico. Há quem considere a escrita científica monótona e factual, ou mesmo uma antiliteratura.

Segundo o artigo 11 da Lei brasileira que trata dos direitos autorais (Lei nº 9.610 de fevereiro de 1998), "Autor é a pessoa física criadora de obra literária, artística ou científica". O artigo 22 estabelece que "pertencem ao autor, os direitos morais e patrimoniais sobre a obra que criou". O direito à autoria está expresso na Constituição Federal de 1988. Em seu Capítulo I, dos direitos e deveres individuais e coletivos, inciso XXVII, afirma: "aos autores pertence o direito exclusivo de utilização, publicação ou reprodução de suas obras, transmissível aos herdeiros pelo tempo que a lei fixar."

O direito autoral (*copyright*) se divide em direito autoral moral e direito autoral patrimonial. O direito autoral moral é o direito da pessoa que produziu uma obra ser reconhecida eternamente como autora da obra. Não há prazos para exercer esse direito ao qual o autor não pode renunciar. Se uma pessoa é autora de uma obra, assim será para sempre e assim deve ser reconhecida. O direito autoral patrimonial se refere aos direitos patrimoniais que um autor tem sobre sua obra, o que pode ser transferido a terceiros. Tem validade de 70 anos contados a partir do dia primeiro do ano seguinte à morte do autor, segundo o artigo 41 da Lei dos direitos autorais (9.610/88). A partir dessa data, a obra se torna de domínio público. Do ponto de vista econômico, uma obra de domínio público é livre e gratuita, mas o direito autoral moral sobre a obra permanece. Isso significa que obras de domínio público não são protegidas pelos direitos autorais patrimoniais e podem ser usadas sem custo. No entanto, o direito moral do autor deve ser respeitado. Aquele que for utilizar um conhecimento de domínio público deve citar quem é o autor original. Domínio público é o antônimo do direito autoral patrimonial.

É comum o autor de um artigo científico ter que transferir os direitos autorais patrimoniais para o editor da revista onde irá publicá-lo. Ele fica impedido de usar suas próprias criações (figuras, tabelas, por exemplo) em seus próprios trabalhos futuros sem a autorização do proprietário dos direitos autorais ou o pagamento de valores relativos a esse direito ao proprietário, em geral, o editor da revista.

Divulgação científica e autoria

Toda produção de conhecimento científico deve ser divulgada. É dever moral dos cientistas publicizar o conhecimento que produz. A ciência originada nas pesquisas acadêmicas precisa estar disponível para todos. Segundo Donev (2020, p. 2), "Science without publication is not science" (Ciência sem publicação não é ciência – tradução nossa). Toda divulgação de conhecimento deve respeitar as normas éticas, dentre elas, a da autoria científica, pois todo autor é considerado responsável pelo trabalho que está divulgando. A prática de autoria ética é essencial para a promoção e manutenção da integridade científica da pesquisa.

As universidades, institutos de pesquisa e outras instituições de ensino devem ter políticas explícitas sobre a autoria de trabalhos científicos para desenvolverem uma cultura ética na condução de pesquisas e em sua divulgação. Uma cultura ética favorece decisões mais justas na atribuição da autoria, reduzindo a desigualdade de poder entre membros da equipe e dando suporte aos pesquisadores em início de carreira. É necessário que a comunidade científica estabeleça e siga regras para alocação justa de autoria, como forma de educar e conscientizar, principalmente os jovens pesquisadores sobre essas regras. Vale destacar que as instituições de ensino, além de requererem uma cultura ética na divulgação científica, devem promover o ensino-aprendizagem da escrita acadêmica. Como já visto em parágrafos anteriores, a escrita científica tem peculiaridades e segue um padrão homogêneo na grande maioria dos periódicos científicos. Porém, observa-se que, na prática, a escrita acadêmica se aprende fazendo, por meio de ensaio e erro e sob a influência da relação orientador-orientando.

Um dos motivos frequentes de estresse e sofrimento de pós-graduandos é ter seus manuscritos rejeitados pelas revistas científicas. A frustração de ter um trabalho recusado é grande e, não raro, o não aceite se deve à falta de habilidade na escrita acadêmica. Esse sofrimento também diz respeito à dimensão narcísica de sua existência, segundo os psicólogos. Isso está relacionado ao fato de que o seu reconhecimento como cientista depende de sua produção acadêmica (Daltro *et al.*, 2024).

Ao escrever um texto, o autor revela e defende suas ideias, expondo-se ao julgamento de avaliadores e leitores. Trata-se de uma ação para a qual é preciso ser destemido, pois provoca desconforto. Ter um artigo recusado é igual a ser considerado um mau profissional. Esse problema poderia ser amenizado se os programas de pós-graduação incluíssem, entre suas disciplinas obrigatórias, temáticas relacionadas à escrita e autoria científicas.

Faz parte da formação estudantil o processo de letramento acadêmico-científico. O ambiente universitário é o lócus privilegiado do aprendizado da leitura e da escrita em todas as áreas (Nörnberg; Zen, 2023).

A dificuldade na escrita acadêmica por parte de estudantes, seja de graduação ou de pós-graduação, ou mesmo de jovens pesquisadores, não é um problema novo. Esse fato pode ser comprovado rapidamente numa busca na *internet* por profissionais que vendem serviços de escrita de artigos científicos, monografias, dissertações de mestrado, teses de doutorado e até mesmo livros. Essa dificuldade também é visível hoje na utilização crescente de *softwares* de Inteligência Artificial para a elaboração de textos científicos. Esse tema será abordado no capítulo 10 deste livro.

Na atualidade, vários fatores intervêm na atribuição da autoria de trabalhos acadêmicos. A natureza do processo de pesquisa científica é complexa e percebe-se no mundo acadêmico um aumento do trabalho colaborativo, ou seja, quase nenhum pesquisador produz conhecimento sozinho, de forma isolada. As redes de pesquisa foram se formando devido à necessidade de cooperação nos empreendimentos científicos, cada vez mais elaborados, complexos e múltiplos. O aumento exponencial da produção científica exige o trabalho em coparticipação. As investigações desenvolvidas em equipes conseguem alcançar resultados mais numerosos e relevantes. Nenhum pesquisador é capaz de conduzir sozinho um experimento amplo e de conhecer todas as informações disponíveis. Diante disso, é um desafio estabelecer a correta identificação da autoria e da coautoria. O desenvolvimento de uma grande investigação é complexo, o que dificulta o processo de atribuição da autoria, que inclui a definição de quem fez o quê na hora de elaborar o documento a ser publicado.

Outro fator de grande importância que influencia o processo de autoria é a pressão do meio acadêmico, como já comentado no capítulo anterior. Os métodos de avaliação científica no mundo são predominantemente quantitativos e o produto mais valioso da ciência se tornou a publicação científica. Publicar significa aumento do prestígio acadêmico, promoções e pagamentos. Ter um grande número de publicações é condição para ter chances de ser aprovado em concursos públicos e em editais de fomento à pesquisa. A pressão para publicar também vem dos programas de pós-graduação, pois a produção científica dos orientadores e seus orientandos é o que mais conta na avaliação do programa pela Capes. A valorização excessiva do número de publicações em periódicos criou a necessidade de se publicar cada vez mais para se poder ascender na carreira acadêmica. O que vale é a contagem de publicações e não a qualidade deles. Devido a isso, as relações de poder e os interesses pessoais gradativamente passaram a ter grande interferência na ação de autoria dos trabalhos científicos (Zuin; Bianchetti, 2015).

No processo de atribuição de autoria frequentemente ocorrem maus comportamentos por parte dos pesquisadores, entre eles, a não declaração de conflitos de interesse, a duplicidade na publicação, a exploração de colegas iniciantes, o roubo de ideias de artigos e de pesquisas, a fabricação e a falsificação de dados, a inclusão de autores que não participaram do estudo, a não informação de dados que contrariam o financiador da pesquisa, já comentadas no capítulo anterior.

Critérios de autoria

No trabalho colaborativo em equipe, o limite entre a produção pessoal e coletiva é pouco nítido. Existem diretrizes e recomendações já estabelecidas referentes aos critérios de atribuição de autoria e sobre como conduzir, relatar e editar um estudo, elaboradas por instituições de pesquisa e editoras. As principais fontes das diretrizes internacionais são o International Committee of Medical Journal Editors (ICJME) e o Committee on Publication Ethics (COPE). Outras que também são utilizadas: Council of International Organizations for Medical Sciences (CIOMS); World Medical Association (WMA); Consolidated Standards of Reporting Trials (Consort); e World Association of Medical Editors (WAME).

As recomendações do Comitê Internacional de Editores de Periódicos Médicos - *International Committee of Medical Journal Editors* (ICMJE), conhecido como o grupo de Vancouver, são amplamente utilizadas nas publicações científicas da área biomédica e adotadas por numerosos periódicos científicos. Elas foram desenvolvidas em 1978 e vêm sendo aperfeiçoadas ao longo dos anos para atender às demandas que surgem no processo de publicação de artigos científicos, sendo a última versão de 2024 (ICMJE, 2024). Têm por objetivo revisar os padrões de boas práticas científicas e de ética na condução das pesquisas e no relato de seus resultados. Contribuem para o trabalho de redação, revisão e edição de artigos científicos, para que ao serem divulgados sejam mais precisos, claros, reproduzíveis e não tendenciosos. As recomendações são divididas em quatro grandes tópicos:

- Sobre as recomendações;
- Papéis e responsabilidades dos autores, colaboradores, revisores, editores e proprietários;
- Questões editoriais relacionadas à publicação de manuscritos em periódicos médicos;
- Preparação e submissão do manuscrito.

O primeiro item, "Sobre as recomendações" é dividido em três subitens, A, B e C. O subitem "A" trata dos objetivos das recomendações descritos anteriormente, além de ajudar autores, revisores e editores a melhorar os padrões éticos das publicações médicas e fornecer informações úteis sobre publicações para a mídia e sociedade em geral. O subitem "B" destaca que quem deve usar as recomendações são principalmente autores que vão submeter seus trabalhos em periódicos que sejam membros do ICMJE. O subitem "C" descreve o histórico das recomendações que foram publicadas pela primeira vez em 1978 como "Requisitos uniformes para manuscritos submetidos a periódicos biomédicos", a fim de padronizar a formatação e a preparação dos artigos publicados nos periódicos médicos da época.

O item II trata dos papéis e responsabilidades dos autores, colaboradores, revisores, editores e proprietários dos periódicos. É subdividido em cinco subitens, A, B, C, D e E. O subitem "A" define o papel dos autores e dos colaboradores. Ser autor implica responsabilidade pelo trabalho, confere-lhe credibilidade e tem implicações sociais e financeiras. Fixa quatro condições a serem satisfeitas para a atribuição de autoria em um trabalho científico:

1. Contribuições substanciais para a concepção ou projeto do trabalho; ou a aquisição, análise ou interpretação de dados para o trabalho;
2. Elaboração de versões preliminares do trabalho ou revisá-lo criticamente para importante conteúdo intelectual;
3. Aprovação final da versão a ser publicada;
4. Concordância em ser responsável por todos os aspectos do trabalho para garantir que as questões relacionadas à exatidão ou à integridade de qualquer parte do trabalho sejam devidamente investigadas e resolvidas.

Além dessas quatro condições, o ICMJE define aqueles que participam do trabalho, mas não atendem aos quatro critérios acima. Porém, chama a atenção para a exclusão por vezes indevida de autores de países de baixa e média renda onde os ensaios clínicos foram realizados. A inclusão de autores locais aumenta a justiça, pois mostra o contexto e as implicações da pesquisa. A falta de inclusão de investigadores locais como autores deve ser questionada e pode levar à rejeição do artigo.

Esse primeiro subitem "A" também inclui recomendações em relação ao uso da Inteligência Artificial (IA) na assistência à escrita. Esta deve ser descrita na seção de agradecimentos. Se a IA foi usada para análise de coleta de dados ou geração de figuras, os autores devem descrever esse uso nos métodos.

O subitem "B" se refere à declaração de relacionamentos financeiro e não financeiro – conflitos de interesses. Todo o processo de redação, submissão, revisão e publicação de um trabalho científico deve ser transparente para ter credibilidade, sendo divulgadas as informações financeiras e conflitos de interesse de todos os participantes do processo, autores, revisores, editores e equipe editorial.

No subitem "C" são descritas as responsabilidades no processo de submissão e de revisão por pares. Os autores devem respeitar os princípios da autoria e declarar conflitos de interesse. Os editores dos periódicos devem manter a confidencialidade, pontualidade, integridade no processo de revisão de pares. Os revisores também precisam manter a confidencialidade e declarar conflitos de interesse quando houver. No caso de quererem utilizar a IA na revisão, devem solicitar permissão do periódico.

O subitem "D" traz recomendações sobre proprietários de periódicos e liberdade editorial. Proprietários e editores têm objetivos comuns, contudo, as responsabilidades são diferentes. Os editores têm total autoridade sobre o conteúdo editorial da revista. Os periódicos devem declarar explicitamente quem são seus patrocinadores.

O subitem "E" discorre sobre a proteção aos participantes da pesquisa. Existe uma responsabilidade ética dos autores na condução da pesquisa com proteção aos participantes e os primeiros têm o dever de apresentar todos os documentos exigidos pelo periódico.

O item III trata das questões editoriais relacionadas à publicação em periódicos médicos. É subdividido em 12 subitens: A, B, C, D, E, F, G, H, I, J, K e L.

O subitem "A" se refere às correções, republicações e versão corrigida. Deve-se corrigir erros não intencionais o mais rápido possível (erratas e novas versões). Erros graves exigem retratação. O subitem "B" trata da má conduta científica, expressões de preocupação sobre integridade científica e retratações. O subitem "C" relaciona-se aos direitos autorais. Os periódicos podem manter os direitos autorais ou transferi-los para a revista. Isso deve estar claro nas instruções aos autores. O subitem "D" informa sobre as publicações duplicadas. Não é ético submeter simultaneamente o mesmo manuscrito em mais de um periódico, no próprio ou em diferentes idiomas. Há exceções (p. ex. para aumentar a divulgação de informações essenciais para a saúde pública).

O subitem "E" se relaciona à correspondência. Os periódicos devem disponibilizar um canal de comunicação com os leitores para perguntas e comentários sobre as publicações. O subitem "F" se refere às taxas impostas pelos periódicos que devem ser claros em seus mecanismos de cobrança. O subitem "G" denomina de "Suplementos", "Números Temáticos" e "Séries especiais" as edições especiais do periódico sobre determinados temas. O subitem "H" faz recomendações sobre patrocínio ou parceria, quando houver, preservando a independência editorial. No subitem I descreve que as publicações eletrônicas seguem os mesmos princípios da publicação impressa. O subitem "J" se refere à publicidade, que pode haver, desde que preserve a independência editorial. O subitem "K" dispõe sobre a relação entre periódicos e a mídia. Esta não deve divulgar informações de pesquisa antes que elas sejam publicadas em periódicos científicos, isto é, antes da avaliação pelos pares. O registro e compartilhamento de dados de ensaios clínicos está disposto no subitem "L".

No item IV estão descritos os passos de preparo do manuscrito para submissão num periódico científico. São os itens contidos nas instruções aos autores. Divide-se em dois subitens A e B. No subitem "A" estão descritos os princípios gerais, as orientações para o relato da pesquisa envolvendo diferentes tipos de estudos, as seções do manuscrito como a página de rosto (inclui título, informações sobre o autor, contagem de palavras, número de figuras e tabelas, declaração de conflitos de interesse), resumo, introdução, métodos (seleção e descrição dos sujeitos de pesquisa, informações técnicas, análises estatísticas quando houver), resultados, discussão, referências, tabelas, ilustrações. Nas referências, é destacado que não é aceitável material gerado por IA como fonte primária. O subitem "B" se refere ao encaminhamento do manuscrito ao periódico.

Outra diretriz internacional, a COPE (Committee on Publication Ethics), organização criada em 1997 por um grupo de editores de periódicos médicos no Reino Unido, tem como finalidade promover a integridade ética na publicação científica por meio da educação e assim criar uma cultura de práticas éticas no ambiente acadêmico. Suas recomendações vêm ao encontro das diretrizes do ICMJE. As diretrizes da COPE abordam uma variedade de tópicos, incluindo (COPE, 2024):

1. Design de estudo e aprovação ética;
2. Análise de dados;
3. Autoria;
4. Conflito de interesses;
5. O processo de revisão por pares;
6. Publicação redundante;
7. Plágio;
8. Deveres dos editores;
9. Relações com a mídia;
10. Publicidade.

No item 3, é feita uma argumentação sobre a não existência de uma definição universalmente aceita e afirma que no mínimo os autores devem assumir a responsabilidade pelo estudo e que:

(1) A concessão de autoria deve equilibrar as contribuições intelectuais para a concepção, *design*, análise e redação do estudo com a coleta de dados e outros trabalhos de rotina. Se não houver nenhuma tarefa que possa ser razoavelmente atribuída a um indivíduo em particular, então esse indivíduo não deve ser creditado com autoria;

(2) Para evitar disputas sobre atribuição de crédito acadêmico, é útil decidir logo no início do planejamento de um projeto de pesquisa quem será creditado como autores, como colaboradores e quem será reconhecido;

(3) Todos os autores devem assumir responsabilidade pública pelo conteúdo de seu artigo. A natureza multidisciplinar de muitas pesquisas pode dificultar isso, mas pode ser resolvido pela divulgação de contribuições individuais; e

(4) A leitura cuidadosa do "Advice to authors" do periódico de destino é aconselhável, à luz das incertezas atuais.

Vale destacar que mesmo com a criação de recomendações para a atribuição de autoria e com todo o esforço que é empenhado na comunidade científica mundial em prol da integridade ética na pesquisa, é inegável a existência de autorias e coautorias indevidas e fraudulentas. Em editorial do BMJ, publicado em 1997, Richard Smith instiga a comunidade acadêmica para um debate sobre autoria. Segundo Smith, ser autor de um trabalho científico é totalmente diferente de um autor literário. Este último escreve seu texto a partir de suas ideias, suas criações e passa horas de muitos de seus dias escrevendo uma obra. Um texto científico é composto de várias ideias e da descrição do trabalho de diferentes pesquisadores. Às vezes, quem escreve o artigo não participou diretamente de nenhuma das etapas do estudo. Portanto, é difícil determinar quem é o autor de um trabalho científico e as recomendações vigentes para a alocação da autoria não são respeitadas na sua totalidade. Diante disso, o autor questiona se os critérios de autoria recomendados, como os do ICMJE, deveriam ser mudados ou mesmo eliminados. Sugere que se descarte o conceito de autoria e no lugar se coloque um sistema descritivo de colaboradores, como nos créditos de filmes. Os leitores é que julgariam por si mesmos a sua importância (Smith, 1997). Essa sugestão provocou um amplo debate no meio científico, mas não alcançou consenso e nem aprovação suficientes para mudar os critérios vigentes do ICMJE que permanecem até hoje.

Os periódicos científicos mais qualificados seguem recomendações éticas de autoria como as do ICMJE e da COPE. No Brasil, a maioria dos periódicos segue as recomendações do ICMJE. Na área da Psicologia, um estudo mostrou que 100% dos periódicos classificados pela Capes como Qualis[14] A1, A2, B1 e B2 descrevem nas suas políticas editoriais que as adotam (Freitas; Mainieri; Mármora, 2021). Na área de Saúde Coletiva, os Cadernos de Saúde Pública, periódico brasileiro classificado no Qualis Capes como A1 adverte que a autoria de publicações científicas envol-

14. Sistema elaborado pela Capes para classificação da qualidade das revistas científicas. Disponível em: https://sucupira-legado.capes.gov.br/sucupira/public/consultas/coleta/veiculoPublicacaoQualis/listaConsultaGeralPeriodicos.jsf. Acesso em: 19 dez. 2024.

ve aspectos éticos e morais. Esse periódico segue as recomendações do ICMJE e não interfere na ordem dos autores. Ressalta que aqueles que não preenchem os critérios de autoria do ICMJE, como pesquisadores que colaboraram pontualmente em partes do estudo, devem ter seus nomes nos agradecimentos (Pietrukowicz; Carvalho; Ribeiro, 2018).

Além das recomendações do ICMJE e da COPE, alguns periódicos por iniciativa própria, criam critérios adicionais para atribuição de autoria. Por exemplo, limitando o número de autores por artigo. Geralmente aceitam até no máximo seis autores por artigo. Outro critério é a exigência de uma declaração dos autores sobre a participação de cada um no trabalho de pesquisa.

A decisão sobre a autoria de um trabalho científico deve ser das pessoas que realizaram o estudo, respeitando os critérios do ICMJE citados nos parágrafos anteriores. A equipe de pesquisa deve deliberar em conjunto quem serão os autores, assim como a ordem de autoria. Em circunstâncias eventuais podem ocorrer alguns tipos de autoria que não preenchem os critérios do ICMJE, como em estudos multicêntricos. Nesses casos, podem ser aceitas autorias em grupo e cada grupo fica responsável pelos dados de seu centro. Estes devem tomar decisões conjuntas sobre colaboradores/autores antes de enviar o manuscrito para publicação.

Apesar de amplamente adotadas, muitos pesquisadores desconhecem as recomendações do ICMJE, o que compromete a integridade da pesquisa como um todo, pois ela depende do processo de publicação para divulgação de seus resultados. A conduta inadequada reduz a validade do conhecimento produzido e, lamentavelmente, o produtivismo e as instituições são também responsáveis por essa má conduta, pois também a incentivam.

Na autoria múltipla, cada autor deve ter participado suficientemente do trabalho para assumir responsabilidade pública por partes apropriadas do conteúdo e a integridade do manuscrito como um todo. Todas as pessoas qualificadas para autoria devem ser listadas e o processo de decisão da autoria deve ser transparente e dialogado abertamente entre os participantes da pesquisa, pois a autoria científica é baseada em princípios de contribuição e responsabilidade.

Pode-se enumerar várias ações de autoria de um trabalho científico: a concepção e o desenho do estudo; a coleta de dados, sua análise e interpretação; a revisão crítica do estudo; a elaboração do artigo, sua reescrita e escrita final; a aprovação final do texto. Portanto, uma pequena contribuição não qualifica um pesquisador como autor de um trabalho científico. Este deve constar apenas nos agradecimentos e para isso tem que fornecer permissão por escrito. Os autores são aqueles que se responsabilizam por partes-chave do estudo, como ter tido a ideia original, hipótese ou interpretações teóricas, ter participado da coleta de dados, análise e interpretação, além da participação na elaboração do manuscrito para a publicação.

Importante destacar que a decisão sobre quem são os autores do manuscrito resultante da pesquisa científica deve ser tomada preferencialmente antes da submissão. Não são os editores dos periódicos que arbitram sobre a autoria e nem sobre possíveis conflitos entre os autores e coautores de um manuscrito submetido para avaliação. Uma estratégia possível para se evitar conflitos entre os pesquisadores na atribuição da autoria é perguntar, a cada um, quem se sente autor e responsável pelos dados do manuscrito em elaboração, estando apto para defendê-lo publicamente.

As regras do ICMJE são aceitas por grande parte da comunidade científica. Porém, observam-se muitas transgressões a essas regras. Muitos autores preferem seguir seus próprios critérios na concessão da autoria. Algumas práticas de inclusão de autores são comuns e não recomendáveis. Por exemplo, incluir como autor alguém que forneceu um reagente para um experimento ou cedeu as instalações de um laboratório para tal. Outro exemplo comum é incorporar na lista de autores um pesquisador amigo ou que tem grande prestígio, para aumentar as chances de publicação numa revista de alto impacto.

Há variações entre as práticas nas diversas áreas de conhecimento. É frequente na área biomédica a inclusão de supervisores e orientadores em todos os trabalhos do grupo de pesquisa. Ao contrário da área de ciências sociais, cujos trabalhos, em geral, têm autoria única.

Participam do processo de publicação de um artigo científico e sua validação os estudantes de pesquisa, professores, colaboradores e membros da equipe, supervisores, revisores, editores dos jornais e leitores. A ética na divulgação de um conhecimento científico deve estar presente em todo o processo de investigação. Faz parte da integridade ética da pesquisa a publicação de seus resultados. Todo conflito de interesse deve ser notificado. Deve-se prestar contas de recursos recebidos. Os autores são responsáveis pelo conhecimento divulgado, não sendo permitido o plágio, o autoplágio e o fatiamento da pesquisa, assim como práticas de concessão de autoria que têm sido muito comuns, denominadas em inglês de 3 Gs: *Gift* – autoria de presente; *Guest* – autoria convidada; e *Ghost* – autoria fantasma, que serão detalhadas adiante.

As relações de poder no meio científico incidem na prática da publicação científica e de atribuição de autoria. Por vezes, dá-se por coerção, denominada de efeito "White Bull", e em outras por consentimento, no caso, por exemplo, de envolvimento romântico entre membros da equipe de pesquisa. Alguns autores argumentam a favor da inclusão de pesquisadores seniores mesmo quando não preenchem os critérios de autoria, pois estes ficam ocupados no gerenciamento dos estudos, não tendo tempo para se envolver no cotidiano da pesquisa (Camargo Jr.; Coeli, 2012).

Critérios de coautoria, multiautoria e hiperautoria

A coautoria de artigos científicos surgiu a partir da colaboração científica, inicialmente na França no século XVIII, em resposta à profissionalização da ciência. Com a profissionalização, definiu-se regras, direitos e ritos, proporcionando uma organização do grupo de pesquisa, um avanço profissional e um aumento da produção de conhecimento. A colaboração científica permite o compartilhamento de equipamentos, materiais, treinamento de pesquisadores, aumento da produtividade, superação do isolamento intelectual, entre outras vantagens (Beaver; Rosen, 1978).

Coautor é aquele que compartilha recursos intelectuais, econômicos e/ou físicos no trabalho científico. O trabalho colaborativo entre pesquisadores permite a redução dos custos das pesquisas, as probabilidades de erro, aumenta as chances de obter financiamento, assim como sua visibilidade. Nas parcerias acadêmicas compartilham-se conhecimento, experiências e por vezes laços de amizade. Os coautores também são responsáveis pelo trabalho e devem estar aptos a defendê-los publicamente e certificar a integridade da pesquisa (Garcia *et al.*, 2010). Para ser coautor de um trabalho, é necessário ter participado efetivamente do mesmo, de acordo com critérios pré-estabelecidos, como os do ICMJE. Entretanto, é difícil estabelecer o limite entre colaboração e participação efetiva no estudo e na elaboração do manuscrito. A discussão sobre os critérios de autoria no meio acadêmico é intensa e não consensual.

Na atualidade, dada a complexidade da ciência, a tendência é a do trabalho colaborativo entre pesquisadores e instituições para a produção de conhecimento. As equipes de pesquisa, por sua vez, são compostas por profissionais de diferentes áreas voltados para um objetivo comum. Portanto, os trabalhos científicos são desenvolvidos por vários pesquisadores e, consequentemente, as publicações que são frutos dessas pesquisas têm múltipla autoria. As parcerias de pesquisa ocorrem em quase todas as áreas de conhecimento, em algumas mais do que em outras. Na Física e na área Biomédica (Genética, principalmente) são frequentes as autorias múltiplas, com mais de dez autores. Já nas Ciências Sociais e Humanas é incomum a múltipla autoria.

A hiperautoria, fenômeno conceituado como publicação com centenas e às vezes mais de mil autores, tem crescido nos últimos anos. Um levantamento feito pela empresa *Clarivate Analytics*, com análise de 15,8 milhões de artigos, publicados em periódicos indexados na base *Web of Science*, entre 2013 e 2018, evidenciou 1.315 trabalhos com mais de mil nomes cada um. No período anterior de 2009 a 2013, foram 573 registros desse tipo, ou seja, menos da metade. Portanto, a hiperautoria mais do que dobrou num período de cinco anos. Os artigos multiautorais, considerados aqueles com mais de dez autores, também cresceu. Esse fato é explicado pela mudança na forma de fazer pesquisa, cada vez mais globalizada e colaborativa. O trabalho recordista no número de autores é da área da Física. Foi publicado em 2015 no periódico Physical Review Letters com 5.153 autores filiados a mais de 500 instituições de diversos países, entre eles, o Brasil (Andrade, 2020).

Porém, argumenta-se que não é só o trabalho colaborativo o responsável pelo aumento do número de autores, mas também o produtivismo acadêmico. O aumento do número de autores por artigo vem sendo observado ao longo dos anos. Estudo desenvolvido no período de 1999 a 2010, com o objetivo de analisar o aumento do número de autores por artigo em revistas científicas brasileiras bem qualificadas na área de Saúde Coletiva, verificou um aumento na proporção de artigos com mais de quatro autores, principalmente no último triênio, sendo 2,39 vezes maior. Os autores se questionam se esse aumento é fruto de maior cooperação entre equipes ou de alocação indevida de autoria, como as "de presente" (Camargo Jr.; Coeli, 2012). A multi e a hiperautoria podem ser uma estratégia para aumentar a produção acadêmica. Evidencia-se que a produção científica de forma colaborativa é uma necessidade atual da ciência, mas não necessariamente ela tem qualidade (Guimarães; Hilário; Grácio, 2024). Estudo sobre o efeito da densidade das redes de coautoria (que representa a força da colaboração entre equipes) sobre o desempenho dos programas de pós-graduação na área de Administração revelou que a coautoria não está linearmente relacionada ao desempenho do programa (Pauli *et al.*, 2018). Vale lembrar que a produção científica tem sido o principal indicador de qualidade dos programas de pós-graduação e a densidade das redes de colaboração avalia os impactos da produção científica medida pelo número de vezes que um artigo é citado. Portanto, o fato de um trabalho ter sido conduzido de forma colaborativa e, por esse motivo, ter muitos autores, não é garantia de sua qualidade, dentro dos critérios de avaliação que prevalecem atualmente. Além disso, a hiperautoria nem sempre favorece individualmente os pesquisadores. Se em determinada área, como a física, todos são autores de muitos artigos, não há como avaliar a natureza das contribuições individuais (Birnholtz, 2006).

A relação entre pressão para publicar e a falta de ética na publicação tem sido objeto de preocupação no meio científico. Para alguns, publicar e ser ético passou a ser um dilema. Um estudo conduzido na Polônia, com o objetivo de explorar a relação entre a pressão para publicar e a má conduta científica autorrelatada, evidenciou um percentual baixo de autorrelato de má conduta entre pesquisadores (3%), sendo a mais frequente a autoria honorária. Os autores encontraram uma correlação entre a pressão percebida para publicar com a disposição de violar os padrões éticos no futuro (Paruzel-Czachura; Baran; Spendel, 2021).

Ordem de autoria

Nas recomendações do ICMJE não há comentários sobre a ordem de autoria. Portanto, ela deve ser decidida pela equipe de pesquisa. A ordem da autoria é variável nas diversas áreas de conhecimento. Trata-se de um procedimento importante, mas ainda está formalmente indefinida na maioria das áreas. Algumas delas usam a ordem alfabética, como a Economia. Outras, colocam como primeiro autor aquele que mais contribuiu com o estudo. No restante, o autor mais importante é alocado por último, como na área biomédica. Estudos sugerem que um acordo pré-estudo é a melhor política para ordenar os nomes dos autores. Os primeiros e últimos lugares são vistos como mais importantes, geralmente reservados aos autores mais seniores ou àqueles que conseguem o financiamento. A ordem de autoria mais racional é aquela em que coloca os autores em ordem decrescente de contribuição no estudo e na redação do artigo, ou seja, os que contribuíram mais são listados primeiro e em seguida aqueles com contribuições menores. Para alguns, o primeiro autor é aquele que tem a maior responsabilidade pelo trabalho e o último, o que supervisionou a pesquisa. O total de autores e sua ordem pode mudar durante o trabalho de pesquisa ou redação do manuscrito, dependendo do grau de contribuição e participação de cada um, ou mesmo (muito raramente) após o envio para publicação (por exemplo, se um artigo mudar substancialmente em resposta a comentários de revisores).

A múltipla autoria de artigos científicos condiz com o trabalho colaborativo da ciência. Porém, as normas mais apropriadas de autoria variam dentro das especialidades e disciplinas, pois há diferentes tipos de contribuição técnica e intelectual. Por exemplo, existem importantes divergências de opinião nas ciências da saúde sobre a determinação adequada de autoria e a ordem de importância em uma publicação. Essa falta de uniformidade pode levar a conflitos entre pesquisadores sobre a autoria apropriada, o que pode estimular autorias de presente e fantasma (Smith; Williams-Jones, 2012).

A atribuição da coautoria é influenciada por relações de poder e interesses pessoais, o que por vezes faz aumentar o número de autores de um trabalho, principalmente quando a pesquisa é feita por redes de colaboradores (Selbach; Motta-Roth; Schmidt, 2018). É necessária a discussão sobre essa apropriação indevida da autoria assim como a resistência a essas práticas consideradas questionáveis ou mesmo inadequadas. Praticamente é um tabu na ciência a autoria indevida de artigos científicos, pois não é um tema questionado abertamente.

O pesquisador Petroianu (2002), professor da Universidade Federal de Minas Gerais-UFMG, sugere uma regra de alocação de autoria por meio de uma tabela de pontuação de acordo com a participação no trabalho. O autor atribui pontos a cada tipo de participação, sendo a maior pontuação (seis pontos) dada a quem criou a ideia que originou o trabalho e elaborou as hipóteses. Tem direito à autoria quem alcançar sete pontos e a ordem dos autores é decrescente de pontuação. Abaixo as pontuações sugeridas por Petroianu para cada participação:

Tabela 7.1 – Pontuações sugeridas para alocação de autoria nos artigos científicos

PARTICIPAÇÃO	PONTOS
Criar a ideia que originou o trabalho e elaborar hipóteses	6
Estruturar o método de trabalho	6
Orientar ou coordenar o trabalho	5
Escrever o manuscrito	5
Coordenar o grupo que realizou o trabalho	4
Rever a literatura	4
Apresentar sugestões importantes incorporadas ao trabalho	4
Resolver problemas fundamentais do trabalho	4
Criar aparelhos para a realização do trabalho	3
Coletar dados	3
Analisar os resultados estatisticamente	3
Orientar a redação do manuscrito	3
Preparar a apresentação do trabalho em evento científico	3
Apresentar o trabalho em evento científico	2
Chefiar o local onde o trabalho foi realizado	2
Fornecer pacientes ou material para o trabalho	2
Conseguir recursos para a realização do trabalho	2
Apresentar sugestões menores incorporadas ao trabalho	1
Trabalhar na rotina da função, sem contribuição intelectual	1
Participar mediante pagamento específico	-5

Fonte: Petroianu, 2002.

A dificuldade na alocação da autoria de um trabalho científico pode levar a conflitos e disputas entre colaboradores de pesquisas, que podem até romper a parceria acadêmica, prejudicando a conclusão da pesquisa.

É de grande importância que o tema "critérios de autoria" esteja presente na formação de futuros pesquisadores. Para se fomentar um ambiente acadêmico ético impõe-se a utilização de várias formas de educação na comunidade científica, especialmente aos mais jovens e estudantes. Trata-se da melhor e mais eficaz estratégia para prevenir o surgimento de desonestidade e da fraude científica, incluindo os problemas na alocação da autoria dos trabalhos científicos.

Autorias inapropriadas

É uma prática comum a atribuição de autoria a quem não participou do estudo e, também, o oposto, a não atribuição de autoria a quem participou, mesmo sendo uma atitude considerada antiética em todos os campos de saber. O mais frequente é dar a autoria a quem tem prestígio reconhecido. Outras razões apontadas para a decisão de dar autoria são as relações de poder, os sentimentos de obrigação, as relações de amizade, entre outras.

Os tipos mais comuns de autoria inapropriada são:

- Autoria honorária – envolve pesquisadores seniores;
- Autoria de presente – envolve companheiros de pesquisa;
- Autoria fantasma – envolve médicos escritores patrocinados pela indústria farmacêutica;
- Autoria paga – envolve editoras comerciais;
- Autoria negada – envolve estudantes e bolsistas juniores de pesquisa;

Outras denominações de autoria inapropriada encontradas na literatura científica: convidada, incompleta, injustificada, descartável, órfã e forjada, *medical writer*, *hyperauthorship*, *polyauthoritis* (Silva; Vanz, 2023).

A autoria inapropriada mais comum é a honorária, de pesquisadores seniores e/ou chefes de serviço. Pode ser mediante convite para dar mais peso acadêmico à publicação, ou mesmo imposta, sendo regra em alguns serviços incluir o nome do superior em todas as publicações de estudos conduzidos por seus membros. Porém, não são todos os pesquisadores seniores que aceitam a autoria honorária. Por vezes, situações constrangedoras ocorrem por esse motivo. Por exemplo, quando um pesquisador sênior é incluído honrosamente como coautor e este pedir para que seu nome seja retirado da lista dos autores, por não considerar de maneira honesta que preenche os critérios de autoria. O percentual de autores que referem ter sido coautores de artigos sem ter participado deles é alto, cerca de 74%, segundo pesquisa internacional desenvolvida com autores biomédicos sobre o uso e as percepções das diretrizes sobre autoria. Por outro lado, o mesmo estudo mostrou que 34% foram testemunhas do contrário, da autoria negada. Os autores argumentam que em instituições onde a utilização de diretrizes de autoria é encorajada, os autores discutem previamente a atribuição de autoria (Schroter *et al.*, 2020).

As autorias inadequadas comprometem a validade do estudo, pois falsos autores não são capazes de se responsabilizar pela pesquisa. Vale destacar que após o advento da Inteligência Artificial generativa, como será mais bem discutido no capítulo 10, esta tem sido alocada inadequadamente como coautora de artigos científicos, o que não é aceitável, segundo a manifestação oficial de vários periódicos científicos bem qualificados. Por outro lado, a autoria inapropriada frequentemente passa despercebida e não é registrada. Os autores argumentam que se a punição fosse mais severa, as fraudes na autoria reduziriam. Quando a má conduta na autoria é aceita, consolida-se uma cultura de que vale a pena fraudar, pois as recompensas virão. Quanto mais ampla a produção científica, mais facilidade de se obter financiamentos, progressões e prestígio acadêmico. Trata-se do principal critério para se avaliar o valor acadêmico, como já ressaltado (Street *et al.* 2010).

A autoria negada é o oposto da autoria de presente. É aquele pesquisador que efetivamente participou do estudo e não é incluído como autor. Geralmente são aqueles em menor posição de poder, estudantes e pós-graduandos que participaram da coleta de dados, fizeram testes em laboratórios que contribuíram para o estudo e no final são "esquecidos" de serem alocados na autoria do artigo gerado. Uma observação a ser feita quanto à autoria negada é a disparidade de gênero que existe na alocação da autoria de artigos, que leva a pensar que a posição de menor poder ocupada pela mulher na grande maioria dos espaços da sociedade também é verificada no meio científico. Estudo realizado com o objetivo de avaliar o papel das mulheres como autoras de artigos científicos em cardiologia nos periódicos da Sociedade Brasileira de Cardiologia verificou que há menor representatividade feminina nas autorias dos artigos dos periódicos cardiológicos analisados, principalmente como último autor, posição reservada para pesquisadores seniores. As mulheres continuam sendo sub-representadas, mesmo sendo maioria (Mesquita *et al.*, 2022).

A autoria negada se assemelha à autoria fantasma, visto que, nesta última, o autor também não aparece. No entanto, a diferença entre elas é grande. Na autoria negada, quem participou efetivamente do estudo não é atribuído como autor do artigo. Na autoria fantasma, quem redige o artigo não participou do estudo, mas escreveu o artigo e não aparece como autor. Trata-se geralmente de um escritor da área de conhecimento do manuscrito que é contratado pela indústria farmacêutica patrocinadora do estudo para redigi-lo, divulgando os dados que lhes interessam, sem aparecerem como autores. Muitos pesquisadores que disponibilizam seus pacientes para ensaios clínicos conduzidos e financiados pela indústria farmacêutica são alocados como autores de artigos que não elaboraram, de pesquisas que não conduziram, escritos por médicos escritores contratados por ela. Médicos-escritores são pagos por ela para elaborar artigos científicos para publicação com o nome de pesquisadores proeminentes, o que representa um conflito de interesse.

A prática da autoria fantasma (*ghost writing*), observada no meio científico em pesquisas financiadas pela indústria farmacêutica está associada ao sistema capitalista. O termo "propriedade intelectual" traduz a mercantilização do conhecimento e da informação. Tendo a autoria um valor comercial, a autoria fantasma se proliferou. Muitos autores famosos contratam um *ghost writer* para escrever seus livros. O nome do autor se torna uma marca comercial como uma grife para vender produtos. *Ghost writer* passou a ser uma "profissão" que se amplia de acordo com as demandas do mercado que trabalha da produção de livros, artigos (científicos ou não), dissertações, teses, trabalhos de conclusão de curso, entre outros. De acordo com o mercado, o texto escrito é um produto como outro qualquer. A produção de textos acadêmicos por terceiros é considerada uma atividade ilegal. Porém, funciona livremente, como pode ser comprovado pelos vários anúncios veiculados na mídia. Os alunos de cursos de graduação e pós-graduação são clientes em potencial para os *ghost writers* (Accioly, 2006).

Os pesquisadores lutam para publicar cada vez mais, produzem manuscritos pelos quais têm que pagar para serem publicados em bons periódicos científicos, que desfrutam do lucro do trabalho que é feito pelos cientistas. O ganho do cientista é o prestígio e o *status* no meio acadêmico. As políticas neoliberais e a mercantilização da ciência têm trazido prejuízos, pois os valores que a caracterizam estão sendo ameaçados pela busca do lucro, pela má conduta, pela perda da reputação moral que os cientistas deveriam desfrutar.

Outro tipo de má conduta na autoria de trabalhos científicos é a fragmentação e duplicação de publicações para artificialmente aumentar a produção científica do autor. As causas que mais induzem a essas situações parecem ser a pressão exercida pela academia e o desejo de ascensão social e profissional.

Quando a coautoria é inadequada, pode ocorrer até situações bizarras como no caso de um artigo que recebe críticas da academia pela má qualidade científica ou por ser fraudulento, e os coautores não se responsabilizam por ele. Essa é uma questão que serve de exemplo para a importância de um dos critérios de coautoria de um artigo que é a concordância em ser responsável por todos os aspectos do trabalho.

A prática de autorias inadequadas pode ser reduzida com a adesão às recomendações éticas do ICMJE ou da COPE. Elas ampliam a conscientização sobre autoria ética e, consequentemente, evitam-se autorias impróprias. Assim, editores e autores previnem a má conduta na autoria e garantem integridade aos conteúdos publicados. Uma outra iniciativa que veio contribuir para dar mais credibilidade e visibilidade aos autores foi o

Orcid (Open Researcher and Contributor ID). Trata-se de uma ferramenta universal lançada em 2012 que tem como função ser um identificador digital único e gratuito utilizado para diferenciação dos autores e para dar crédito às suas publicações. O Orcid aumenta a visibilidade dos autores ao divulgar seu trabalho. Está conectado a várias plataformas, como repositórios de dados, editores e financiadores, facilitando a gestão de informações de pesquisa (Zimba; Gasparyan, 2020).

Comércio de autoria científica e publicações

O produtivismo acadêmico, expressão do capitalismo na ciência, fez crescer um tipo de comércio francamente antiético que é o da venda de serviços de escritores fantasmas. Ela é facilmente identificada em anúncios da mídia impressa e eletrônica. Outro tipo de comércio no meio acadêmico é desenvolvido por periódicos científicos e editoras com práticas editoriais predatórias. Esses periódicos e editoras têm como único objetivo o lucro financeiro. A estratégia desses veículos é convidar potenciais autores a publicarem seus trabalhos mediante o pagamento de uma taxa. Em geral, os donos dos veículos de publicação buscam futuros clientes entre os pesquisadores que apresentam trabalhos em congresso, ou que já têm outras publicações. Entram em contato com esse pesquisador, elogiam a qualidade de seu trabalho e o seduz a publicar um artigo sobre o tema em sua revista, estando já previamente aprovado, ou seja, esse manuscrito não precisará passar pela avaliação dos pares. O futuro autor se sente lisonjeado com os elogios a seu produto e se entusiasma em vê-lo publicado, pois assim ampliará o valor de seu currículo acadêmico, o que lhe permitirá ter chances de ascender na carreira científica. Uma vez aceitando o convite, é informado a ele a necessidade de pagamento de uma taxa de publicação.

Assim como existem revistas comerciais, proliferam as editoras comerciais que também frequentemente oferecem serviços aos pesquisadores, utilizando técnicas de "vendas" disfarçadas de forma semelhante. Elas entram em contado com recém-mestres e recém-doutores oferecendo a oportunidade de publicar suas dissertações e teses no formato de livro. Essas editoras, em geral, omitem propositalmente sua verdadeira qualificação, informando indexações, *qualis* e fator de impacto falsos para convencer o futuro cliente a publicar o livro com eles, mediante pagamento. A mesma tática é utilizada para convites para escrever capítulos de livros. No capítulo 9 deste livro, esse tema é abordado de forma ampliada.

Segundo Grieger (2007), o comércio de trabalhos científicos na *internet* interfere negativamente na produção científica, visto que produz dados e informações científicas falsas, assim como contribui negativamente na formação ética dos graduandos e pós-graduandos, prejudicando suas carreiras científica e profissional. É preciso que as instituições de ensino debatam esse tema com seus alunos, assim como criem mecanismos de identificação de trabalhos científicos elaborados por escritores fantasmas.

Referências

ACCIOLY, M. I. Comércio de autoria: um sintoma da cultura pós-moderna. *Resgate*: *Revista Interdisciplinar de Cultura*, v. 10, n. 1, p. 27-40, 2006.

ANDRADE, R. O. Escrito a muitas mãos: estudo identifica aumento do número de artigos assinados por mais de mil autores na última década. *Revista Fapesp*, 2020. Disponível em: https://revistapesquisa.fapesp.br/escrito-a-muitas-maos/. Acesso em: 19 dez. 2024.

BARTHES, R. A morte do autor. *In*: BARTHES, R. (org.). *O rumor da língua*. São Paulo: Brasiliense, 1988. p. 57-64.

BEAVER, D.; ROSEN, R. Studies in scientific collaboration. *Scientometrics*, v. 1, n. 1, p. 65-84, 1978.

BIRNHOLTZ, J. P. What does it mean to be an author? The intersection of credit, contribution, and collaboration in science. *Journal of the American Society for Information Science and Technology*, v. 57, n. 13, p. 1.758-1.770, 2006.

CAMARGO JR., K. R.; COELI, C. M. Múltipla autoria: crescimento ou bolha inflacionária? *Revista de Saúde Pública*, v. 46, n. 5, p. 894-900, 2012.

COPE. *Guidelines on good publication practice*. Disponível em: chrome--extension://efaidnbmnnnibpcajpcglclefindmkaj/https://publicationethics.org/files/u7141/1999pdf13.pdf. Acesso em: 19 dez. 2024.

DALTRO, M. R. *et al.* Trilhas e desafios da experiência de autoria na escrita científica. *Ensaio*: *Avaliação e Políticas Públicas em Educação*, v. 32, n. 125, p. e0244312, 2024.

DIAS, W. T.; EISENBERG, Z. W. Vozes diluídas no plágio: a (des)construção autoral entre alunos de licenciaturas. *Pro-Posições*, v. 26, n. 1, p. 179-197, 2015.

DONEV, D. New developments in publishing related to authorship. *Prilozi*, v. 35, n. 3, 2020.

FARACO, C. A. Autor e autoria. *In*: BRAIT, B. (org.). *Bakhtin*: conceitos-chave. 5. ed. São Paulo: Contexto, 2005. p. 37-60.

FORTUNATO, M. V. Autoria na criação literária. *Fragmentum*, v. 51, p. 131-158, 2018.

FOUCAULT, M. Qu'est-ce qu'un auteur ? *In*: COLLECTIVITÉ ÉDITRICE (org.). *Bulletin de la Société française de philosophie*. 63. ed. Paris: Société Française de Philosophie, 1969. v. 3, p. 73-104.

FREITAS, C. M.; MAINIERI, A. G.; MÁRMORA, C. H. C. Ética e autoria nas revistas brasileiras de psicologia. *Revista Bioética*, v. 29, n. 3, p. 648-654, 2021.

GARCIA, C. C. *et al.* Autoria em artigos científicos: os novos desafios. *Brazilian Journal of Cardiovascular Surgery*, v. 25, n. 4, p. 559-567, 2010.

GRIEGER, M. C. A. Escritores-fantasma e comércio de trabalhos científicos na *internet*: a ciência em risco. *Revista da Associação Médica Brasileira*, v. 53, n. 3, p. 247-251, 2007.

GUIMARÃES, J. A. C.; HILÁRIO, C. M.; GRÁCIO, M. C. C. As dimensões do fenômeno produtivismo acadêmico e seu efeito danoso na atividade científica. *Em Questão*, v. 30, p. e138768, 2024.

ICMJE. *Recommendations for the conduct, reporting, editing, and publication of scholarly work in medical journals*. Disponível em: https://www.icmje.org/icmje-recommendations.pdf. Acesso em: 23 dez. 2024.

MESQUITA, C. T. *et al.* Disparidade de gênero na autoria principal e sênior em periódicos brasileiros de Cardiologia. *Arquivos Brasileiros de Cardiologia*, v. 119, n. 6, p. 960-967, 2022.

NÖRNBERG, L.; ZEN, G. C. Considerações acerca dos letramentos acadêmicos-científicos: o desafio de preservar a autoria e a identidade da e na escrita acadêmica. *Educação em Revista*, v. 39, p. e41756, 2023.

PARUZEL-CZACHURA, M.; BARAN, L.; SPENDEL, Z. Publish or be ethical? Publishing pressure and scientific misconduct in research. *Research Ethics*, v. 17, n. 3, p. 375-397, 2021.

PAULI, J.; BASSO, K.; GOBI, R. L. *et al.* The effect of co-authorship network density on the performance of postgraduate programs. *BBR. Brazilian Business Review*, v. 16, n. 6, p. 576-588, 2020.

PETROIANU, A. Autoria de um trabalho científico. *Revista da Associação Médica Brasileira*, v. 48, n. 1, p. 60-65, 2002.

PIETRUKOWICZ, M. C. L. C.; CARVALHO, L.; RIBEIRO, C. K. A autoria científica em CSP. *Cadernos de Saúde Pública*, v. 34, n. 11, p. e00174218, 2018.

SCHROTER, S. *et al.* Awareness, usage and perceptions of authorship guidelines: an international survey of biomedical authors. *BMJ open*, v. 10, n. 9, p. e036899, 2020.

SELBACH, H. V.; MOTTA-ROTH, D.; SCHMIDT, A. P. C. Academic Literacies: appraisal and social sanction about authorship and scientific integrity. *Revista Brasileira de Linguística Aplicada*, v. 18, n. 4, p. 703-736, 2018.

SILVA, A. P. A. C.; VANZ, S. A. S. Autoria, ordem de autoria e contribuição de autor: uma revisão de literatura. *RDBCI: Revista Digital de Biblioteconomia e Ciência da Informação*, v. 20, p. e022028, 2023.

SMITH, E.; WILLIAMS-JONES, B. Authorship and responsibility in health sciences research: a review of procedures for fairly allocating authorship in multi-author studies. *Science and Engineering Ethics*, v. 18, n. 2, p. 199-212, 2012.

SMITH, R. Authorship: time for a paradigm shift? *BMJ*, v. 314, n. 7086, p. 992, 1997.

STREET, J. M. *et al.* Credit where credit is due? Regulation, research integrity and the attribution of authorship in the health sciences. *Social Science & Medicine*, v. 70, n. 9, p. 1.458-1.465, 2010.

ZIMBA, O.; GASPARYAN, A. Y. Scientific authorship: a primer for researchers. *Reumatologia*, v. 58, n. 6, p. 345-349, 2020.

ZUIN, A. A. S.; BIANCHETTI, L. O produtivismo na era do "publique, apareça ou pereça": um equilíbrio difícil e necessário. *Cadernos de Pesquisa*, v. 45, n. 158, p. 726-750, 2015.

8
Plágio

Introdução

Plágio é conceituado como o uso parcial ou total de textos, figuras, fotos, tabelas, filmes de propriedade de terceiros sem autorização prévia dos proprietários dos direitos. É considerado má conduta científica quando ocorre de forma proposital ou por negligência, ou seja, uma fraude acadêmica. Porém, não é incomum o cometimento não intencional ou acidental do plágio.

Como dito no capítulo anterior, segundo a lei brasileira que trata dos direitos autorais (Lei nº 9.610, de fevereiro de 1998), em seu artigo 11: "*Autor é a pessoa física criadora de obra literária, artística ou científica*". E o direito à autoria está expresso na Constituição Federal de 1988, no Capítulo I, dos direitos e deveres individuais e coletivos, inciso XXVII artigo 5º: "aos autores pertence o direito exclusivo de utilização, publicação ou reprodução de suas obras, transmissível aos herdeiros pelo tempo que a lei fixar", corroborado pelo artigo 22 da lei dos direitos autorais: "pertencem ao autor, os direitos morais e patrimoniais sobre a obra que criou". Portanto, plágio é uma infração legal e ética, uma violação dos direitos autorais. A lei dos direitos autorais considera "plágio" a reprodução não autorizada de uma obra, cujos infratores respondem às sanções civis e penais cabíveis (Brasil, 1998).

No Código Penal, Decreto-Lei nº 2.848 de 7 de dezembro de 1940, o artigo 184 dispõe sobre a violação dos direitos de autor e os que lhe são conexos, ou seja, caracteriza o plágio como um crime contra a propriedade intelectual, com pena de detenção de três meses a um ano, ou multa. Tem quatro parágrafos com descrição de agravantes que podem levar a uma pena de dois a quatro anos acrescido de multa (Brasil, 1940).

No campo literário, o plágio tem conotações diferentes assim como o conceito de autoria apresentado no capítulo anterior, segundo as abordagens filosóficas de Barthes, Foucault e Bakhtin. Em artigo em que toma como referência conceitos do dialogismo de Mikhaïl Bakhtin e da intertextualidade de Julia Kristeva, Vianna Netto (2019) discute a obra do escritor Réjean Ducharme, na qual o plágio é considerado uma prática positiva e inevitável. O plagiador se apropria de fragmentos de textos de outros, transformando-o em um novo texto com sentido próprio. Nesse mesmo raciocínio, Bacchini (2016) afirma em artigo em que analisa a apologia do plágio em *Budapeste*, livro de Chico Buarque de Hollanda, que toda literatura é fundada na intertextualidade. O autor defende a ideia de que a boa literatura é sempre um plágio. Traz citações de outros autores, como Umberto Eco, que ao refletir sobre sua experiência como escritor, revela que toda história contada já foi contada anteriormente por outros. Autores sempre têm dentro de si ideias de outras obras lidas que acabam por colocar em seus romances com interpretações próprias. As fronteiras entre os textos são difíceis de demarcar.

Portanto, o conceito de plágio varia conforme a época. O que se considera plágio atualmente é diferente de outros tempos. Foi comum, na era das colônias, as nações colonizadoras tomarem para si obras regionais. Mesmo autores consagrados como Shakespeare têm em suas obras apontamentos de conteúdos de outras publicadas anteriormente (Arjuman; Chakraborty, 2024). Determinadas culturas como a persa aceitam e até estimulam a cópia de textos consagrados (Habibzadeh, 2023). No passado, os autores eram aqueles que copiavam textos para criar um outro a partir dos já existentes. A autoria na verdade não era o ato de escrever e sim de reescrever (Rinck; Mansour, 2013). O plágio passou a ser visto como um problema ético e legal a partir da criação da lei dos direitos autorais.

Fatores associados à ocorrência de plágio

Na atualidade se considera plagiador aquele que se apropria de forma dissimulada da obra de uma outra pessoa, com o intuito de passar-se por seu autor, sendo um crime, para o Código Penal e uma infração ética para a ciência. Contudo, nem sempre quem copia está sendo mal-intencionado. O plágio pode ser acidental. Alguns autores relativizam o plágio e argumentam que todo texto é composto por outros textos. A prática do plágio pode estar relacionada à dificuldade de escrever, principalmente de alunos que são pouco incentivados a ler e a produzir textos.

Em alguns ambientes educacionais existe mais preocupação com a caligrafia e a ortografia do que com a originalidade do que é redigido. É comum na formação básica a escrita ser desenvolvida por meio da prática de cópia de textos de livros, jornais e revistas, sem a informação sobre quem são seus autores. O plágio, muitas vezes, apresenta-se dissimulado na forma de intertextualidade, como será abordado mais adiante neste capítulo.

Na ciência existem outros tipos de plágio além da cópia de trechos de outras obras. Por exemplo, a apresentação de resultados ou conclusões obtidos de um estudo conduzido por outro autor como se fosse de sua autoria; a utilização de ideias ou dados conseguidos em análise de projetos ou manuscritos não publicados aos quais se teve acesso como consultor, revisor, editor ou assemelhado; a apropriação de ideias de outrem; a cópia de citações de textos de outros autores.

Muitos alegam que a *internet* propicia o plágio pela facilidade do uso de ferramentas como o "copiar e colar". Outros consideram que o plágio ocorre por parte de estudantes e professores pela falta de tempo, ou mesmo por preguiça ou desleixo. Contudo, a motivação mais forte alegada pela maioria é o carreirismo e produtivismo acadêmicos, o "publique ou pereça", frase célebre no mundo científico desde meados do século XX que força os pesquisadores a publicarem cada vez mais para sobreviverem profissionalmente na carreira acadêmica. A má fé também está presente em grande parte dos casos de plágio.

A competência para a elaboração de textos é aprendida ao longo da trajetória escolar. Autores criticam as falhas na formação básica no que diz respeito à leitura e à escrita, o que leva a uma insuficiente capacidade autoral. Essas deficiências incentivam a cópia e demonstram um desconhecimento dos procedimentos adequados. Soma-se a isso o modelo de ensino bancário em que o professor é o detentor do conhecimento que transmite passivamente ao aluno, o que favorece a cópia e o plágio (Freire, 2019). Outro fator que corrobora a deficiência na formação básica é a ausência de discussão sobre o tema "plágio" em sala de aula e também nos livros didáticos. Essa falta foi evidenciada em um estudo que analisou o conteúdo de 16 livros didáticos de várias áreas adotados nas escolas públicas do Distrito Federal e entrevistou cinco autores de livros didáticos brasileiros. Isso demonstra o pouco investimento educacional na formação ética dos estudantes e na valorização da honestidade científica (Castro; Lopes, 2019).

Para alguns autores, a prática de copiar e colar faz parte da cultura da escrita da era digital e é injusta a avaliação que se faz de quem utiliza essa ferramenta. Essas pessoas são denominadas de sem escrúpulos, sem caráter, trapaceiros e ladrões de direitos autorais. Devem ser identificados, denunciados e punidos. Vale lembrar que copiar textos nem sempre foi considerado plágio. O autor defende que o copiar e colar faz parte do processo de apropriação do conhecimento e de aprendizagem crítica que exige outras competências (Rinck; Mansour, 2013). Elaborar um texto coerente a partir de outros não é uma tarefa banal. Toda escrita é mesclada com outros textos, portanto, quem escreve nunca é um autor supremo, pois seu discurso é composto por várias vozes. Essa visão corrobora o conceito foucaultiano do autor como uma função enunciativa, aquele que junta discursos, enunciados e produz um texto (Foucault, 1969).

Para Alves e Moura (2016), a ocorrência de plágio é resultado do não domínio da escrita e do baixo conhecimento do tema. Os alunos têm dificuldade de argumentar em temas novos por falhas na formação básica que não incentiva suficientemente a leitura e facilita a cópia. Os autores ressaltam que a linguagem é formada pela constituição cultural do indivíduo no meio social. A fala de uma pessoa não é só dela, é a soma de várias falas dos indivíduos com quem dialoga no seu convívio. Ela é porta-voz não só do que ela pensa, mas também das ideias do meio em que reside. Pelo conceito de "habitus" do sociólogo Bourdieu, o sentido do que falamos, mesmo que não saibamos, não é produto somente nosso e nem temos domínio completo dele, visto que é construído socialmente e retrata um pensamento do meio social no qual estamos inseridos (Bourdieu; Chamboredon; Passeron, 2005).

Na avaliação de estudantes, os textos da *internet* são úteis, porque frequentemente os educandos estão sobrecarregados e não têm tempo suficiente para abrir mão dessa facilidade. Hoje não é mais necessário recorrer a bibliotecas em busca de livros e de periódicos científicos impressos. A *internet* oferece uma variedade muito grande de opções de textos acadêmicos sobre qualquer assunto que dão suporte para a escrita de trabalhos e facilitam as atividades acadêmicas. Em outros termos, os estudantes fazem plágio conscientemente, como observou Silva (2008) em pesquisa com estudantes de graduação em Letras. Todavia, nesse mesmo estudo, um participante ressaltou que nada se compara ao prazer de ser reconhecido por um trabalho que você foi capaz de fazer, apesar dos estudantes serem seduzidos pela facilidade em conseguir produzi-lo com o menor esforço.

A dificuldade de escrita acadêmica e a ocorrência de plágio foi constatada em investigação com estudantes universitários portugueses. Ao analisar textos sínteses de um artigo, elaborados por 44 alunos do primeiro ano de uma licenciatura em educação, os autores encontraram trechos de citações literais sem aspas e sem referência e muitos segmentos de plágio em mosaico. Poucos fizeram uso de paráfrases e de sínteses. Os autores consideram que os trechos copiados na maioria dos casos não foram devidos à intenção de cometer uma fraude e sim à falta de domínio da escrita acadêmica (Festas; Seixas; Matos, 2023).

Outra condição comum na ciência hoje é a ocorrência de plágio resultante da dificuldade de alguns autores de expressão no idioma inglês.

A língua universal da ciência atualmente é o inglês. Para quem não a tem como língua materna, a dificuldade de se expressar é maior. Isso, por vezes, favorece a ocorrência de plágio não intencional. A escrita científica é complexa, sendo difícil para cientistas cuja língua materna é muito diferente da língua inglesa. Portanto, considera-se aceitável em partes de um artigo científico, como a introdução e a metodologia, um certo percentual de palavras similares ao texto de outros autores (Habibzadeh, 2023).

Tipos de plágio

Existem variados tipos de plágio, assim como as motivações para sua ocorrência. Abaixo estão algumas definições:

- Plágio literal ou direto: copiar diretamente uma passagem do texto sem citar fonte, ou seja, é a cópia integral ou parcial de uma obra alheia sem os devidos créditos;
- Plágio-transliteral/plágio-pastiche: são denominações diferentes para uma prática semelhante em que se copia um texto ou parte de um texto alterando a ordem de palavras, dos conectivos ou das orações. Palavras são suprimidas ou trocadas por sinônimos. É uma cópia dissimulada, pois se misturam trechos de enunciados, de modo a iludir o leitor, não lhe permitindo reconhecer as origens do texto copiado e levando-o a entender que o plagiador é o verdadeiro dono das partes copiadas, direta ou indiretamente;
- Autoplágio: trata-se da publicação de um texto já publicado, sem alusão ao trabalho anterior, como se fosse original. O leitor é enganado, pensando estar lendo um conhecimento novo;
- Plágio de fontes: quando o redator, para elaboração de seu trabalho, utiliza uma citação do autor consultado e a cita em seu trabalho como se estivesse com o documento original em mãos.
- Plágio-inteligente: texto produzido por *softwares* de inteligência artificial (IA); o conteúdo é aparentemente original, mas baseado em adaptações de materiais já existentes sem o reconhecimento das

fontes. Trata-se do uso fraudulento da tecnologia de IA para produção de texto.

Outro tipo de plágio definido e utilizado por alguns teóricos é o ciberplagiarismo resultante do "copia e cola" da *internet*. Muitos acham que a *internet* veio facilitar a ocorrência de plágio, pois o espaço virtual não tem códigos de conduta estabelecidos, o que facilita a ocorrência da fraude.

Existem também os tipos de plágio que são disfarçados e de identificação mais difícil. Por exemplo, quando se copia textos de fontes diferentes e se misturam formando outro texto coerente; plágio por meio de tradução de um texto para outro idioma fazendo ajustes e melhorando o estilo; o denominado "plágio expansivo" em que se insere algumas palavras em um segmento de texto copiado ou o contrário, o "plágio contrativo" em que se cortam determinadas palavras de um trecho de um texto copiado; o "plágio em mosaico"/"colcha de retalhos" (*patchwriting*) é quando se misturam segmentos copiados de diferentes fontes, mudando a ordem das palavras e utilizando sinônimos. Outro tipo de plágio pouco identificado é o de ideias, denominado de "plágio conceitual".

O "plágio de fontes" é bastante comum. O correto seria o autor fazer a citação da citação, usando o termo em latim "*apud*" que quer dizer "de acordo com", referindo-se à fonte primária. Porém, essa prática não é cientificamente recomendada e deve ser evitada, pois, a interpretação que um autor tem de um texto pode ser diferente da de quem está escrevendo o novo texto. O mais correto é acessar o documento original que está sendo citado. Vale lembrar que no caso de fatos históricos e fórmulas matemáticas consagradas não é necessário fazer citações dos autores. Basta utilizar os termos "como é sabido" ou "como já amplamente divulgado".

Pastiche

Pastiche ou plágio-pastiche é muito comum na ciência, principalmente entre aqueles que são iniciantes e ainda não têm prática na escrita científica ou têm dificuldades por falta de conhecimento. O autor acredita que a troca de palavras por sinônimos confere originalidade ao texto, sendo desnecessário citar a fonte, o que é um equívoco, pois escrever a ideia de outra pessoa com suas palavras não torna a ideia original e é plágio.

A seguir vemos como exemplo, um excerto de parte de um artigo (Taquette, 2013, p. 627) e um plágio-pastiche do mesmo excerto, que mostra em itálico as palavras que foram substituídas por sinônimos.

- Texto original: "A *redução* das *desigualdades*, ou seja, da violência estrutural da *sociedade brasileira*, é uma *meta* a ser *perseguida* para a *garantia* dos direitos à saúde *de todos* e a *mudança* do *perfil* atual da Aids, que *evidencia* tão *nitidamente* as *injustiças sociais*".

- Plágio-pastiche: A *diminuição* das *disparidades*, ou seja, da violência estrutural presente *entre os brasileiros* é uma *finalidade* a ser *alcançada* para *assegurar* os direitos à saúde *da população* e a *transformação* do *aspecto* atual da Aids, que *comprova claramente* as *iniquidades da sociedade*.

Tanto o plágio-cópia como o plágio-pastiche são práticas indevidas e não autorizadas. Porém, nem sempre o plagiador é mal-intencionado. Pode cometer o plágio sem perceber, por desconhecimento, inexperiência, desorganização ou ingenuidade. A comunicação científica obedece a regras que nem sempre são bem conhecidas e apropriadas pelos pesquisadores, principalmente os mais jovens, pois frequentemente esse tema não faz parte das disciplinas oferecidas pelos programas de pós-graduação.

Autores consideram que muitos estudantes que cometem esse tipo de plágio não estão praticando uma desonestidade acadêmica. Eles redigem dessa forma por não terem capacidade de escrever criativamente ou de fazer sínteses com suas próprias palavras (Festas; Seixas; Matos, 2023).

Entretanto, o pastiche na arte é visto de forma diferente. É considerado uma obra em que se imita abertamente o estilo de outros autores escritores, pintores, músicos etc. É aceito quando sabidamente realizado com a intenção de ser um pastiche. Existem numerosos quadros pastiches de obras consagradas como a Monalisa, de Leonardo Da Vinci, exposta no museu do Louvre, em Paris, a Criação de Adão, de Michelangelo, na Capela Sistina, no Vaticano, entre outras facilmente encontradas na *internet.*

No campo literário, o pastiche é uma forma de intertexto que consiste na imitação direta do estilo de outro autor, sem a intenção de criticar ou satirizar a obra original, como ocorre em outros tipos de intertextualidade como a paródia. A intertextualidade é a sobreposição de um texto em outro, transformando seu significado, ou seja, são colocados novos conteúdos em um outro texto para produzir um novo com outro sentido ou com o sentido ampliado. Os textos apresentam partes semelhantes ou idênticas de outros textos produzidos anteriormente (Matos, 2024).

Existem diversos tipos de intertexto: alusão, paródia, epígrafe, paráfrase, citação, entre outros. A intertextualidade permite uma ampliação do sentido, na medida em que cria novas possibilidades. O poema como a *Canção do Exílio*, de Gonçalves Dias, publicado a primeira vez em 1845, já foi reescrito como intertexto por diversos autores, um exemplo famoso é o texto parodiado por Murilo Mendes.

Em trabalhos científicos, como artigos, dissertações e teses, sempre se utilizam ideias e informações de outros textos de autores diversos. Em geral, essas ideias e informações são apresentadas como paráfrases ou citações literais. Em ambas é necessário que se cite a fonte da informação original, pois, caso contrário, será caracterizado como plágio. As duas formas compreendem uma intertextualidade, pois aproveitam ideias já produzidas para contribuir com as novas informações.

Paráfrase

A paráfrase é uma intertextualidade em que o sentido original do autor é reafirmado nas palavras do novo autor, com pouca ou nenhuma semelhança estrutural com o original. Na paráfrase, o objetivo é escrever o tema do texto original numa nova linguagem. É muito usada nos textos científicos. Trata-se de uma criação textual de um autor a partir de fontes bibliográficas que são obrigatoriamente citadas.

A seguir podemos ver um exemplo de uma paráfrase feita a partir de um trecho de um artigo científico:

- Texto original: no momento atual, além da baixa efetividade das políticas nesse campo, evidenciam-se movimentos contrários a ela, como a retirada dos termos gênero e orientação sexual do texto do Plano Nacional de Educação, aprovado em 2014, provocada pela bancada religiosa do Congresso Nacional brasileiro (Taquette; Souza, 2019, p. 7).
- Paráfrase: segundo Taquette e Borges (2019), a retirada dos termos gênero e orientação sexual do Plano Nacional de Educação contribui negativamente na educação em sexualidade e, consequentemente, reduz a eficácia das políticas públicas em saúde sexual e reprodutiva.

Vale destacar que uma paráfrase não referenciada é considerada plágio. O uso de paráfrases é habitual e necessário na escrita científica, visto que se reproduz o entendimento que o autor tem de um conhecimento anterior que embasa e/ou complementa o estudo que está sendo relatado. Por meio das paráfrases, o leitor compreende os conceitos utilizados pelo autor e a fundamentação teórica do trabalho.

Citação literal

Trata-se de um excerto de um texto de um autor que é exaltado por outro. O novo autor considera o outro texto relevante e pertinente para o conteúdo de sua obra. É muito usada na ciência. A citação pode ocorrer de forma direta, quando se copia o trecho na íntegra e o destaca entre aspas. Pode ser também de forma indireta, quando se afirma o que o autor do texto original disse, mas explicando os conceitos com novas palavras, relacionando a abordagem com o novo conteúdo.

A citação literal, apresentada entre aspas ou deslocada do corpo do texto, em fonte menor, deve ser seguida da referência e da página do texto do qual foi retirada, como apresentado abaixo:

> No momento atual, além da baixa efetividade das políticas nesse campo, evidenciam-se movimentos contrários a ela, como a retirada dos termos gênero e orientação sexual do texto

> do Plano Nacional de Educação, aprovado em 2014, provocada pela bancada religiosa do Congresso Nacional brasileiro (Taquette; Souza, 2019, p. 7).

A citação bibliográfica pode variar conforme as instruções aos autores contidas no periódico científico ou no livro em que será publicado o texto. Existem normas diversas para o referenciamento da bibliografia utilizada e, a partir delas, os textos referenciados podem ser acessados, caso seja interesse do leitor. Todas as referências bibliográficas, independentemente da forma como são apresentadas, segundo os códigos adotados, contêm pelo menos: o título do trabalho; os nomes dos autores de forma integral ou abreviada; o ano de publicação; o nome completo do livro ou periódico científico, sendo que este último pode ser abreviado; editora e local no caso de publicação de livros; e número do volume/série e paginação.

Estimativas de plágio no meio acadêmico

O plágio é a má conduta científica apontada como a mais frequente. Alguns estudos têm sido desenvolvidos no sentido de estimar o plágio no meio acadêmico. Uma investigação realizada com 649 estudantes portugueses de cursos de áreas diversas evidenciou que o cometimento de plágio reduz à medida que avançam na formação. Do total de estudantes, 28% confessaram já ter cometido plágio. Entre os alunos de licenciatura, o percentual dos que plagiaram foi de 31%, e de 28% e 17% entre mestrandos e doutorandos, respectivamente. Contudo, a percepção do que é plágio para esses estudantes é muito variada. Apenas a cópia fiel de um texto de outrem para ser integrado a um trabalho próprio foi configurado como plágio por 96,5% deles. Três conjuntos de fatores sobressaíram como motivadores do plágio: necessidade de concluir as atividades curriculares a qualquer preço, que remete a questões éticas; o pensamento de que nunca serão apanhados, pois não estão sendo vigiados; e a avaliação de que não é uma atitude grave, já que todos o fazem, ou seja, sofrem influência dos pares (Ramos; Morais, 2021).

Estudo semelhante foi realizado com estudantes universitários e pós-graduandos de Myanmar. O autorrelato de plágio foi de 37,6%. Observou-se que, quanto mais avançados no curso, maior era a desaprovação em relação ao plágio, o que reforça a importância do treinamento sobre integridade ética em pesquisa (Phyo *et al.*, 2023). Esses dados são corroborados por estudo de revisão de artigos sobre plágio produzidos por pesquisadores da Ásia, sendo a causa comum de retratação de publicações de países dessa região. O plágio tem origem complexa e muitas facetas. Pode ser intencional, representando uma fraude científica, mas pode também ser consequente a problemas na escrita científica, por falta de conhecimento, por dificuldades de redigir no idioma inglês e até mesmo por falta de compreensão clara do que é plágio em países em que culturalmente este é aceito. Os autores concluem que para se evitar o plágio são necessários esforços no treinamento da escrita científica e em medidas regulatórias eficientes (Rodrigues *et al.*, 2023).

Investigação com estudantes de pós-graduação *stricto sensu* de uma Universidade do Estado de São Paulo teve o objetivo de verificar a ocorrência de plágio em textos elaborados por eles, como tarefa de uma disciplina, sobre tema facilmente encontrado na *internet*. A detecção do plágio se deu por meio de *softwares* de correspondência de texto. Os percentuais de plágio variaram de 15 a 100% conforme o software utilizado. Porém todos os textos apresentavam algum percentual de plágio. Os autores advertem que o plágio ocorre devido à deficiente formação de estudantes (Pezuk *et al.*, 2020).

Como lidar com o plágio no meio acadêmico

Quando se constrói um texto autoral, em geral parte-se de conhecimentos já existentes e se produz interpretações de acordo com os objetivos definidos. A linguagem é formada pela cultura do indivíduo em diálogo com o meio social, como já enfatizado, pois o discurso de um indivíduo é a junção de vários discursos de outras pessoas.

Há pouca discussão e reflexão sobre plágio no Brasil e muitos estudantes cometem plágio não intencional, sem perceber. Em geral, a prática do plágio está relacionada à dificuldade da escrita e hoje em dia se atribui à *internet* a maior facilidade do plágio e a sua disseminação, como já comentado anteriormente. Além disso, no espaço virtual, as regras de conduta não estão preestabelecidas. Em pesquisa realizada com estudantes e professores do ensino fundamental II de escolas de alto padrão da cidade do Rio de Janeiro (3 públicas e 1 privada) sobre a construção da autoria e combate ao plágio, os autores verificaram que os alunos consideram que plagiar é um comportamento errado, porém, plagiam por preguiça e por desinteresse na matéria ou no professor que solicitou o trabalho ou porque não compreendem o tema (Dias; Eisenberg, 2023). Conclui-se, desse modo, que o plágio reflete a dificuldade da escrita. Quem não consegue ser autor, pratica o plágio. Para preveni-lo, portanto, é necessário o ensino-aprendizagem da escrita.

O plágio não é uma novidade na ciência, porém pouco tem sido feito de forma efetiva para coibi-lo, pois há escasso treinamento sobre o assunto e um desconhecimento das consequências do plágio. Os alunos comentam que há muita facilidade de se encontrar textos prontos que servem para compensar a falta de tempo. Relatam também que não recebem orientações claras sobre a escrita acadêmica e frequentemente não reconhecem que estão cometendo plágio (Pezuk *et al.*, 2020).

É de grande importância, no meio científico, refletir-se sobre a ocorrência do plágio para se encontrar meios de reduzi-lo e de eliminá-lo. Para lidar com o plágio são necessárias estratégias e iniciativas para preveni-lo, identificá-lo e para punir aqueles que o praticam. Muitas vezes o plágio acontece de forma inadvertida e não intencional, como já ressaltado. Por exemplo, é comum que, ao estudar e ler muitos textos de um mesmo autor seminal numa determinada área acadêmica de interesse, o estudante ou pesquisador com menos experiência acabe incorporando certos textos desse autor como se fossem seus e os reproduza em manuscritos de sua própria autoria, sem citá-lo ou referenciá-lo. Outro fato comum é o hábito de estudar de alguns, por meio da elaboração de sínteses, que por vezes reproduz literalmente parte do texto de algum autor. Ao utilizar esses resumos na redação de dissertações, teses, ou mesmo manuscritos para publicação, o autor pratica cópia sem perceber. É importante quando se elaboram resumos em que se utilizam as palavras originais do texto que está sendo lido, que se coloque entre aspas e se registre a página em que foi subtraído o trecho, para se evitar gerar um plágio inadvertido. Não há impedimento de se utilizar os conceitos de um outro autor para fundamentar um texto, no entanto, é necessário mostrar de onde foram retirados, isto é, qual a fonte da informação. Os dados recolhidos de outro texto devem ser referenciados, pois se não forem, caracterizam uma apropriação indevida, ou seja, é plágio.

A percepção sobre o que é plágio e o conhecimento a respeito da integridade ética em pesquisa é insuficiente, como mostram alguns estudos. A má conduta científica é pouco abordada nas disciplinas afins (metodologia científica, produção e comunicação científica) e sem particularizar as características dos tipos mais comuns de fraudes, como o plágio. Portanto, há uma lacuna de conhecimento sobre ética em pesquisa a ser preenchida nos cursos superiores (Campanhão *et al.*, 2024; Guedes; Gomes Filho, 2015).

Prevenção do plágio

O principal meio de se prevenir o plágio é por intermédio de medidas educativas, tanto em relação ao conhecimento e o respeito às normas relativas aos direitos autorais quanto à elaboração de textos escritos. O estímulo à leitura e à escrita dos alunos, a ampliação da discussão sobre autoria e plágio na universidade, a promoção de uma cultura de integridade ética nas instituições científicas e agências de fomento são estratégias essenciais. Alguns defendem a obrigatoriedade de cursos de treinamento na pós-graduação com a incorporação dos princípios básicos da integridade ética na pesquisa. As instituições devem disponibilizar materiais instrucionais sobre fraude científica, incluindo o plágio. Além disso, é preciso fomentar ações de orientação, capacitação e formação ética.

Existe o compromisso ético dos cientistas de tornarem público o seu trabalho, isto é, o conhecimento produzido em suas pesquisas. A principal forma de divulgação científica dos resultados de um estudo é a publicação em periódicos científicos, que, quando bem qualificados, trazem em suas políticas editoriais recomendações internacionais a respeito de má conduta científica, o que inclui o plágio. Além disso, é dever de editores e revisores verificar nos manuscritos que avaliam a possibilidade de plágio e, caso o identifiquem, os autores devem ser comunicados, pois isso compromete a integridade ética do estudo.

Outras estratégias sugeridas para prevenir e evitar o plágio incluem: a anotação e a discussão de textos, evitando a prática de copiar e colar; apresentação de exemplos de plágio e explicação dos motivos para não plagiar; gerenciamento de tarefas no processo de escrita e publicação; treinamento de escrita por meio de paráfrases; e revisão cuidadosa de todo o texto ao finalizá-lo.

Alguns autores propõem que, para enfrentar o plágio, os alunos devem ser estimulados por seus professores a ler, a falar e a escrever. Deve haver espaço nos cursos e disciplinas para a produção de textos e seu acompanhamento sistemático, de forma que o professor possa verificar a qualidade do que foi escrito pelos alunos. A universidade também tem seu papel no estímulo à produção textual e discussões a respeito de integridade científica, incluindo a questão do plágio, visto que há uma lacuna desde o início da formação escolar sobre a questão do plágio (Dias; Eisenberg, 2015).

Identificação do plágio

A principal identificação do plágio é feita pelos próprios leitores. Porém, o ideal é o plágio ser identificado antes que o texto seja publicizado. Isso pode ser feito pelos revisores dos manuscritos e pelos editores de periódicos e livros. Com a criação de *software* de correspondência de texto, de detecção automatizada de textos similares, também conhecidos como aplicativos de detecção de plágio ou *softwares* antiplágio, essa tarefa se tornou muito mais fácil. Alguns programas estão disponíveis para *download*, outros para uso *on-line*, nos quais a pessoa interessada insere o texto que deseja rastrear.

No entanto, esses utilitários detectam similaridades textuais que não necessariamente são resultantes de plágio, já que não se sabe se o texto "copiado", utilizado como base de detecção do plágio, era original. Além disso, é possível que o autor tenha interpretado o texto-base de maneira original e, mesmo assim, seja detectado plágio em seu manuscrito. Avaliar e julgar textos em relação à possibilidade de plágio é um dos grandes desafios dos editores e revisores de manuscritos científicos (Machado; David; Morgon, 2023).

Os programas de detecção de plágio podem implementar dois tipos de abordagem: uma externa e outra intrínseca. No primeiro tipo, é necessário ter disponível uma série de documentos considerados originais para serem comparados com o texto em que se procura detectar o plágio. Na abordagem intrínseca, o processo de detecção compreende a análise apenas do texto que está sendo avaliado, sem fazer comparações com documentos externos, e visa reconhecer as mudanças no estilo da escrita particular de um outro como um indicador de potencial cópia.

Os *softwares* antiplágio são utilizados para a revisão de trabalhos acadêmicos, são comercializados e existe uma grande variedade deles. Eles avaliam o texto escrito e medem em porcentagem a quantidade de similaridades com outras publicações disponíveis na rede. Funcionam como ferramentas de combate a fraudes utilizados por editores e revisores de periódicos científicos, assim como professores e instituições de ensino. Alguns *softwares* indicam o percentual de similaridade que deve ser considerado plágio em um determinados texto. Outros deixam o julgamento do plágio sob a responsabilidade de quem está analisando os textos que foram considerados similares. Em geral, aceita-se um percentual de até 3% de similaridade. Vale destacar que é comum a utilização de citações literais, devidamente referenciadas, em textos científicos. Estas podem ser detectadas como cópias nos relatórios dos *softwares* antiplágio, mas não são. Portanto, é necessária a verificação de sua ocorrência para não classificar erroneamente um texto como plágio quando, na verdade, não é. A partir do uso de *softwares* antiplágio houve redução do número de textos coincidentes, o que demonstra ser eficaz no combate a esse tipo de fraude científica.

O funcionamento dos aplicativos antiplágio se baseia no uso de descritores significativos com seus sinônimos, acrônimos, variantes lexicais e paráfrase, e/ou alinham frases para realizar comparações e calcular a medida de semelhança entre os textos, e geralmente exibem uma lista ou colocam o texto similar lado a lado para que haja uma avaliação final. Os programas mostram a porcentagem de similaridade verificada, além de identificar nos trabalhos em que os trechos podem ser encontrados, mostrando a ligação entre eles. A quantidade de plágio observada no uso de *softwares* antiplágio é diferente dependendo das características de análise do programa utilizado. Um estudo mostra que os *softwares* gratuitos detectam menos plágio do que aqueles que são pagos. Os autores analisaram textos de 11 alunos de pós-graduação *stricto sensu*, elaborados em resposta às mesmas perguntas com seis diferentes *softwares*, havendo grande discrepância entre eles. Foram observadas largas limitações em alguns deles como: só permitir a análise de textos até um determinado número de palavras; não identificar plágio de textos divulgados pela Wikipedia; e não armazenar cópias de textos consultados previamente (Pezuk *et al.*, 2020)

É responsabilidade de quem está avaliando, analisar e julgar o texto, observando se os trechos detectados são: citação direta, parágrafo parafraseado, se tem citação, se a citação é semelhante à identificada ou se está diante de um plágio (Silva *et al.*, 2014).

Existem diversos *softwares* disponíveis no mercado: AntiPlagiarist; Check for Plagiarism; CopySpider; Farejador de Plágios; Plagium – Online; iThenticate; Plag.pt; Plagiarisma; Plagiarismdetector; Plagium; Plagius; Turn it in; e Viper.

O AntiPlagiarist[15] é um *software* gratuito que compara múltiplos documentos com rapidez.

O "Turn it in"[16] é um *software* muito usado. É um aplicativo pago e dispõe de versão em língua portuguesa compatível com plataformas de computador, celular e *tablet*. Disponibiliza três tipos de perfis de acordo com o usuário (aluno, assistente de ensino ou professor). O iThenticate[17] também é pago e não tem versão em português. O CheckForPlagiarism[18] verifica vários tipos de documentos, inclusive *links*. Trata-se de um *software* pago.

Por sua vez, o Copyspider[19] é um programa brasileiro para *download* com uma interface fácil e de boa navegabilidade, podendo ser utilizado em diferentes computadores. Apresenta uma versão gratuita e outra paga. Outro programa brasileiro é o Farejador de plágios[20], que também disponibiliza uma versão gratuita e outra paga, mais completa. Por fim, o Plagiarismdetector[21] é um programa *on-line*, de fácil interface e navegabilidade, com versão gratuita e paga.

Vale destacar que os aplicativos de correspondência de textos ou antiplágio não são perfeitos e identificam cópias, e não plágio, isto é, o *software* é uma ferramenta de detecção de cópias e não uma prova de plágio. A decisão sobre se é ou não plágio deve ser do revisor que usa o programa. Existem formas de enganar os algoritmos computacionais utilizando, por exemplo, letras em idiomas que têm diacríticos como os alfabetos escandinavo, japonês e hebraico (Spinak, 2014).

Os *softwares* antiplágio, além da sua finalidade primordial de detectar as fraudes, têm uma função educacional. Professores, editores e revisores

---

15. Disponível em: http://www.anticutandpaste.com. Acesso em: 24 dez. 2024.
16. Disponível em: https://www.turnitin.com/pt. Acesso em: 24 dez. 2024.
17. Disponível em: http://www.ithenticate.com. Acesso em: 24 dez. 2024.
18. Disponível em: https://www.checkforplagiarism.net/. Acesso em: 24 dez. 2024.
19. Disponível em: https://copyspider.com.br. Acesso em: 24 dez. 2024.
20. Disponível em: http://www.plagiarismcombat.com/. Acesso em: 24 dez. 2024.
21. Disponível em: https://plagiarismdetector.net/pt. Acesso em: 24 dez. 2024.

têm grande responsabilidade quando detectam uma fraude, no sentido de corrigi-la, punir o fraudador, retratar a fraude, prevenir que seja reincidente e que outras pessoas possam fazer o mesmo. É de grande importância o ensino sobre integridade ética na ciência para se evitar a fraude. Nos casos detectados, a postura do professor na punição deve ser cuidadosa para que não interfira em sua relação de confiança com o aluno. Nesses casos, obriga-se à manutenção da confiabilidade e do sigilo.

Abaixo, em síntese, algumas estratégias recomendadas aos autores para prevenir e evitar o plágio:

- Ao fazer resumos, anotar e discutir textos, evitando a prática de copiar e colar;
- Fazer exercícios de escrita acadêmica com paráfrases e citações literais, inserindo as devidas referências;
- Rever todo o texto ao finalizá-lo;
- Utilizar *softwares* gestores de referências;
- Utilizar *softwares* detectores de plágios antes da submissão de trabalhos.

Os *softwares* antiplágio têm provocado uma redução desse tipo de fraude acadêmica ao longo do tempo. Porém, com a chegada da IA, eles perderam a sua força, pois existem técnicas avançadas de mascaramento do plágio. Os *chatbots* (aplicativos baseados na IA que simulam conversas humanas) criam textos por meio do uso de fórmulas focadas no processamento e compreensão da linguagem humana, gerando um escrito único que parece original, mas é formado por partes de publicações existentes (Muñoz-Cantero; Espiñera-Bellón, 2024). Portanto, com a IA, um novo desafio surge no enfrentamento ao plágio de textos científicos, como será detalhado no próximo capítulo.

Punição ao plágio

A punição ao plágio pode ser desde uma reprimenda pública até a perda de cargos com comprometimento da carreira profissional. O reconhecimento do plágio pode gerar demissões e perda de títulos, como o de Mestre ou de Doutor, dependendo da gravidade de cada caso. A retratação pública é uma necessidade para que o meio acadêmico tenha ciência do ocorrido. Um artigo em que o plágio seja identificado deve ser removido e republicado claramente rotulado como retratado. Todavia, mesmo retratados os artigos continuam sendo eventualmente citados. Os *softwares* de gerenciamento de referências bibliográficas como o *Zotero*, o *EndNote* e o *Mendeley* dispõem de ferramentas que informam quando um artigo foi retratado.

O plágio como razão para retratação é frequente, principalmente em publicações de periódicos de baixo impacto e reduzido índice de citações por artigo, que são, em geral, veículos de publicação com processos menos rigorosos para submissão, avaliação e aprovação de manuscritos (Almeida *et al.*, 2016). Segundo os autores, esses periódicos são de países com menos tradição em pesquisa e com menos divulgação de procedimentos para assegurar a integridade acadêmica. É uma prática comum de periódicos científicos qualificados publicar cartas de autores com denúncias de plágio, assim como notas editoriais a respeito e espaço para os denunciados se posicionarem. Trata-se de uma iniciativa importante para que a má conduta não fique impune (Abeldaño; Fernández, 2019; Ciência & Saúde Coletiva, 2004; Lince; Yepes, 2019).

Além das reprimendas acadêmicas, existem penas previstas no Código Penal para quem pratica a violação dos direitos autorais expressas no artigo 184 (Brasil, 1940).

Referências

ABELDAÑO, R. A.; FERNÁNDEZ, A. R. Carta Resposta: queja por plagio de artículo. *Ciência & Saúde Coletiva*, v. 24, n. 1, p. 339-342, 2019.

ALMEIDA, R. M. V. R.; CATELANI, F.; FONTES-PEREIRA, A. J. *et al.* Retractions in general and internal medicine in a high-profile scientific indexing database. *Sao Paulo Medical Journal*, v. 134, n. 1, p. 74-78, 2016.

ALVES, M. F.; MOURA, L. O. B. M. A escrita de artigo acadêmico na universidade: autoria x plágio. *Ilha do Desterro*, v. 69, n. 3, p. 77-93, 2016.

ARJUMAN, A.; CHAKRABORTY, S. N. Plagiarism and authorship credit. *Indian Journal of Public Health*, v. 68, n. 2, p. 318-323, 2024.

BACCHINI, L. Se Chico Buarque numa noite de inverno... Apologia do plágio em Budapeste. *Revista do Instituto de Estudos Brasileiros*, v. 63, p. 18-41, 2016.

BOURDIEU, P.; CHAMBOREDON, J. C.; PASSERON, J. C. *Le métier de sociologue*. 5. ed. Paris: De Gruyter Mouton, 2005.

BRASIL. *Decreto-Lei nº 2.848, de 7 de dezembro de 1940*. Código Penal. Brasília: Presidência da República, 1940.

BRASIL. *Lei nº 9.610, de 19 de fevereiro de 1998*. Altera, atualiza e consolida a legislação sobre direitos autorais e dá outras providências. Brasília: Presidência da República; Casa Civil, 1998.

CAMPANHÃO, L. M. B. *et al.* O plágio a partir da percepção dos alunos da educação superior a distância. *Educação & Realidade*, v. 49, p. e136476, 2024.

CASTRO, S. R. F.; LOPES, C. O plágio nos livros didáticos e na visão de autores. *Cadernos de Pesquisa*, v. 49, n. 171, p. 224-242, 2019.

CIÊNCIA & SAÚDE COLETIVA. Nota da editoria científica sobre plágio. *Ciência & Saúde Coletiva*, v. 9, n. 4, p. 1087-1087, 2004.

DIAS, W. T.; EISENBERG, Z. Construção de autoria no combate ao plágio: um panorama da atividade de pesquisa escolar. *Pro-Posições*, v. 34, p. e20220034, 2023.

DIAS, W. T.; EISENBERG, Z. W. Vozes diluídas no plágio: a (des)construção autoral entre alunos de licenciaturas. *Pro-Posições*, v. 26, n. 1, p. 179-197, 2015.

FESTAS, I.; SEIXAS, A.; MATOS, A. Escrita a partir de fontes e suas relações com o plágio em estudantes universitários. *Educação e Pesquisa*, v. 49, p. e252586, 2023.

FOUCAULT, M. Qu'est-ce qu'un auteur ? *In*: COLLECTIVITÉ ÉDITRICE (org.). *Bulletin de la Société française de philosophie*. 63. ed. Paris: Société Française de Philosophie, 1969. v. 3, p. 73-104.

FREIRE, P. *Pedagogia do oprimido*. 67. ed. São Paulo: Paz e Terra, 2019.

GUEDES, D. O.; GOMES FILHO, D. L. Percepção de plágio acadêmico entre estudantes do curso de odontologia. *Revista Bioética*, v. 23, n. 1, p. 139-148, 2015.

HABIBZADEH, F. Plagiarism: a bird's eye view. *Journal of Korean Medical Science*, v. 38, n. 45, p. e373, 2023.

LINCE, V. E. D. F.; YEPES, C. D. O. Queja por plagio de artículo y solicitud de acciones correctivas. *Ciência & Saúde Coletiva*, v. 24, n. 1, p. 335-337, 2019.

MACHADO, G.; DAVID, J.; MORGON, N. Os desafios enfrentados pelos editores de periódicos científicos: plágio e produção de pesquisa falsa. *Química Nova*, v. 46, n. 9, p. 845-845, 2023.

MATOS, T. *Intertextualidade*. Disponível em: https://brasilescola.uol.com.br/redacao/intertextualidade-.htm. Acesso em: 19 dez. 2024.

MUÑOZ-CANTERO, J. M.; ESPIÑEIRA BELLÓN, E. M. Intelligent plagiarism as a misconduct in academic integrity. *Acta Medica Portuguesa*, v. 37, n. 1, p. 1-2, 2024.

NETO, A. R. V. Como plagiar sem perder a originalidade. O discurso dialógico de Bakhtin e o estatuto do bastardo – Em memória de Réjean Ducharme. *Bakhtiniana*: *Revista de Estudos do Discurso*, v. 14, n. 1, p. 125-149, 2019.

PEZUK, J. A. *et al.* El uso de *softwares* para identificar plagio en textos académicos y educacionales. *Educação e Pesquisa*, v. 46, p. e217838, 2020.

PHYO, E. M. *et al.* Knowledge, attitudes, and practices regarding plagiarism of postgraduate students in Myanmar. *Accountability in Research*, v. 30, n. 8, p. 672-691, 2023.

RAMOS, M.; MORAIS, C. As várias faces do plágio entre estudantes do ensino superior: um estudo de caso. *Educação e Pesquisa*, v. 47, p. e235184, 2021.

RINCK, F.; MANSOUR, L. Littératie a l'ère du numérique: le copier-coller chez les étudiants. *Linguagem em (Dis)curso*, v. 13, n. 3, p. 613-637, 2013.

RODRIGUES, F. *et al.* The cultural context of plagiarism and research misconduct in the Asian region. *Journal of Korean Medical Science*, v. 38, n. 12, p. e88, 2023.

SILVA, K. L. *et al.* Programas de busca de similaridade no combate ao plágio: contribuições para educação. *Journal of Health Informatics*, v. 6, n. 1, p. 10-14, 2014.

SILVA, O. S. F. Entre o plágio e a autoria: qual o papel da universidade? *Revista Brasileira de Educação*, v. 13, n. 38, p. 357-368, 2008.

SPINAK, E. Ética editorial – como detectar o plágio por meios automatizados. *Scielo em Perspectiva*, 2014. Disponível em: https://blog.scielo.org/blog/2014/02/12/etica-editorial-como-detectar-o-plagio-por-meios-automatizados/. Acesso em: 19 dez. 2024.

TAQUETTE, S. R. Epidemia de HIV/Aids em adolescentes no Brasil e na França: semelhanças e diferenças. *Saúde e Sociedade*, v. 22, n. 2, p. 618-628, 2013.

TAQUETTE, S. R.; SOUZA, L. M. B. M. Prevenção de HIV-Aids na concepção de jovens soropositivos. *Revista de Saúde Pública*, v. 53, p. 80, 2019.

9
Submissão de manuscritos em periódicos científicos e revisão por pares

Introdução

A pesquisa científica é a atividade básica da ciência e sua finalidade é contribuir para a solução de problemas, para o desenvolvimento da sociedade e o bem-estar das pessoas. O desenvolvimento humano é dependente da ciência. Grandes avanços ocorridos na humanidade foram fruto de estudos científicos. Vale destacar, no campo da saúde e entre os progressos promovidos pela ciência, a cura e a erradicação de doenças, o controle de pandemias e o tratamento do câncer. É dever ético de todo pesquisador compartilhar com a sociedade os produtos de seu trabalho, divulgando o conhecimento originado, pois este só tem valor se for publicizado.

O principal veículo de divulgação do conhecimento científico é a sua publicação, seja por meio de artigos em periódicos científicos, de livros, dissertações e teses. Esse conhecimento também pode ser exposto oralmente em aulas, conferências, apresentação de trabalhos em encontros científicos. Contudo, o meio de difusão de conhecimento mais valorizado no mundo da ciência é a publicação, principalmente em periódicos científicos, pois um artigo publicado em uma revista de boa reputação representa a opinião do autor validada pela revisão feita pelos pares. De longa data, só se considera uma informação como científica se ela for publicada. Segundo o pesquisador britânico John Michael Ziman (1969, p. 318), em texto veiculado na revista *Nature*, uma das mais prestigiadas no mundo da ciência: "[...] the results of research only become completely scientific when they are published"[22].

Portanto, a divulgação científica faz parte da obrigação do pesquisador, que, em épocas passadas, se utilizou até de cartas pessoais para essa tarefa. A divulgação por meio de publicação em revistas ocorreu pela primeira vez em 1665 na França e no Reino Unido. Gradativamente, essas revistas foram se expandindo em número e importância. No Brasil, as revistas científicas surgiram no século XIX, sendo a Gazeta Médica do Rio de Janeiro a primeira, em 1862. Contudo, somente no século XX, em 1917, a publicação científica passou a ser regular com os Anais da Academia de Ciências – antes, Revista da Sociedade Brasileira de Ciências (Souza, 2006).

A partir da década de 1980, o avanço tecnológico dos computadores permitiu uma propagação e aceleração do processo editorial e o surgimento da *internet* fez crescer a divulgação científica de forma prodigiosa. Em 1994, surgiu no Brasil a primeira publicação científica eletrônica, o *On-line Journal of Plastic and Reconstructive Surgery*, no Núcleo de Informática Biomédica da Universidade Estadual de Campinas – Unicamp. O crescimento da divulgação científica por meio de revistas eletrônicas é exponencial desde então (Souza, 2006).

Em 1997, nasceu a SciELO, *Scientific Electrocnic Library On-line*, biblioteca eletrônica criada por meio de um projeto de pesquisa financiado pela Fapesp – Fundação de Amparo à Pesquisa do Estado de São Paulo. A SciELO proporciona amplo acesso a artigos científicos completos dos periódicos que nela são indexados. Esses periódicos, para serem parte do acervo do SciELO, passam por um processo avaliativo de qualidade realizado por pares do meio científico. O número de periódicos da SciELO

22. "[...] os resultados da pesquisa só se tornam completamente científicos quando são publicados" (Tradução nossa).

vem aumentando ao longo do tempo e são acessados gratuitamente por qualquer pessoa em todo o mundo, o que ampliou exponencialmente a divulgação de trabalhos científicos brasileiros (Souza, 2006).

O processo de comunicação da ciência inclui o cumprimento de etapas que envolvem pesquisadores, avaliadores e meios de divulgação. Cabe novamente ressaltar que, na atualidade, o valor do pesquisador, dos programas de pós graduação e da ciência é medido principalmente pela publicação científica, pela sua quantidade e visualização. Quanto maior o número de publicações em revistas de alto impacto, ou seja, aquelas que recebem maior número de citações de seus artigos por outros autores, mais valorizado é o conhecimento e seu produtor. Portanto, é necessária a atenção reforçada nesse processo de publicação.

Como dito anteriormente, o desenvolvimento tecnológico proporcionou uma ampliação da divulgação científica que atualmente é feita, predominantemente, por publicação em via eletrônica. Na atualidade, praticamente todos os periódicos científicos têm uma versão digital que é a principal, com pequeno percentual de impressos. Muitas revistas só dispõem da versão digital. Essa digitalização da divulgação científica provocou, além da ampliação do número de revistas, a redução substancial dos custos de publicação. Contudo, a redução dos custos possibilitou também o surgimento das revistas denominadas "predatórias", que, para muitos, prestam essencialmente um desserviço à ciência, como veremos adiante.

Elaboração do manuscrito para publicação

Ao elaborar um manuscrito científico para publicação, os autores devem redigi-lo de forma clara, organizada e compreensível, de acordo com a norma culta da língua, evitando frases muito longas e confusas, pouco precisas e o uso de linguagem coloquial. A forma impessoal é a mais comum, mas nos estudos de natureza qualitativa usa-se comumente a primeira pessoa do singular ou do plural.

Um dos primeiros cuidados a serem transpostos é a escolha do veículo de publicação. O texto a ser preparado tem que estar dentro do perfil do periódico e no formato exigido nas instruções aos autores estabelecidas pela revista. Para se escolher o possível periódico no qual publicar, o *website* Jane: *Journal/Author Name Estimation* oferece boas opções. Por meio do título do manuscrito e/ou do resumo, esse *website* faz uma busca eletrônica de periódicos com conteúdos semelhantes e apresenta uma lista de revistas que contêm artigos de perfil similar ao que se pretende publicar, evidenciando o grau de influência de cada uma, o nível de confiança, entre outras informações. É necessário verificar os tipos e formatos de artigos dos periódicos escolhidos e seguir as normas de publicação na elaboração do manuscrito. O *website* também faz a busca de autores que publicaram artigos de mesmo teor que o manuscrito a ser submetido e de artigos similares.

A seguir, na Figura 9.1, está a imagem da tela de apresentação do *website* Jane, com o espaço para inserção do título e/ou resumo do manuscrito que se quer publicar:

Figura 9.1 – Jane: Journal/Author Name Estimation

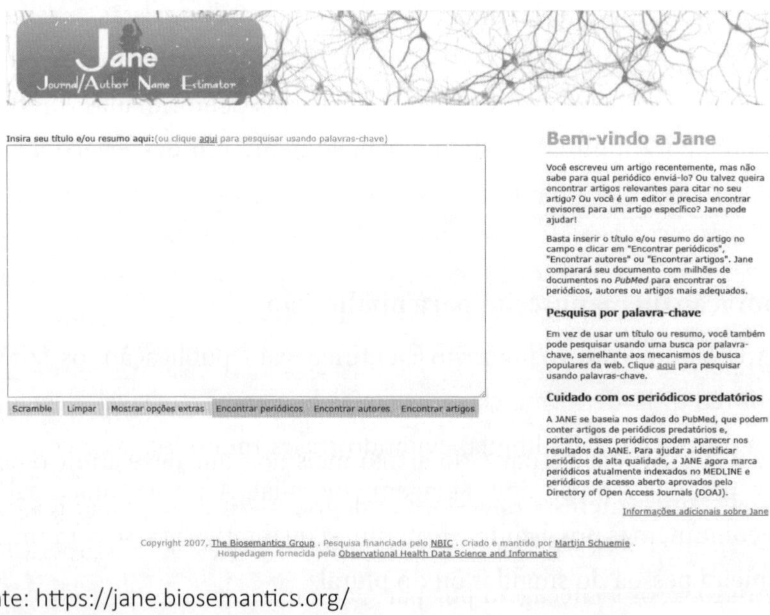

Fonte: https://jane.biosemantics.org/

Quando é feita a consulta ao *website*, ele indica os possíveis periódicos que têm o perfil do manuscrito e a qualificação de cada um deles, como mostra a Figura 9.2.

Figura 9.2 – Contexto

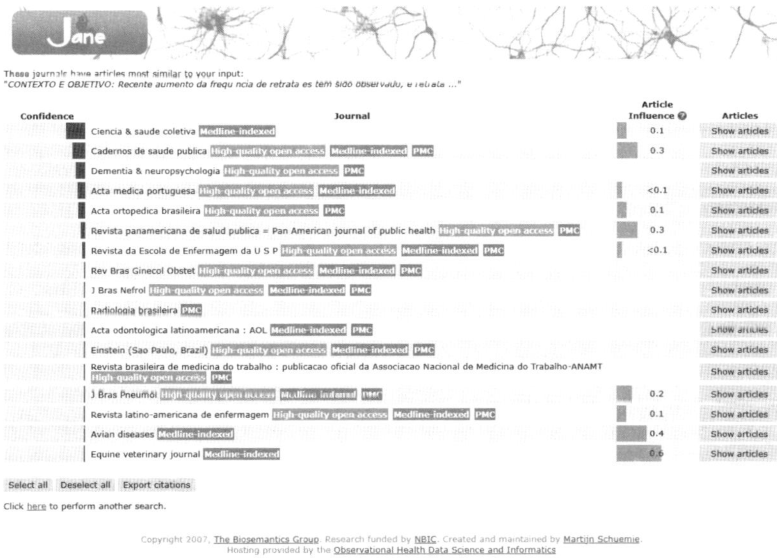

Diante desses conhecimentos, o autor do manuscrito deve procurar informações mais detalhadas do periódico escolhido, como: o Fator de Impacto (FI), que é o indicador bibliométrico que mede a relevância do periódico a partir do número de citações que recebe; em que base de dados ele está indexado como o PubMed, BVS, SciELO, entre outras; seu corpo editorial e científico; e o tempo médio entre a submissão e o aceite dos artigos, que pode ser verificado na primeira ou última página dos artigos nela publicados.

Após a escolha do periódico, buscam-se as instruções aos autores para adequar o texto às normas. Um dos itens mais importantes do manuscrito é o resumo, pois é a parte do artigo mais lida que deve atrair o leitor para que tenha interesse de lê-lo na íntegra. Além disso, é a única parte do artigo que é indexada nas bases eletrônicas de dados. No processo de submissão, após a checagem por parte administrativa do periódico, se o manuscrito segue as instruções fornecidas, ele é enviado ao editor. Em geral, os periódicos de boa reputação, com alto fator de impacto, recebem um número grande de submissões.

A primeira avaliação do manuscrito é feita pelo editor por meio da leitura do título e do resumo. O resumo deve mostrar uma síntese do estudo com destaque às contribuições que ele traz para a ciência e para a sociedade. O editor avalia se o manuscrito é sobre um tema que vai ao encontro do escopo do periódico, se traz conhecimentos originais, se está escrito na norma culta da língua, entre outros. Quando esses critérios não são preenchidos, o manuscrito é rejeitado de imediato. Do contrário, é encaminhado para uma avaliação que será feita por pelo menos dois pareceristas, que são pesquisadores experientes, da mesma área de conhecimento do trabalho submetido. Assim, fica clara a necessidade de o resumo ser muito bem redigido para o que manuscrito passe para a etapa de avaliação por pareceristas.

Todo manuscrito é composto preferencialmente pelo resumo, introdução, método, resultados, discussão - que pode vir com os resultados ou ser um item separado –, conclusões ou considerações finais (que são opcionais) e referências bibliográficas. Nas recomendações do ICMJE (2024) existem orientações sobre a preparação de relatos científicos. Dependendo do tipo de estudo, foram desenvolvidas orientações específicas. Por exemplo, para ensaios clínicos randomizados, utiliza-se o Consort[23] e, para estudos observacionais, o Strobe[24]. O Prisma[25] é usado nas revisões sistemáticas e metanálises e o Stard[26] para estudos de precisão diagnóstica. Para os estudos qualitativos, pode-se utilizar os critérios RATS[27] ou o Coreq (Tong; Sainsbury; Craig, 2007).

Em seguida apresentam-se sinteticamente os conteúdos que devem constar em cada seção do manuscrito.

---

23. Disponível em: www.consort-statement.org

24. Disponível em: http://strobe-statement.org

25. Disponível em: http://prisma-statement.org

26. Disponível em: http://www.equator-network.org/reporting-guidelines/stard/

27. Disponível em: https://bmjopen.bmj.com/content/suppl/2012/01/12/bmjopen-2011-000138.DC1/BMJ_Open_IMG_Physician_Migration_RATS_Checklist.pdf

Resumo

O resumo deve conter as informações essenciais da pesquisa realizada, sem fazer muitas explanações, pois seu tamanho é limitado. Todos os periódicos indicam nas instruções aos autores qual a dimensão máxima do resumo, geralmente em número de palavras ou de caracteres. Sua elaboração deve ser cuidadosa, com uma síntese do que tem de mais importante no artigo. O resumo deve atrair o leitor para o artigo completo, deve persuadi-lo sobre a importância e veracidade das informações que traz.

Uma parte relevante do resumo é a da conclusão do estudo. Ela deve ser objetiva, mostrar os resultados que atendam aos objetivos do estudo e destacar sua contribuição maior. Deve-se evitar jargões do tipo "são necessárias mais pesquisas sobre o tema", "os resultados devem ser considerados com precaução" ou "os resultados deste estudo podem ser úteis para".

Introdução

Na introdução, o problema de pesquisa deve ser apresentado com uma justificativa clara, explicitando sua importância. O problema ou pergunta de pesquisa é a dúvida que o pesquisador quis responder e o que define o objetivo da investigação. A apresentação da base teórico-conceitual do estudo, isto é, o estado do conhecimento sobre o assunto e os conceitos que foram utilizados deve ser sucinta. Expõe-se o que já existe de conhecimento sobre o problema de pesquisa de forma resumida e as evidências da lacuna de conhecimento que pretende preencher. Além disso, apresentam-se as hipóteses/pressupostos, que são as afirmações provisórias sobre o problema de pesquisa e o objetivo do estudo.

A justificativa confirma a importância do tema que foi estudado e a natureza e extensão da contribuição pretendida pelo trabalho. O objetivo informa o propósito do estudo e é derivado da pergunta de pesquisa, como uma forma de respondê-la.

Em geral, a introdução de um manuscrito a ser submetido tem extensão de cerca de uma página ou uma lauda e meia.

Método e população em estudo

O item seguinte é o do método e população em estudo. Deve-se descrever o método escolhido e sua operacionalização, quais técnicas, instrumentos e procedimentos foram utilizados para a produção de dados, de forma a deixar claro como e porque o estudo foi realizado daquela forma específica. A apresentação da população alvo do estudo deve vir com os devidos critérios de inclusão e, caso haja, os de exclusão.

O método utilizado é item do trabalho de suma importância e seu principal atributo, que não deve faltar, é a transparência. Devem ser descritos todos os passos cursados de forma que qualquer outro pesquisador, mesmo que mentalmente, possa reproduzir o estudo e entender que etapas foram percorridas para se chegar aos resultados e à conclusão apresentada. É preciso mostrar como foi a fase exploratória do estudo, o cenário em que foi desenvolvida, as estratégias de entrada no campo, a coleta de dados, a menção de quem a realizou e o critério amostral. Soma-se a isso a descrição de como os dados foram registrados e analisados, incluindo os *softwares* utilizados como apoio. Nos estudos quantitativos, deve-se descrever os métodos estatísticos detalhadamente, de forma que o leitor possa entender o que foi feito.

O último item da seção do método deve ser sobre os aspectos éticos do estudo. Informa-se em qual Comitê de Ética – CEP foi avaliado, os conflitos de interesse, se houver, a relação entre o pesquisador e o pesquisado e os cuidados que foram tomados em situações eticamente conflituosas, caso tenham ocorrido.

Resultados/Discussão

No item de resultados são apresentados os dados coletados/construídos no trabalho de campo, de forma contextualizada. Eles precisam ser coerentes com o que foi proposto. No caso de apresentação de tabelas e figuras, deve-se evitar de repetir no texto seus dados. Pode-se descrever apenas os dados mais importantes que precisam ser enfatizados. Todos os resultados apresentados devem obrigatoriamente ser discutidos e não se discutem dados que não foram exibidos. Na discussão, os resultados são interpretados de forma clara, apoiados na evidência científica e em diálogo com a literatura atualizada, de forma que o leitor compreenda aonde se quis chegar.

Conclusões/Considerações finais/Referências bibliográficas

As conclusões têm que ser baseadas nos resultados. Pode-se substituir as conclusões por considerações finais, nas quais é destacado o que tem de mais importante no estudo. Em geral, nas considerações finais não se utilizam referências bibliográficas. Outro dado que não pode faltar num manuscrito são as limitações do estudo. Todo estudo tem limitações e estas devem ser apontadas.

Todos os dados de outros estudos publicados que constam no manuscrito devem ser referenciados. As referências bibliográficas seguem as normas do periódico no qual o manuscrito será submetido e deve conter as informações que permitem seu acesso, como: o nome do autor, o título do trabalho, o nome do veículo de publicação, o número, o volume, a paginação e o ano de publicação.

Processo de submissão e avaliação de manuscritos em periódicos científicos

Uma vez que o manuscrito está pronto, dentro das normas de publicação do periódico em que será submetido, é necessária a elaboração de uma carta de apresentação, denominada "Cover letter". Nessa carta o autor apresenta o seu manuscrito, o que ele traz de conhecimento original e as contribuições que pretende dar. Informa também sobre sua experiência de pesquisa no tema do estudo e publicações anteriores. Deve incluir a descrição da participação dos autores no trabalho, o que cada um fez de acordo com os critérios da revista (contribuição substancial para a concepção do estudo, coleta e análise de dados, interpretação dos resultados, elaboração do manuscrito). Alguns periódicos solicitam que os autores incluam na carta uma declaração de que o manuscrito não foi nem está sendo submetido concomitantemente para avaliação em outro periódico.

Abaixo, na Figura 9.3, há um exemplo de *cover letter* de manuscrito submetido pela autora:

Figura 9.3 – Cover letter

Rio de Janeiro, 22 de dezembro de 2020.

Aos Editores da RSP

Encaminhamos para submissão o artigo original intitulado "**A invisibilidade da magnitude do estupro de meninas no Brasil**". Trata-se de uma pesquisa empírica cuja grande novidade é a evidência da subnotificação do estupro de vulnerável no Brasil. O estudo revela a grande lacuna que existe entre o que é notificado e o que é a realidade da violência sexual contra meninas menores de 14 anos e contribui com subsídios para reduzi-la.

Este estudo está inserido na linha de pesquisa das autoras cujas recentes publicações estão abaixo.

Afirmamos que o manuscrito não foi submetido em parte ou integralmente a nenhum periódico científico e nem será submetido a outra revista enquanto estiver sob consideração da Revista de Saúde Pública. Todos os autores se responsabilizam pelo artigo e contribuíram substancialmente para sua concepção, planejamento, análise e interpretação dos dados, elaboração e revisão crítica do manuscrito até a aprovação de sua versão final.

Declaramos que não há qualquer potencial conflito de interesse, real ou percebido. O estudo não recebeu financiamento.

Atenciosamente,

Stella Regina Taquette

P.S.: Informamos ter ultrapassado em 3 referências o número máximo indicado nas instruções aos autores, por considerarmos importantes os dados referenciados. Caso seja impossível mantê-los nos comprometemos a reduzi-los.

Publicações

1. Costa SF, **Taquette SR**, Moraes CL, Borges L, Moura MP. Contradições acerca da violência sexual na percepção de adolescentes e sua desconexão da lei que tipifica o 'estupro de vulnerável'. *Cadernos de Saúde Publica* 2020;36(11): e200218019, 2020. https://doi.org/10.1590/0102-311X00218019
2. **Monteiro DLM**, Martins JAFS, **Rodrigues NCP**, Miranda FRD, Lacerda IMS, Souza FM, Wong ACT, Raupp RM, Trajano AJB. Adolescent pregnancy trends in the last decade. *Rev. Assoc. Med. Bras.*2019;64(9):1209-1215. https://doi.org/10.1590/1806-9282.65.9.1209.
3. Teixeira SAM, **Taquette SR, Monteiro DLM**. Violence and sexually transmitted infections in pregnancy. Revista da Associação Médica

No mundo científico atual, em que impera a cultura do produtivismo acadêmico, a publicação de artigos em periódicos é muito valorizada. Portanto, o processo de avaliação de manuscritos é de grande importância e muito utilizado, apesar de não ser isento de críticas. Essa realidade poderá se modificar no Brasil com a nova sistemática de avaliação da Capes, vigente a partir do quadriênio 2017-2020, que passou a valorizar aspectos qualitativos dos programas de pós-graduação como a formação acadêmica e o impacto na sociedade do conhecimento produzido pelos pós-graduandos.

Após a submissão de um manuscrito, é feita uma averiguação por parte da equipe administrativa do periódico, se todas as instruções aos autores foram cumpridas. Caso não tenham sido, o manuscrito é devolvido ao autor para que faça os ajustes necessários e o preenchimento dos itens faltantes. O passo seguinte é a avaliação do editor, que decide se o texto será acolhido para ser analisado por pareceristas. Para o manuscrito ser aceito, duas características são fundamentais: 1. estar dentro do escopo editorial do periódico, ou seja, ir ao encontro da área de conhecimento abrangida pela revista; 2. trazer conhecimentos originais. Na sua avaliação, o editor lê na maioria das vezes apenas o resumo do manuscrito. Isso demonstra a importância de ele ser bem elaborado, como já enfatizado, contendo informações suficientes para mostrar que o estudo traz ideias novas e está dentro da área de conhecimento abarcada pelo periódico.

Quando o editor aceita a submissão do manuscrito, o texto é enviado para pelo menos dois revisores, que são pesquisadores com *expertise* no tema abordado no estudo que originou o manuscrito. Esses revisores são auxiliares dos editores no julgamento de quais manuscritos são mais adequados e consistentes do ponto de vista científico, além de avaliar quais trazem conhecimentos originais. Os revisores contribuem para a melhoria da qualidade do texto. Por vezes, o texto é enviado até para quatro ou cinco revisores.

A revisão feita pelos pareceristas é cega na maioria dos periódicos, ou seja, o autor do manuscrito não sabe quem são os revisores e nem os revisores têm conhecimento de quem é o autor ou os autores do texto. Porém, existem outras modalidades de avaliação. Ela pode ser: totalmente cega (*total blind review*), na qual nenhuma das partes tem acesso às identidades, seja dos autores, revisores ou editores; bilateralmente cega (*double blind review*) na qual tanto o revisor quanto o autor não se conhecem, mas o editor conhece ambos; parcialmente cega (*single blind review*) em que a identidade do avaliador é desconhecida, mas a do autor não; e totalmente aberta (*open review*), que se trata de uma avaliação na qual todas as partes têm acesso às identidades. Essa última é uma tendência atual, mas ainda pouco utilizada (Shigaki; Patrus, 2016).

Os revisores avaliam o manuscrito e emitem um parecer. Não são os revisores que decidem se o manuscrito será publicado, e sim o editor. Entretanto, os revisores podem indicar se o artigo deve ser rejeitado, aceito integralmente ou se necessita de adequações e ser novamente revisado após os ajustes realizados. Estes podem ser simples e pouco numerosos ou substanciais, exigindo um trabalho maior do(s) autor(es) para atendê-los.

Após receber os pareceres dos revisores, o editor toma a decisão pelo aceite ou não do manuscrito, com ou sem alterações, e este é enviado aos autores. A aceitação do manuscrito sem modificações é um acontecimento raro. Por melhor que seja o estudo e a qualidade do texto, os olhares diferenciados dos revisores quase sempre sugerem alguma modificação, mesmo que pequena.

Quando o manuscrito é rejeitado, isso gera frustração nos autores, principalmente nos mais novatos e com menor experiência de publicação. Os mais experientes em pesquisa e publicação também têm manuscritos não aceitos. Essa rejeição não deve ser motivo de abandono do trabalho. Quando o pesquisador está ciente do valor do estudo realizado e de sua importância, recomenda-se seguir em frente e realizar novas iniciativas de publicação. Deve-se aproveitar as críticas e sugestões dos revisores para apurar o manuscrito e submetê-lo em outro periódico. Por vezes, a rejeição do manuscrito pode ser injusta. No entanto, não há o que ser feito além de aprimorar o texto e submetê-lo em outra revista. Não é incomum um autor só conseguir ter seu trabalho publicado na quarta ou quinta tentativa, após vários ajustes sugeridos pelos revisores e o manuscrito ter sido aperfeiçoado.

Quando o manuscrito não é rejeitado, o editor envia uma mensagem com os pareceres para os autores, estabelecendo um prazo para que os ajustes sejam realizados. Após receberem os pareceres, os autores devem fazer as modificações com as quais concordar e submeter a nova versão reformulada do manuscrito no periódico. As modificações necessitam ficar visíveis no texto reformulado. Este será novamente avaliado, de preferência pelos mesmos revisores que fizeram a primeira análise. Caso não concordem com alguma recomendação do parecerista, os autores devem justificar por que não foi atendida. Para a ressubmissão do manuscrito, é preciso elaborar uma carta de reapresentação descrevendo detalhadamente tudo o que foi ou não reformulado.

Carta de reapresentação

Quando os autores recebem os pareceres, muitas vezes ficam aborrecidos e incomodados, pois tiveram um árduo trabalho desde o início da pesquisa até a elaboração final do manuscrito. Entretanto, deve-se olhar para o lado positivo da avaliação. As críticas e recomendações dos revisores contribuem para o aperfeiçoamento do trabalho, e se o manuscrito não foi rejeitado nessa primeira avaliação, tem grandes chances de ser aceito no final. Mesmo quando os autores não concordam com as críticas, não devem tomar atitudes de revolta ou agressivas, pois de nada adiantará. Os autores devem atender às recomendações com as quais concordar e justificar as que não forem atendidas. A explicação sobre as mudanças realizadas deve vir na carta de reapresentação. Todo comentário ou exigência dos revisores deve ser respondido.

Nessa carta, alguns cuidados são importantes. Deve-se agradecer as recomendações e contribuições dos revisores e informar que as alterações no manuscrito que foram realizadas estão destacadas em vermelho, de forma a deixar claro sobre o que foi modificado.

Em seguida, apontar item por item das recomendações – o que foi ou não modificado e o motivo – de cada parecer emitido pelos revisores. Veja o exemplo da Figura 9.4 de uma carta de reapresentação de manuscrito da autora que foi publicado:

Figura 9.4 – Carta de reapresentação de manuscrito

Rio de Janeiro, 10 de março de 2021.

Aos Editores da RSP

Agradecemos as considerações dos revisores. Encaminhamos nova versão do manuscrito "A invisibilidade da magnitude do estupro de meninas no Brasil" com as correções sugeridas destacadas em vermelho. Abaixo respondemos aos questionamentos dos revisores.

Atenciosamente,

Stella Regina Taquette

REVISOR 1

Resumo: ....a conclusão deve ser revista.

AA: Concordamos com a sugestão e alteramos a conclusão.

Método: Aplicação do fator de correção de 0,79.... pode distorcer a real distribuição das gestações.

AA: Concordamos que possa haver uma distorção da real distribuição, contudo acreditamos que essa não altera os resultados alcançados no estudo. Na impossibilidade de obtermos o número real das gestações interrompidas, pois este dado não está disponível no DATASSUS por idade e sim por faixa etária de 10 a 14 anos, esse índice encontrado na projeção do censo foi o que nos pareceu mais adequado para a esta estimativa, apesar de sabermos que este número de notificações de violência sexual poder estar superestimado. Estes resultados reforçam o que estudo quer mostrar, a magnitude da subnotificação do estupro de vulnerável. Fizemos outras análises sugeridas pelo revisor no item resultados.

Resultados: ... O trabalho seria enriquecido se esses dados de notificação do SINAN descritos na tabela 1 fossem relacionados a população da mesma faixa etária para dimensionarmos o estupro de vulneráveis do sexo feminino no Brasil.

AA: Refeita a tabela 1 conforme sugestão do revisor. Refizemos os cálculos e retiramos os casos (n=892) em que a Região Brasileira era ignorada, daí o valor total estar diferente do anterior.

Resultados: ... Tabela 2, 3 e 4 poderiam ser excluídas pois apresentam apenas etapas do cálculo do total de estupros de vulneráveis do sexo feminino.

AA: Refizemos a tabela 1, excluímos a tabela 2, mantivemos a tabela 3 (que agora é a de nº 2),

Em todo processo de submissão de manuscritos para publicação as diretrizes de Integridade de Pesquisa do CNPq devem ser seguidas. Estas ressaltam a obrigação de adotar os melhores padrões éticos desde a elaboração do projeto que deu origem ao estudo que está se propondo ser publicado. Caso o estudo já tenha sido publicado antes em congressos ou em sites da *internet*, essa informação precisa estar nítida na submissão do manuscrito aos editores e leitores. Na atribuição da autoria, recomenda-se seguir critérios claros e cientificamente válidos, de preferência os já estabelecidos e consolidados, como os do International Committee of Medical Journal Editors (ICMJE, 2024). A inclusão de autores deve ser discutida pela equipe, de preferência antes da elaboração do manuscrito. Não se pode omitir resultados que por acaso não eram os previstos no estudo ou que contrariam o ponto de vista do autor. É preciso tomar cuidado para não se cometer plágio ou pastiche. Todas as paráfrases devem ser referenciadas, assim como as citações literais e que, além da referência, devem conter a página de onde foram retiradas e virem entre aspas ou deslocadas, com fonte menor, quando são citações longas. Não se deve usar fontes secundárias nas paráfrases, pois se deve sempre consultar o trabalho original que será parafraseado. Não é correto citar trabalhos de relevância questionável. Todos os autores são responsáveis pela veracidade e idoneidade do trabalho e devem ser capazes de descrevê-lo, incluindo a sua contribuição pessoal.

Revisão de manuscritos por pares

A publicação científica mais valorizada na ciência atualmente é a de artigos em periódicos científicos. O motivo para essa valorização é a sua confiabilidade, visto que se trata de uma publicação que foi revisada por pares, ou seja, especialistas avaliaram, criticaram, o trabalho foi melhorado e, em seguida, reavaliado antes de ser aceito e publicado. Portanto, essa revisão pressupõe a seleção dos melhores trabalhos. Os pares são profissionais competentes na área do artigo. Por meio da revisão especializada eles propõem correções e aprimoramentos ao texto. A melhora do manuscrito, tanto na sua clareza como no seu conteúdo, é uma das mais importantes contribuições do processo de revisão por pares. Os revisores são verdadeiros consultores dos autores, com o objetivo de aperfeiçoá-lo. Desde o século XVII se tem notícias de mecanismos de avaliação das pesquisas realizadas para conferir credibilidade ao conhecimento produzido (Davyt; Velho, 2000).

A revisão por pares (*peer review*) é um processo de avaliação de trabalhos científicos por especialistas independentes. Eles assessoram o trabalho do editor na seleção dos artigos a serem publicados. Além de avaliarem a qualidade do manuscrito, os revisores também podem detectar casos de má conduta científica, como plágio, falsificação de dados e eventuais conflitos de interesse. O processo de revisão valida o conhecimento produzido e garante que ele contribua para o corpus teórico da ciência (Coimbra Junior, 2003).

Esse processo de avaliação também é utilizado em projetos submetidos em editais para concessão de auxílios e bolsas. O trabalho é analisado por pesquisadores qualificados da mesma área, com a decisão final de aceitação ou rejeição do trabalho feita pelo editor. Esse sistema de avaliação não é perfeito, porém, é reconhecido na ciência como o melhor e mais justo. Tem sido alvo de críticas por aqueles que o consideram caro e trabalhoso, que afirmam que provoca uma demora na publicação e que não é muito eficaz para detectar as fraudes e a má conduta. Em uma pesquisa desenvolvida por meio de entrevistas com revisores experientes da área da Administração sobre o processo de revisão por pares, verificou-se que estes se sentem sobrecarregados e não têm seu trabalho reconhecido no meio acadêmico. Os revisores entrevistados se queixam também da falta de padrão de qualidade na seleção dos avaliadores e da necessidade de ter mais avaliadores para criar uma rotatividade entre eles. Além disso, referem que os editores são parciais e autoritários. Para solucionar esses problemas sugerem que exista uma política de profissionalização e de premiação do avaliador. A profissionalização se daria por meio de treinamento e a premiação poderia ser por meio do recebimento de pontos por artigo avaliado dado pela Capes. Esses pontos iriam para o programa em sua avaliação trienal ou para o próprio professor como uma produção técnica. Outra sugestão de premiação foi a emissão de certificado pelo periódico para o melhor parecer (Shigaki; Patrus, 2017).

A maior parte dos manuscritos submetidos em periódicos científicos não chega a ser publicada. Alguns manuscritos só são publicados após terem sido submetidos a vários periódicos. Com os pareceres dos avaliadores de diferentes periódicos, o autor vai aperfeiçoando seu trabalho até ser aceito. O editor tem o compromisso ético de zelar e garantir a integridade científica do periódico. Deve manter o sigilo dos manuscritos e ser imparcial.

O revisor, ao avaliar o artigo, deve propiciar ao editor elementos para que possa decidir pela aceitação ou não do manuscrito, na primeira versão ou após modificações recomendadas na revisão. O parecer não deve ser de aceitação ou rejeição do manuscrito. Essa decisão é do editor. O revisor deve justificar todos os comentários que fizer, mesmo quando é elogioso, ou seja, não basta apenas indicar a sua aceitação quando o manuscrito tem grande qualidade. Ela deve ser justificada no parecer. Contudo, não é papel do revisor corrigir o manuscrito e sim apontar os problemas identificados e sugerir possibilidades de mudanças, de forma respeitosa, para contribuir com seu aperfeiçoamento se considerar que isso é possível.

Quando o revisor recebe um convite para fazer a revisão, deve respondê-lo o mais rapidamente possível, para que não haja demora no processo de avaliação. Todo revisor também é autor de artigos científicos e passa pelo mesmo processo. Sabe o quanto é importante para o autor uma resposta célere, pois o conhecimento científico tem "prazo de validade", isto é, pode ficar defasado no tempo com as novas descobertas.

Esse processo de revisão em geral não é remunerado. Alguns poucos periódicos oferecem pagamento. O revisor precisa revelar conflitos de interesse e, quando houver, renunciar a fazer a avaliação. A revisão tem por objetivo evitar a publicação de trabalhos ruins com problemas na concepção, no projeto, na execução ou no relato. Contudo, não deve recusar avaliar novas pesquisas e teorias inovadoras, por vezes ainda desconhecidas. Ao fazer a revisão, deve-se selecionar aqueles manuscritos que são de maior interesse para os leitores e fornecer evidências aos editores para que possam decidir sobre a aceitação dos manuscritos para publicação. O trabalho de revisão pode melhorar a qualidade e a elegibilidade de uma publicação.

O processo de revisão não é uma unanimidade. Sofre críticas por dificultar publicações de conhecimentos mais inovadores, por também cometer erros de avaliação e, por vezes, o processo não ser totalmente às cegas, pois parte do manuscrito pode revelar inadvertidamente a sua autoria. No entanto, os argumentos a favor desse processo são mais valorizados do que os que são contra. Considera-se atualmente que a revisão às cegas é mais imparcial e sempre contribui para a melhora do manuscrito, uma vez que é um *feedback* especializado aos autores. O fato de ser às cegas daria mais liberdade aos revisores.

Na revisão por pares pode ocorrer fraude por motivos diversos. Pode haver conflitos de interesse entre o revisor e o autor, tanto no sentido de enaltecer um manuscrito de má qualidade devido, por exemplo, a uma relação de amizade entre eles, quanto ao revisor fazer críticas não justificadas para prejudicar um autor que é seu concorrente. Há também casos de roubo de ideias por parte do revisor ou mesmo negligência na realização da revisão, resultando num parecer inadequado. Artigo publicado na revista da Fapesp (2022) revela grande número de retratações de artigos em que houve indícios de manipulação na revisão por pares.

Condutas editorais inadequadas também acontecem. Por exemplo, quando o editor não respeita o devido processo, provocando atrasos nas decisões de avaliação de manuscritos. Pode haver falhas no processo não valorizadas pelo editor, ou este não toma providências quando as falhas são identificadas e não investiga, por exemplo, comportamentos suspeitos de má conduta científica, ou não retrata artigos em que se identificam fraudes (Gollogly; Monen, 2006). Alguns editores por vezes não estão bem familiarizados com normas já consolidadas, com as do ICMJE, como foi verificado em estudo de revisão sobre ética e práticas de autoria (Marušić; Bošnjak; Jeroňcić, 2011).

Existem regras simples indicadas para o trabalho dos revisores. A primeira, é não aceitar uma revisão se não tiver tempo de fazê-la no prazo solicitado pela revista e quando houver conflitos de interesse. Ao se colocar no lugar do autor, o revisor pode ser mais empático no seu parecer e escrever da forma como gostaria de receber caso fosse o autor. Vale a pena o revisor desenvolver um método de revisão que lhe auxilie a não deixar passar dados importantes. O tempo despendido em uma revisão depende do manuscrito. Alguns demandam longo tempo, assim como a leitura de novas bibliografias, para ter condições de analisar o manuscrito. O parecer deve ser escrito em linguagem clara, sucinta e em tom neutro, mas sem ambiguidades.

Os periódicos oferecem aos revisores um espaço para que envie comentários que só serão lidos pelo editor e não pelos autores. É aconselhável que os revisores utilizem esse espaço com comentários que os auxiliam a tomar a decisão sobre o acolhimento do artigo.

Na avaliação do manuscrito, o revisor deve verificar a originalidade e relevância do trabalho, qual a lacuna de conhecimento que o autor quis preencher, se o método escolhido é adequado, se a amostra foi suficiente, se os resultados são significativos e se as conclusões estão embasadas nos resultados.

Em síntese, o trabalho do revisor deve adotar os seguintes passos:

1. Avaliar o título e o resumo, identificando o tema central do artigo, sua importância e originalidade;

2. Ler a introdução e verificar se o objetivo está claro, se tem uma justificativa válida, hipóteses e pressupostos;

3. Avaliar o método, que é de extrema importância: o autor deve ter mostrado de forma transparente todos os passos dados de forma que qualquer leitor possa analisar sua adequação e reproduzir em pensamento o caminho percorrido, incluindo como os dados foram analisados e as questões éticas;

4. Verificar nos resultados se eles atendem aos objetivos; a interpretação dos dados deve ser fundamentada em diálogo com a literatura e as análises, coerentes aos resultados apresentados;

5. Verificar nas conclusões e/ou considerações finais se o manuscrito evidencia as contribuições do estudo e se apresenta suas limitações;

6. Analisar se a escrita geral está de acordo com a norma culta do idioma, sem o uso de jargões;

7. Verificar se as referências bibliográficas estão adequadas e atualizadas.

Na elaboração do parecer, o revisor pode iniciá-lo com sua impressão geral sobre o trabalho, como ele vê a sua importância na área de conhecimento que aborda, sua originalidade ou não e o porquê, assim como sua validade e confiabilidade. É comum o revisor ter de fazer um rápido levantamento da literatura atualizada para se certificar da novidade trazida pelo manuscrito que está avaliando. Deve comentar se o método é adequado ao estudo realizado, se está descrito de forma transparente e, se faltou algum dado, deve apontá-lo. É necessário anotar os pontos fortes e fracos do manuscrito e o que pode e deve ser melhorado. O parecer deve ser técnico e sucinto e ser disponibilizado no prazo previsto para que não haja atraso no processo.

O revisor deve fazer comentários específicos ao editor, aos quais o autor não tem acesso. Deve ser honesto ao dar sua opinião sobre o manuscrito de forma técnica, sem ser demasiado rígido. Informar se o manuscrito precisa de revisões menores ou maiores e mais extensas, sempre de forma justificada.

Em síntese, são responsabilidades do revisor: não aceitar fazer uma avaliação para a qual não se sente competente ou quando há conflitos de interesse; fazer uma avaliação crítica sem preconceitos e respeitosa; não revelar nenhuma parte do manuscrito para outra pessoa; identificar casos de plágio ou citação inadequada ou omitida no texto; e cumprir os prazos acordados para a entrega da avaliação. O editor também tem grandes responsabilidades no processo de avaliação de manuscritos para publicação. Ele é quem conduz todo o processo, zelando pela manutenção de sua integridade ética e qualidade científica. Os periódicos científicos, por meio de sua editoria, têm o compromisso de garantir a disseminação do conhecimento de forma ética. O editor deve assegurar que todos os manuscritos submetidos sejam avaliados e é o responsável pela palavra final a respeito do aceite ou não para a publicação (Goldenberg, 2001).

Um manuscrito pode ser de má qualidade por motivos diversos. O objeto de pesquisa pode estar pouco claro, ser de relevância questionável ou não ser original. A ausência de transparência metodológica compromete todo o trabalho, pois não possibilita sua reprodutibilidade, característica essencial do conhecimento científico. Ocasionalmente, o autor mostra resultados que não analisa ou discute dados não apresentados. Conclusões que não estão baseadas nos resultados apresentados também comprometem a qualidade do estudo. A escrita do artigo com erros ortográficos e qualidade precária afeta seriamente a condição do manuscrito.

Manchikanti *et al.* (2015), pesquisadores da Universidade de Lousville, New Orleans, EUA, argumentam sobre os prós e contras do processo de revisão por pares de periódicos científicos da área médica. Defendem que uma revisão por pares apropriada e transparente é necessária ao progresso científico, pois garante a qualidade do conhecimento que será divulgado.

Em artigo editorial, pesquisadores brasileiros fazem recomendações sobre as etapas do processo de revisão de manuscritos para publicação. No início do parecer, o revisor deve fazer um breve sumário sobre como vê o artigo como um todo, seus objetivos, métodos e achados importantes, assim como a relevância do tema pesquisado. Em seguida, o revisor deve fazer comentários gerais com justificativas sobre a originalidade do estudo, sua validade e relevância, podendo destacar os pontos fortes e fracos do estudo. Depois dos comentários gerais, deve-se fazer comentários específicos de cada seção do manuscrito e a respeito da qualidade da escrita do ponto de vista gramatical e da compreensão do que se está querendo dizer. As referências devem ser avaliadas quanto à sua pertinência, amplitude, atualização e se estão de acordo com as normas editoriais do periódico em que foi submetido o manuscrito (Rochitte; Mesquita, 2018).

Os revisores, como já ressaltado anteriormente, não têm o poder de decisão se o manuscrito deve ou não ser aceito e nem devem fazer recomendações sobre aceitação ou não no parecer a ser enviado para os autores. Porém, pode sugerir para o editor essa recomendação, de forma justificada e honesta.

Vale ressaltar que os comentários dos revisores devem ser técnicos e respeitosos, no sentido de contribuir para a melhoria do estudo. Não é aconselhável ser rígido de forma extrema, uma vez que todo trabalho pode ser melhorado e nunca será unânime em termos de qualidade para todos.

O processo de revisão por pares nas revistas bem qualificadas demora cerca de 90 dias entre a submissão e o primeiro parecer. Depois de aprovado, pode prolongar mais um pouco para ser publicado, dependendo do fluxo de artigos do periódico escolhido. Alguns periódicos disponibilizam em seu *site* os artigos aceitos que podem ser consultados pela comunidade científica, mesmo antes de formalmente publicados. Essa estratégia favorece o autor na divulgação do conhecimento que produz (Mangas *et al.*, 2020).

Processo aberto de revisão por pares

Há um movimento atual de abertura de dados de pesquisa (*open data*) com seu compartilhamento em repositórios, assim como de abertura do processo de revisão por pares (*open pear review*). O processo aberto aumenta a sua transparência, porém, tem sido criticado pelo medo que os envolvidos têm de represálias. O processo de abertura da ciência está se ampliando e se consolidando, mesmo com resistências. A avaliação sendo aberta permite mais sinceridade. Um estudo de revisão evidencia que alguns autores consideram que a avaliação aberta não muda a sua qualidade, mas reduz o número de autores que aceitam fazê-la. Outros mostram que os revisores na avaliação aberta tendem a ser mais corteses, emitem pareceres de melhor qualidade e aprovam mais trabalhos (Shintaku *et al.*, 2020).

Segundo estudo de revisão realizado por Ross-Hellauer (2017), o processo de revisão por pares aberta é definido por alguns como aquele em que as identidades do autor e do revisor são divulgadas um ao outro. Para outros, significa um sistema em que os relatórios do revisor são publicados junto com os artigos. Ambas as condições são consideradas revisão aberta para outros, ou ainda um sistema no qual não apenas pesquisadores com expertises no tema são capazes de comentar. O autor propõe como definição que revisão aberta se trata de um termo guarda-chuva para uma série de modelos de revisão por pares que podem ser adaptados de acordo com o *ethos* da ciência aberta, incluindo tornar as identidades do revisor e do autor abertas, publicar relatórios de revisão e permitir maior participação no processo de revisão por pares.

O processo aberto ainda recebe muitos questionamentos de como deve funcionar. Dúvidas, por exemplo, saber se os pareceristas e autores vão discutir o parecer e se haverá interação entre eles. Questiona-se se o parecer deverá ser publicado e, se for, se poderá ser citado, possibilitando maior visibilidade e reconhecimento dos avaliadores. Na avaliação aberta, a equipe editorial do periódico deve estar preparada para dirimir conflitos que possam ocorrer durante o processo. O conhecimento da identidade dos autores pelos revisores e vice-versa pode interferir no relacionamento entre os pesquisadores e nos seus projetos acadêmicos pessoais.

Revistas com práticas editoriais predatórias

Em um meio acadêmico competitivo em que o valor do pesquisador está diretamente relacionado à sua bagagem de produção científica, principalmente às publicações de artigos, é expressivo o surgimento de periódicos com objetivos pouco nobres, beneficiando-se dessa situação, acenando aos pesquisadores o acesso à publicação facilitada de seus trabalhos. Essas revistas, por não seguirem critérios científicos validados e, portanto, não contribuírem com a ciência, são denominadas de "não científicas" ou "predatórias".

A expansão de periódicos ditos "científicos", mas com práticas editoriais predatórias, deu-se após o advento da *internet*, que ensejou uma diminuição significativa das despesas de publicação e aumentou a facilidade de comunicação com os autores, principalmente no modelo de acesso aberto aos leitores, no qual o autor paga ao periódico para tê-lo garantido. Essas revistas têm como principal objetivo e, às vezes único, a busca de rendimentos financeiros. Em recente pesquisa realizada, identificou-se 66 periódicos dessa natureza no Brasil (Andrade *et al.*, 2024). Outra pesquisa brasileira (Perlin; Imasato; Borensteinl, 2018) evidenciou um crescimento exponencial, recente, de publicações "predatórias", inclusive tendo alguns periódicos listados no Qualis/Capes. Mesmo os pesquisadores experientes publicam em periódicos desse tipo, o que atende à lógica produtivista da ciência.

As práticas editoriais predatórias incluem convites para publicar por meio do envio repetido de *e-mails*. Essas mensagens geralmente contêm elogios ao pesquisador e ao seu trabalho, destacando sua importância e originalidade (Beall, 2012). A editora ou o periódico predatórios prometem que a publicação ocorrerá num processo célere, com revisão por pares (por vezes é informado que o trabalho está previamente aprovado, quando ele já foi apresentado em algum congresso científico), garantia de DOI/ISBN/ISSN, e sempre mediante o pagamento de uma taxa. O pesquisador que recebe esse convite se sente lisonjeado e, principalmente quando é inexperiente, aceita-o com prazer. Vale informar que DOI, ISBN e ISSN são siglas inglesas criadas para identificar livros, revistas e documentos periódicos, com o objetivo de garantir a autenticidade do documento e que ele seja identificado em qualquer lugar onde seja veiculado no mundo. O DOI (Digital Object Identifier) é formado por um padrão de letras e de números para documentos digitais e é apresentado na forma de *link* para acesso eletrônico; o ISBN (International Standard Book Number) é um código numérico único de padrão internacional de numeração de livro; e o ISSN (International Standard Serial Number) é um código utilizado para registro internacional de periódicos científicos. A diferença entre o ISSN e o ISBN é que este último é utilizado em obras feitas apenas uma vez. O ISSN tem periodicidade. Guimarães *et al.* (2023) elencam em um quadro os exemplos mais comuns de mensagens com táticas predatórias que incluem elogios, facilidades e rapidez no processo de publicação, aprovação prévia e informações que valorizam o periódico. Existem convites para a publicação de livros ou capítulos com estratégias iguais a vendas de qualquer produto de consumo, com ofertas e parcelamento de preço e início de pagamento posterior, como em campanhas publicitárias ("black november").

Esse tipo de convite eletrônico é comum também por parte de organizadores de encontros científicos. O pesquisador é convidado para ser "speaker" (palestrante) de um congresso. A mesma estratégia do convite para publicar é usada nesses casos. O profissional recebe elogios sobre determinado trabalho que realizou e sua importância científica é enaltecida. Contudo, para viabilizar essa participação, o pesquisador tem que arcar com todas as despesas, incluindo a inscrição no evento – que quase sempre é bastante onerosa –, o deslocamento para o local onde ocorrerá, a estadia e a alimentação.

A má fé das revistas com práticas predatórias foi exemplarmente comprovada por dois cientistas que escreveram um artigo intitulado "Get me off your fucking mailing list" (algo como "Tire-me da sua p*** de lista de e-*mails*") que não tinha quase nada escrito além da frase título, inclusive nos gráficos apresentados, e o submeteram a um periódico denominado *International Journal of Advanced Technology* após receberem um e-*mail* com convite para publicar. A resposta do periódico foi de aceitação do artigo para publicação, classificado como excelente pelos revisores. O artigo, exposto parcialmente na Figura 9.5, não foi publicado, porque os autores não pagaram a taxa exigida (Mazières; Kohler, 2014).

Figura 9.5 – Exemplo de arquivo não publicado

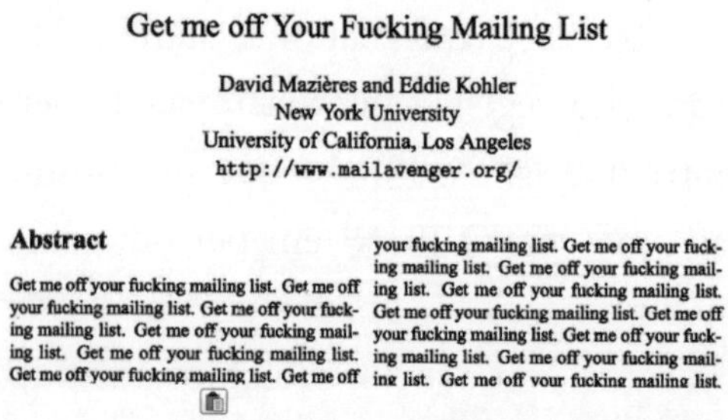

Get me off Your Fucking Mailing List

David Mazières and Eddie Kohler
New York University
University of California, Los Angeles
http://www.mailavenger.org/

Abstract

Get me off your fucking mailing list. Get me off your fucking mailing list. Get me off your fucking mailing list. Get me off your fucking mailing list. Get me off your fucking mailing list. Get me off your fucking mailing list. Get me off your fucking mailing list. Get me off your fucking mailing list. Get me off your fucking mailing list. Get me off your fucking mailing list. Get me off your fucking mailing list. Get me off your fucking mailing list. Get me off your fucking mailing list. Get me off your fucking mailing list.

Figura 9.6 – Gráfico Get me off your fucking mailing list – I

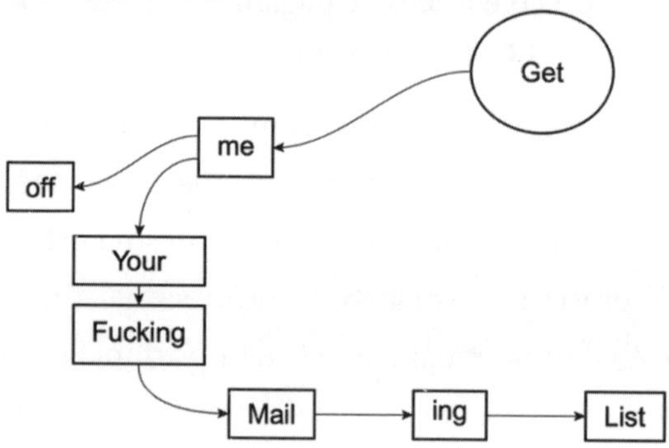

Figura 9.7 – Get me off your fucking mailing list – II

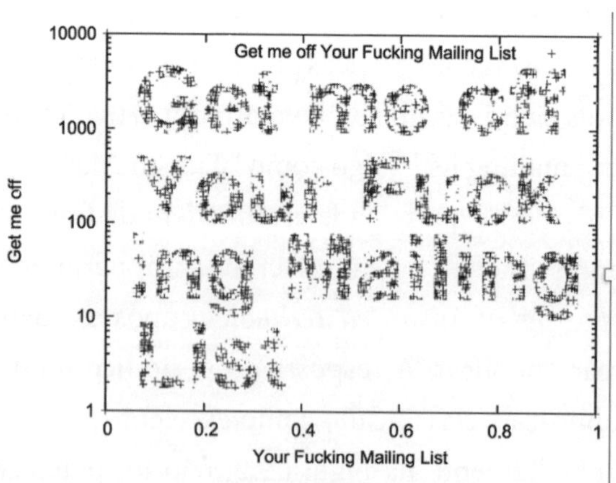

Os pesquisadores devem ficar atentos para identificar esses periódicos que têm a integridade suspeita. Quando se recebe esse tipo de convite, é preciso conferir a qualificação do veículo de publicação e averiguar se fazem o que prometem antes de aceitar. É preciso estar atento a essas situações para não ser enganado, atraído pela facilidade que esses periódicos com práticas predatórias oferecem para a publicação de seus manuscritos. A maioria se dispõe a publicar artigos científicos sem submetê-los a uma acurada revisão por pares (quando há), contanto que ocorra o pagamento da taxa de publicação. Pode-se suspeitar da integridade de uma revista quando ela publica artigos já veiculados em outro periódico, quando tem um *website* muito semelhante a outros já consagrados e quando emite informações que são diferentes das disponibilizadas na *internet*. As revistas predatórias geralmente escondem que têm parceiros comerciais e omitem seu objetivo de lucro. Por vezes, também distorcem informação sobre sua real qualificação e apresentam, até mesmo, ISSN falso. Ter um texto publicado por uma revista predatória poderá prejudicar a reputação do pesquisador no meio acadêmico e é muito importante que os pesquisadores saibam reconhecer a fraude na publicação.

Andrade *et al.* (2023) fizeram um mapeamento de revistas brasileiras com práticas predatórias por meio do envio de 140 mil *e-mails* a pesquisadores e editores convidando-os a compartilhar dados de revistas com práticas "desonestas". As respostas foram apuradas no período de 25/08 a 15/09 de 2023. Foram computadas 5.338 denúncias, sendo contra 478 revistas científicas, 53 editoras e 24 eventos científicos. Das revistas denunciadas, 66 eram brasileiras. Abaixo a lista das dez revistas com maior frequência de *e-mails* e as taxas de publicação cobradas, segundo os autores:

1. Brazilian Journal of Development – R$ 490,00;
2. Revista FOCO – R$ 480,00;
3. Observatorio de la Economía Latinoamericana – R$ 685,00;
4. Revista Caribeña de Ciencias Sociales – R$ 700,00;
5. Revista Contemporânea – R$ 575,00;
6. Contribuciones a las Ciencias Sociales – a R$ 650,00;
7. International Seven Journal of Multidisciplinary (ISJM) – R$ 300,00;

8. International Journal of Scientific Management and Tourism – R$ 750,00;

9. Revista de Gestão e Secretariado (GeSeC) – R$ 790,00;

10. Brazilian Journal of Business – R$ 450,00.

Referências

ANDRADE, D. A. *et al.* Mapeamento de revistas brasileiras com práticas editoriais predatórias. *Anais ABEC Meeting 2023*, p. 1-7, 2024.

BEALL, J. Predatory publishers are corrupting open access. *Nature*, v. 489, 2012.

COIMBRA JUNIOR, C. E. A. Desafios à avaliação da literatura científica: a revisão pelos pares. *Cadernos de Saúde Pública*, v. 19, n. 5, p. 1.224-1.225, 2003.

DAVYT, A.; VELHO, L. A avaliação da ciência e a revisão por pares: passado e presente. Como será o futuro? *História, Ciências, Saúde-Manguinhos*, v. 7, n. 1, p. 93-116, 2000.

FAPESP. Editora anuncia retratação de mais de 500 artigos por indícios de manipulação na revisão por pares. *Revista Fapesp*, 2022. Disponível em: https://revistapesquisa.fapesp.br/editora-anuncia-retratacao-de-mais-de-500-artigos-por-indicios-de-manipulacao-na-revisao-por-pares/. Acesso em: 19 dez. 2024.

GOLDENBERG, S. Publicação do trabalho científico: compromisso ético. *In*: GOLDENBERG, S.; GUIMARÃES, C. A.; CASTRO, A. A. (orgs.). *Elaboração e apresentação de comunicação científica*. São Paulo: Metodologia.org, 2001.

GOLLOGLY, L.; MOMEN, H. Ethical dilemmas in scientific publication: pitfalls and solutions for editors. *Revista de Saúde Pública*, v. 40, n. spe, p. 24-29, 2006.

GUIMARÃES, J. A. C.; HAYASHI, M. C. P. I. Revistas predatórias: um inimigo a ser combatido na comunicação científica. *RDBCI*: *Revista Digital de Biblioteconomia e Ciência da Informação*, v. 21, p. e023003, 2023.

ICMJE. *Recommendations for the conduct, reporting, editing, and publication of scholarly work in medical journals*. Disponível em: https://www.icmje.org/icmje-recommendations.pdf. Acesso em: 23 dez. 2024.

MANCHIKANTI, L.; KAYE, A. M.; BOSWELL, M. V. *et al.* Medical journal peer review: process and bias. *Pain Physician*, v. 18, n. 1, p. E1-E14, 2015.

MANGAS, R. M. D. N.; PEREIRA, T. F. S.; GUALHANO, L. P. *et al.* O processo colaborativo do fazer a Ciência & Saúde Coletiva. *Ciência & Saúde Coletiva*, v. 25, n. 12, p. 4.933-4.938, 4 dez. 2020.

MARUŠIĆ, A.; BOŠNJAK, L.; JEROŇCIĆ, A. A systematic review of research on the meaning, ethics and practices of authorship across scholarly disciplines. *PLoS One*, v. 6, n. 9, p. e23477, 23 jul. 2011.

MAZIÈRES, D.; KOHLER, E. "*Get me off Your Fucking Mailing List*". Disponível em: https://nzt.eth.link/wiki/Get_me_off_your_fucking_mailing_list.html. Acesso em: 19 dez. 2024.

PERLIN, M. S.; IMASATO, T.; BORENSTEIN, D. Is predatory publishing a real threat? Evidence from a large database study. *Scientometrics*, v. 116, p. 255-273, 2018.

ROCHITTE, C. E.; MESQUITA, C. T. Quais as características de uma excelente revisão de artigos científicos? *Arquivos Brasileiros de Cardiologia*, v. 110, n. 2, p. 106-108, 1 fev. 2018.

ROSS-HELLAUER, T. What is open peer review? A systematic review. *F1000Research*, v. 6, p. 588, 2017.

SHIGAKI, H. B.; PATRUS, R. Revisão por pares e produtivismo acadêmico sob a ótica de avaliadores de artigos de periódicos em Administração. *Revista Brasileira de Pós-Graduação*, v. 13, n. 31, 2016.

SHINTAKU, M. *et al.* Avaliação aberta pelos pares no âmbito da Ciência Aberta: revisão e reflexão. *BIBLOS - Revista do Instituto de Ciências Humanas e da Informação*, v. 34, n. 1, p. 161-175, 2020.

SOUZA, P. S. Publicação de revistas científicas na *Internet*. *Revista Brasileira de Cirurgia Cardiovascular*, v. 21, n. 1, p. 24-28, 2006.

TONG, A.; SAINSBURY, P.; CRAIG, J. Consolidated criteria for reporting qualitative research (COREQ): a 32-item checklist for interviews and focus groups. *International journal for quality in health care*, v. 19, n. 6, p. 349-357, 2007.

ZIMAN, J. M. Information, communication, knowledge. *Nature*, v. 224, p. 318-324, 1969.

10
Inteligência Artificial e integridade ética na pesquisa

Introdução

O termo Inteligência Artificial (IA) foi cunhado em 1956 por um grupo de pesquisadores especialistas em ciência da computação, em um encontro científico na Faculdade de Darthmouth, nos EUA, organizado pelo cientista John McCarthy[28]. Trata-se de uma divisão da ciência da computação que tem por objetivo desenvolver sistemas para executar tarefas que ainda são mais bem realizadas por humanos do que por máquinas. A IA foi expandida e está sendo aperfeiçoada para solucionar questões que necessitam de raciocínio ou têm algum grau de subjetividade, para os quais os algoritmos[29] da computação convencional não são eficientes. Estes são eficazes para problemas que têm soluções exatas ou matemáticas. Por sua vez, os programas de IA surpreendem pela sua capacidade de executar rapidamente e com eficiência tarefas antes restritas aos humanos (Sichman, 2021).

Houve um grande investimento na IA nos últimos anos devido à redução do custo do processamento de dados e de seu armazenamento, assim

28. Disponível em: https://home.dartmouth.edu/about/artificial-intelligence-ai-coined-dartmouth

29. Algoritmo é um conjunto de instruções para executar uma tarefa, resolver um problema ou realizar um cálculo. Uma receita de bolo é um algoritmo. Na ciência da computação, é uma sequência finita de ações a serem executadas para se obter uma solução para um problema.

como aos avanços científicos proporcionados pelo surgimento de redes neurais profundas[30] e a disponibilidade de uma imensidão de dados na rede de *internet*. A IA tenta reproduzir o pensamento humano na solução de problemas. Dentre os possíveis meios para se enfrentar uma dificuldade, aplicam-se regras lógicas para a escolha de uma saída e, após sua aplicação, avalia-se o resultado e se aprende com a experiência, tanto as positivas quanto as negativas, para fazer melhor no futuro diante das mesmas dificuldades (Sichman, 2021). Segundo McCarthy e Hayes (1969, p. 4), "uma entidade é inteligente se tiver um modelo adequado do mundo, se for inteligente o suficiente para responder a uma ampla variedade de perguntas com base nesse modelo, se puder obter informações adicionais do mundo externo quando necessário e puder executar tarefas no mundo externo conforme seus objetivos exigirem e suas habilidades físicas permitirem" (tradução nossa).

A tecnologia da IA é utilizada de várias maneiras, entre elas, na automação, na robótica, no processamento da linguagem humana com o reconhecimento de fala, na tradução automática, em assistentes virtuais como a Siri® e a Alexa®. Essas tecnologias estão tão embrenhadas no cotidiano que acabam por se naturalizarem. É o caso dos comandos de voz dados às máquinas, dos aplicativos guiados por GPS, do reconhecimento facial, entre outros. Porém, a IA, além de ter potencial de trazer riscos não intencionais, pode ser usada indevidamente com finalidades escusas, gerando conflitos que afetam os direitos fundamentais, a democracia e o meio ambiente. Um exemplo de mau uso são as campanhas de desinformação frequentes na atualidade.

A IA incita várias questões filosóficas da existência humana sobre as quais pensadores refletem e debatem. Por exemplo, a possibilidade da superação da inteligência humana pela máquina, os conflitos gerados pelo

30. Redes neurais em computação são estruturas de processamento da informação inspiradas no funcionamento do sistema nervoso do cérebro humano. As tradicionais são compostas por 2 ou 3 camadas e as profundas, por numerosas camadas de neurônios artificiais que se ligam como nas sinapses cerebrais.

seu uso indiscriminado e pouco transparente, a redução do contato entre humanos e sublimação de seus sentimentos, entre outras. Os avanços da tecnologia informacional trazem à tona a discussão ética sobre os desafios que provocam.

O termo Inteligência Artificial é criticado por alguns autores que não a consideram inteligente e, por outro lado, não é neutra, pois toda tecnologia é ideológica e atende a interesses econômicos e políticos (Kaufman, 2022, Santaella, 2023b). Na discussão sobre os temas éticos que envolve a IA, esta recebe críticas pela tentativa de humanização da máquina em um mundo em que o avanço tecnológico desumaniza o ser humano ao colocá-lo como meio e não como fim. A civilização humana avançou muito em termos tecnológicos, domando a natureza, mas pode-se dizer que regrediu nas questões espirituais e subjetivas, que compõem a dignidade humana (Brochado, 2023). A autora chama a atenção para a necessidade de regulação desse sistema. O campo do Direito deve atuar de forma que a IA seja usada a favor do ser humano e da ciência. Para se ter uma IA responsável, é fundamental a existência de regras, de códigos de conduta para o seu desenvolvimento, finalidades e uso. É preciso transparência, responsabilidade e prestação de contas. Assim como todas as outras são reguladas por lei, nas sociedades humanas, a utilização da IA precisa de princípios normativos (Sichman, 2021). A falta de regras e de controle da IA pode provocar grandes prejuízos e instabilidade nos regimes democráticos. Segundo Dora Kaufman (2024), pesquisadora brasileira especialista em IA, seu uso em campanhas eleitorais, por exemplo, deveria ser proibido. A IA ameaça a democracia ao permitir *fake news*, proliferando desinformação. Está em discussão no Congresso Brasileiro o projeto de Lei da Inteligência Artificial, para a regularização do uso da IA no Brasil, que foi aprovado na comissão sobre IA do Senado e seguiu para os próximos trâmites necessários até a sua aprovação final e promulgação da lei (Mello, 2024).

A IA abrange muitos campos de conhecimento e as questões éticas que a envolvem são variadas e se entrelaçam. Provoca impacto no trabalho, nas interações sociais, na justiça, na saúde, na educação, entre outros. Existe uma grande preocupação de que os programas de IA venham substituir profissionais humanos por máquinas, pela possibilidade de automatização do trabalho. Alguns exemplos do uso de IA:

- Na área da justiça: elaborar petições e sentenças judiciais;
- Na área da saúde: fazer diagnósticos, propor tratamentos;
- Na área da educação: elaborar textos educativos, automatizar avaliações.

Contudo, pode-se questionar a qualidade e validade dessas atividades, pois, como dito anteriormente, algumas profissões podem deixar de existir e, consequentemente, aumentar o desemprego. Além disso, a IA produz conhecimentos com uma validade incerta, pois o aplicativo pode utilizar dados tendenciosos e está sujeita à subjetividade humana. É capaz de gerar informações incorretas apresentadas como verdadeiras e causar danos, vieses e preconceitos podem ser maximizados. Também, decisões judiciais podem ser injustas, diagnósticos e tratamentos sugeridos podem estar errados e desencadear prejuízos à saúde etc. Porém, os defensores da IA argumentam que seres humanos também erram e que, o uso dessa ferramenta e do controle humano juntamente minimiza as chances de erro, já que ela está baseada em m conjunto de dados infinitamente maior.

A abrangência do uso da IA é incomensurável e ela pode ser utilizada honestamente ou para fins não nobres. Também, é paradoxal, em virtude de uma mesma ação da IA permitir avanços na sociedade e trazer prejuízos. Um exemplo é seu potencial para contribuir com a sustentabilidade do meio ambiente ao monitorar mudanças climáticas. De outro lado, esse mesmo sistema de IA consome muita energia, aumentando as emissões de gás carbônico. A necessidade de consumo de grande quantidade de energia levou a Microsoft a propor a reativação de uma das unidades da usina americana Three Mile Island, na Pensilvânia, EUA, fechada após grave acidente nuclear. Um acordo de fornecimento de energia foi efetivado entre a Microsoft e a Constellation Energy, em 20 de setembro de 2024 (Roy; Rose, 2024).

Pode-se verificar que os problemas éticos relativos ao uso da IA são numerosos e complexos. Aqui, neste capítulo, procura-se abordar especificamente as questões éticas que compreendem o campo da pesquisa e da divulgação científica.

Termos e conceitos utilizados no campo da IA

Com a popularização da IA, várias siglas e termos da Ciência da Computação, antes desconhecidos, passaram a fazer parte da literatura científica de distintas áreas de conhecimento, mas continuam sendo estranhos àqueles que são iniciantes no uso dessas ferramentas computacionais. Já vimos nas páginas anteriores as definições de alguns desses termos, como algoritmo e rede neural. A seguir, são apresentados os significados de alguns outros que são comumente utilizados para facilitar o entendimento daqueles ainda não familiarizados totalmente com essa linguagem.

Inteligência artificial (IA)

Ramo da ciência da computação dedicado a realizar tarefas que normalmente são mais bem realizadas por seres humanos, ou seja, aquelas que exigiriam a inteligência humana. Utilizam algoritmos avançados e específicos para processar grandes volumes de dados e fazer inferências. A IA é capaz de aprender com as experiências anteriores e melhorar seu desempenho.

Inteligência artificial preditiva

É um tipo de IA que utiliza análises estatísticas de dados datificados para identificar padrões de comportamento e, assim, fazer previsões para o futuro. Ela é útil para prever demandas de consumidores, sugerir conteúdos personalizados de consumo, como em plataformas de *streaming*, músicas etc. A IA preditiva, como o próprio nome diz, é capaz de fazer previsões e recomendações futuras.

Inteligência artificial generativa

É um tipo de IA que cria conteúdos novos como textos e imagens em resposta às solicitações dos usuários (*prompts*) por meio de modelos sofisticados de aprendizado de máquina denominados de *deep learning*. Pode ser utilizada, por exemplo, para a elaboração de artigos científicos ou qualquer outro texto, criar imagens de pessoas novas etc.

Deep learning (aprendizagem profunda)

É uma técnica da IA que, por meio de algoritmos, simula o processo de aprendizado e a tomada de decisões do cérebro humano. Por meio das redes neurais artificiais, eles identificam e codificam os padrões de relacionamentos em grandes quantidades de dados e usam essas informações para entender e responder às perguntas dos usuários humanos. O *deep learning* é utilizado no reconhecimento facial, de voz, entre outros.

Chatbot

Chatbots são aplicativos que utilizam algoritmos pré-programados e a IA generativa para interpretar e responder perguntas dos usuários rapidamente, estabelecendo um diálogo com se fosse entre seres humanos num "chat". Os *chatbots* simulam conversas com o usuário como se estivesse falando com uma pessoa real. Utilizam técnicas de processamento de linguagem natural (PNL). É um assistente virtual que usa a IA para se comunicar por texto com os usuários. Existem vários *chatbots* disponíveis no mercado, sendo o ChatGPT (*Chat Generative Pre-Trained Transformer*) o mais conhecido e usado.

Datificação

Trata-se da transformação de aspectos da vida de alguém em dados *on-line* quantificáveis, que permite o rastreamento de informações sobre o comportamento humano em tempo real que podem ser explorados comercialmente por empresas, utilizados por instâncias governamentais e em campanhas eleitorais.

Prompt

É um termo usado em diversos contextos, com significados diversos. Na IA é a instrução que o usuário dá ao *chatbot* para realizar uma tarefa, solucionar um problema ou responder a uma pergunta. É construído em linguagem natural, como se fosse uma pessoa falando. Quanto mais bem elaborado o *prompt*, melhor a qualidade e eficiência da resposta. Exemplo de *prompt*: "Quais são os problemas éticos envolvidos no uso da IA na pesquisa e divulgação científica?".

LLM (Large Language Models – grandes modelos de linguagem)

São modelos de linguagem treinados com imensas quantidades de dados. São capazes de entender e gerar uma linguagem natural, projetadas para entender e gerar texto como os seres humanos.

PNL (processamento de linguagem natural)

É o que permite que dispositivos digitais reconheçam, entendam e gerem textos e falas por meio da combinação da linguística computacional (baseada em regras e linguagem humana), da estatística e da aprendizagem profunda.

Inteligência artificial e educação

A IA generativa é uma evolução da IA preditiva e provocou grande impacto na área da Educação. Ela é capaz de criar conteúdos novos e originais além de personalizá-los de acordo com o perfil do usuário. A IA preditiva utiliza informações capitalizadas pela rede para estendê-la para o futuro e a IA generativa as usa para gerar conteúdos. Ambas trazem benefícios significativos, porém, tanto a IA preditiva quanto a generativa implicam questões éticas. A IA preditiva pode fazer previsões erradas, ao passo que a generativa pode produzir informações falsas, causar plágio etc. (Santaella, 2023a).

Dentre os diversos *chatbots* disponíveis no mercado, conforme mencionado anteriormente, o mais conhecido é o ChatGPT (*Chat Generative Pre-Trained Transformer*), lançado no final de 2022. Ele foi criado pela empresa OpenAI, sediada no Vale do Silício, na Califórnia, EUA, e é pioneiro. O programa produz e sintetiza textos a partir de dados na *internet* entre outras múltiplas utilidades, em resposta aos *prompts*. Conforme vai sendo utilizado, adequa-se aos interesses do usuário gerando interações mais "humanizadas". Além disso, filtra interações, descartando solicitações potencialmente preconceituosas ou de risco (Peres, 2024).

A versão gratuita do ChatGPT, lançada em 2022, teve grande acesso, de mais de 100 milhões de usuários nos primeiros meses, o que ampliou exponencialmente o debate em torno da IA. Em março de 2023, foi lançada a versão 4, paga, do ChatGPT (Boscardin *et al.*, 2024). O ChatGPT provocou intensa popularização da IA generativa, sem se ter um conhecimento sólido sobre seu funcionamento e as consequências de seu uso indiscriminado. Poucas pessoas têm treinamento para o uso eficaz dessa ferramenta que acaba por ser empregada sem que se explore adequadamente suas utilidades e nem se tenha capacidade de criticar suas falhas e inconsistências. Portanto, para o uso dos *chatbots* na educação, é necessário que suas aplicabilidades, assim como suas limitações, sejam bem conhecidas para que seus benefícios sejam maximizados e os prejuízos que podem causar sejam evitados. Desse modo, para a inclusão da IA na educação, é necessário o ensino do uso dessa ferramenta levando em conta os aspectos éticos envolvidos (Boscardin *et al.*, 2024).

Na área da Educação, ao realizar tarefas antes somente possíveis com a inteligência humana, com grande rapidez e eficiência, a IA generativa provocou mudanças substanciais. Algumas funcionalidades dos *chatbots* na educação são: fazer pesquisas sobre qualquer assunto e apresentar resumos; realizar traduções; ajudar na aprendizagem de idiomas mantendo conversas e fornecendo *feedbacks* e correções; dar explicações para temas difíceis. Todavia, vários questionamentos surgem sobre seu uso como ferramenta educacional, visto que, ao mesmo tempo em que se reconhece que a IA amplia a capacidade humana de resolver problemas, ela traz constrangimentos sobre o seu uso indiscriminado sem o devido conhecimento de suas funcionalidades e sem regulamentação. Por exemplo, os *chatbots* podem dar respostas falsas aos questionamentos e não há controle sobre suas fontes de informação. Ainda, podem produzir textos com *fake news*, conteúdos ilegais e antiéticos, mesmo que originais (Rodrigues; Rodrigues, 2023).

Pesquisadores podem considerar de sua autoria textos produzidos por IA, sendo difícil a distinção entre um texto produzido por IA de outro escrito por humanos. É necessário um olhar crítico sobre as escritas elaboradas por *chatbots* para identificar erros, dados falsos e incoerências, assim como saber identificar sua autoria, se artificial ou humana. Há quem proponha que se voltem nas instituições de ensino às avaliações orais e escritas à mão pelos estudantes em sala de aula para evitar que usem a IA nas provas.

A IA tem grande potencial como auxiliar de ensino e pesquisa, devido à sua praticidade e rapidez para responder a diversas perguntas ao mesmo tempo, liberando os profissionais para outras tarefas relevantes. Entretanto, suas limitações devem ser conhecidas. Além de poder gerar informações erradas ou desatualizadas e sem referências bibliográficas corretas, a IA pode produzir plágio e gradativamente reduzir a criatividade do usuário e inibir seu pensamento lógico, pois ele não precisa mais raciocinar para encontrar respostas aos seus questionamentos. Os usuários assíduos da IA generativa não se preocupam mais em como escrever textos, e sim *prompts*. Todo texto gerado por IA tem que ser revisto. O uso continuado de IA pode tornar seu utilizador dependente (Lima; Serrano, 2024).

As ferramentas da IA permitem o aumento da produtividade da atividade científica. Elas são úteis no aprimoramento dos textos, na objetivação e argumentação da escrita e auxiliam na síntese e construção de resumos. Também, ajudam a identificar tópicos e lacunas de pesquisa e a revelar padrões e tendências na escrita.

A IA traz novos desafios e possibilidades no processo de ensino-aprendizagem. Porém, ainda precisa de reorganização e regulamentação para que seja utilizada de forma ética. Um texto acadêmico tem que ser confiável e trazer informações verdadeiras. Um autor que desenvolve um texto com ajuda da IA é responsável por ele, e não o *chatbot* que o construiu. Aquele que utiliza essa ferramenta deve ter segurança de que consegue avaliar se o texto construído corresponde à verdade e está de acordo com a referência que propôs originalmente. Portanto, o uso da IA envolve riscos na credibilidade das respostas produzidas, já que pode incorporar informações erradas ou ter inconsistência argumentativa, elaborando artigos com dados fraudulentos ou de baixa qualidade.

Ao refletir sobre os efeitos da IA na educação, autores discutem o papel dos profissionais nessa nova era e os desafios que enfrentam, sendo um dos principais as questões éticas. Parte das atividades profissionais dos professores poderá ser substituída pela IA e outras se transformarão substancialmente. A partir das inquietações que o uso dessa tecnologia provoca, surpreenderam-se com as respostas dadas pelo ChatGPT-4 ao perguntarem sobre os dilemas éticos da IA, as transformações que provoca no campo da educação e os potenciais de seu uso. O programa destacou entre os problemas éticos: a possibilidade de perpetuação e ampliação de informações falsas e/ou preconceituosas; a falta de segurança dos dados devido ao seu uso indevido, vazamentos e invasão de privacidade; a perda do controle humano da IA; a falta de transparência, porque não se sabe como as decisões são tomadas nos sistemas de IA (são verdadeiras "caixas-pretas"); e a influência em condutas e julgamentos, reduzindo a autonomia pessoal (Azambuja; Silva, 2024). Outros autores destacam a "caixa-preta" como um dos principais problemas éticos da IA generativa. Os algoritmos são complexos e ultrapassam a capacidade cognitiva humana para interpretá-los. Os profissionais que os desenvolvem definem os termos de busca de informações de determinados bancos de dados. Essas escolhas são influenciadas pela subjetividade deles, o que é difícil de identificar. Quando um *chatbot* produz uma informação errada, nem os melhores especialistas conseguem decifrar o porquê do erro, o que faz reduzir a confiança no sistema. Dado o fato de a ciência ter grande impacto na sociedade e a produção do conhecimento científico hoje estar sendo amplificada pela IA, os autores destacam a necessidade do debate público sobre a ferramenta para o seu uso ético e responsável (Kaufman, 2024; Resnik; Hosseini, 2024).

As desvantagens das ferramentas da IA generativa se referem principalmente às questões éticas envolvidas. Na elaboração de textos científicos, pode produzir informações incorretas ou sem sentido, referências bibliográficas imprecisas, oferece riscos de violação da propriedade intelectual e plágio, o que pode resultar em um aumento de artigos de menor qualidade, sem originalidade e podendo causar problemas legais. Na análise e interpretação de dados de um estudo, pode fazer interpretações enviesadas, levando a conclusões incorretas. No processo de revisão de manuscritos pelos pares, a IA pode comprometer o senso crítico do revisor reduzindo seu rigor avaliativo, tão importante para a garantia da integridade ética da pesquisa (Carobene *et al.*, 2024).

Alfabetização em inteligência artificial generativa

Para o uso competente da IA generativa em trabalhos de natureza acadêmica científica são necessárias habilidades informacionais específicas. Em primeiro lugar, é preciso saber identificar a indicação do uso da IA e sua justificativa. Em seguida, é fundamental ter ciência de onde buscar a informação e como produzi-la. Após seu uso, é necessário saber avaliar criticamente seu produto, incluindo os aspectos éticos e legais. Vale lembrar que as informações produzidas por IA podem ser inclinadas pelas preferências de quem procura. Ademais, os bancos de dados existentes são enviesados, já que têm predominância de produção científica de pesquisadores de países desenvolvidos, com mais acesso à tecnologia, brancos e do sexo masculino.

Trindade e Oliveira (2024) indicam que, para o uso de ferramentas de IA generativa, são necessárias cinco etapas e diversas habilidades informacionais, que incluem: a análise da necessidade de informação com definição do problema; a análise da ferramenta, conhecendo suas funções, vantagens e desvantagens; o planejamento de estratégias de busca, elaborando comandos eficazes e sabendo refiná-los se necessário; a análise do conteúdo gerado, sua coerência, veracidade e consistência, comparando-o com informações científicas; e o uso do conteúdo gerado de forma ética e legal, respeitando os direitos autorais.

Inteligência artificial na pesquisa e na escrita científicas

Os programas de IA generativa têm grande utilidade em todas as etapas da pesquisa científica, até a sua divulgação por meio de artigos em periódicos científicos. A partir da definição do problema de pesquisa, a IA pode rapidamente fazer uma revisão bibliográfica sobre o tema, e de forma mais eficaz e refinada. Habitualmente, os pesquisadores lançam mão de palavras-chaves ou descritores na busca bibliográfica de artigos sobre o problema em estudo, utilizando expressões de busca compostas por eles, somadas a operadores booleanos[31], parênteses[32], aspas[33] e truncamento[34]. Em geral, surge um número grande de títulos que a partir da leitura dos mesmos vão sendo eliminados até se chegar aos estudos que realmente interessam ao autor. Com a IA, essa busca é muito mais eficaz, pois pode ser feita por meio de um *prompt*, que, se bem elaborado, já traz exatamente o que o pesquisador está à procura. Por exemplo, quando se quer compreender as razões que levam adolescentes menores de 15 anos a engravidar e sua prevalência, ao invés de juntar palavras na busca como "gravidez AND adolescência AND prevalência", utiliza-se o *prompt*: Qual

31. Os operadores booleanos são palavras que informam ao sistema de busca bibliográfica como combinar os termos de uma pesquisa. Eles refinam e direcionam a consulta de dados de forma mais eficiente. Os operadores booleanos mais comuns são: AND, OR e NOT.

32. Parênteses são utilizados na busca bibliográfica para estabelecer a ordem correta de busca quando são aplicados diferentes operadores boleanos.

33. Aspas são utilizadas para termos compostos. Ex: "adolescent pregnancy".

34. Truncamento: * ou $ - utilizado para recuperar o que vem depois (adolesc*= adolescência, adolescente).

a prevalência de gravidez na adolescência antes dos 15 anos e os fatores associados? A resposta é composta de partes de artigos e outros materiais. Em outras palavras, o *chatbot* já retira da bibliografia a resposta à pergunta de pesquisa, otimizando o trabalho do pesquisador.

De posse da bibliografia referente ao problema em estudo, o pesquisador pode utilizar o *chatbot* para a sua leitura e elaboração de um resumo dos principais pontos de determinados textos ou artigos, ou pontos de convergência e divergências deles. Além disso, o aplicativo traz as respostas no idioma do usuário, mesmo sendo diferente do idioma dos textos utilizados para gerar a resposta. Os *chatbots* também auxiliam na análise dos resultados do estudo, fazendo cruzamento de dados de planilhas de Excel e, no caso de estudos qualitativos, já existem aplicativos que estão sendo aperfeiçoados com ferramentas de IA para auxiliar na interpretação de dados textuais, interagindo com o pesquisador (Sampaio *et al.*, 2024).

A escrita acadêmica pode ser facilitada pela IA. Os *chatbots* podem elaborar o texto completo, o que levanta questionamentos a respeito de sua originalidade, ou atuar como um colaborador, dando sugestões à medida que o autor escreve, que pode ser até respeitando o seu estilo, caso o autor tenha publicações anteriores sobre o tema. Auxiliam na formatação do conteúdo, na verificação ortográfica e gramatical e na verificação de similaridade do texto para evitar plágio. Os *chatbots* atuam como tradutores de boa qualidade e contribuem na apresentação de dados, montando gráficos, desenhos e *powerpoints* (Kocak, 2024).

Em estudo em que se buscou avaliar as vantagens e limitações do ChatGPT na redação científica, os autores compararam manuscritos elaborados com IA, com IA e humanos e com humanos. Os resultados mostraram que a escrita apoiada por IA foi bem mais rápida, porém, dispendeu-se tempo para verificar a ocorrência de plágio. Os textos feitos só com IA tiveram 70% das referências imprecisas. Outro problema encontrado foi que o texto elaborado por IA é desatualizado, pois não capta artigos publicados nos últimos anos. Portanto, a IA não pode ser usada sozinha na elaboração de manuscritos científicos (Kacena; Plotkin; Fehrenbacher, 2024).

Textos produzidos pelo ChatGPT têm boa qualidade, apesar de alguns pontos com informações desatualizadas, superadas ou inconsistentes, conforme estudo em que se analisou as respostas do aplicativo a cinco perguntas sobre literacia em saúde[35], de complexidade crescente. O autor considera que o ChatGPT trará grandes contribuições à ciência, como aconteceu quando o Google foi lançado. Refere que o programa oferece maior quantidade de informação do que informação de boa qualidade, como um percentual de similaridade de 20% quando rastreados quanto ao plágio pelo programa Turnitin. Nesse mesmo estudo, foi analisada a similaridade de palavras e não foi considerada a ocorrência de plágio, pois foram encontradas séries de cinco ou seis palavras, mas nenhum parágrafo inteiro (Peres, 2024).

Outra avaliação da qualidade de textos gerados pelo ChatGPT foi desenvolvida por meio da análise de resumos de 30 artigos de pesquisa básica publicados em periódicos científicos qualificados. Foram excluídos os resumos dos artigos e solicitado ao aplicativo que gerassem novos resumos no mesmo estilo dos originais. Estes foram avaliados em seguida, com os originais, por revisores cegos. Os resultados mostraram que os resumos gerados pelo ChatGPT tiveram qualidade inferior aos originais, sendo identificadas conclusões erradas em 10% deles. Os revisores foram capazes de identificar essas inconsistências em 93% dos resumos escritos por IA (Cheng *et al.*, 2023).

As facilidades do ChatGPT são questionáveis, pois têm consequências e riscos para a integridade ética da pesquisa. Questiona-se, primeiramente, se o texto elaborado contém informações verdadeiras. Para isso, é necessário que o pesquisador o revise com atenção. Em seguida, é necessário garantir que seja original, e não plagiado. A integridade

35. Literacia em saúde é a capacidade do indivíduo de obter, compreender e usar informações de saúde para cuidar de si e/ou de outras pessoas.

científica de um texto em que houve colaboração de um *chatbot* será sempre questionada, visto que não se conhecem os critérios utilizados pela IA na seleção de conteúdo que faz. Vale destacar que os critérios podem ser enviesados, com a tendência de privilegiar a literatura norte-americana ou anglo-saxã, já que estas são numericamente superiores às das outras regiões. Portanto, todo texto produzido ou coproduzido por um *chatbot* necessita da revisão de um humano que tenha conhecimento consistente no tema do mesmo, o que pode acabar paradoxalmente aumentando o tempo total do trabalho científico. Além disso, autores destacam que a facilidade proporcionada pela IA na realização de pesquisas científicas pode reduzir a criatividade do cientista, visto que seu amadurecimento depende de muita leitura e esforço intelectual. Essa facilitação na redação científica pode fazer com que os novos pesquisadores não desenvolvam a essencial capacidade de reflexão, abstração e interpretação, produzindo textos ruins e aumentando o que chamam de "lixo acadêmico", como afirmam Sampaio *et al.* (2024, p. 19):

> As facilidades trazidas pelas IAs generativas podem facilmente ser transformadas em uma gigantesca quantidade de lixo acadêmico... textos mal escritos, sem novidades, critérios ou rigor, buscando alimentar apenas revistas predatórias e currículos de estudantes e professores em busca de bolsas e financiamento.

Como visto, a eficiência incomparável das ferramentas de IA são confrontadas com as preocupações éticas que ocasionam. Ao mesmo tempo que os *chatbots* trazem contribuições, aperfeiçoando a escrita científica, aumentando sua eficiência e qualidade, produz dilemas éticos referentes à originalidade e ao plágio. Destaca-se que, para o enfrentamento desse desafio, de discernir o que é positivo e o que é negativo na IA, só o humano tem capacidade. Nesse sentido, o trabalho de revisão de pares dos periódicos científicos é de fundamental importância e deve ser mais valorizado (Carobene *et al.*, 2024).

O Fórum Global sobre Bioética em Pesquisa, reunião anual organizada pela Organização Mundial de Saúde, em novembro de 2022, na Cidade do Cabo, na África do Sul, teve como foco a Ética da IA na Pesquisa em Saúde Global. Foi ressaltada a importância dos Comitês de Ética em Pesquisa (CEPs) na abordagem dos problemas éticos de estudos que envolvem IA e questionada sua capacidade de lidar com precisão nessas questões. Os problemas éticos que surgem na pesquisa biomédica com IA extrapolam os desafios éticos habituais. Por exemplo, conflitos de interesse podem surgir em pesquisas financiadas em que os pesquisadores são incentivados a produzir resultados que se alinhem aos interesses comerciais. Existe também o risco de "*dumping* ético"[36], nos quais os pesquisadores de países de alta renda utilizam a IA para construir algoritmos que permitem evitar regulamentações mais rígidas nos países menos desenvolvidos, facilitando a aprovação ética de suas pesquisas. Quando os interesses comerciais colidem com os interesses da sociedade, corre-se o risco de os primeiros prevalecerem. Membros de CEPs devem ser capacitados para lidar com esses novos desafios provocados pelo uso da IA nas pesquisas (Shaw *et al.*, 2024).

Inteligência artificial e plágio

Na atualidade, não é possível falar de direitos autorais, de plágio e má conduta científica em geral sem falar de Inteligência Artificial. Essa nova ferramenta digital tem revolucionado a escrita científica. Existe uma linha tênue entre o uso ético da IA na escrita científica e os abusos que são cometidos. A elaboração de artigos com o apoio da IA traz diversos questionamentos, principalmente pela possibilidade de seu uso indevido, caracterizando plágio. Um estudo de revisão com o objetivo de entender o impacto da IA na escrita acadêmica e por que seu uso pode ser considerado plágio evidenciou que o uso frequente de IA entre pesquisadores fez surgir novos aplicativos para identificar seu uso na escrita acadêmica

36. Termo empregado quando países fazem pesquisas em outros países menos desenvolvidos ou com populações vulneráveis que não serão beneficiadas por seus resultados ou sofrem danos provocados por elas.

e, assim, poder regulá-la. O uso ético e consciente da IA é necessário, não só para se evitar o plágio, mas também como preventivo à automatização da tarefa de escrever, que pode ter como consequência a redução da capacidade humana de raciocinar, como comentado anteriormente (Andrade-Hidalgo; Mio-Cango; Iparraguirre-Villanueva, 2024).

Os atuais programas existentes para detecção de similaridades nos textos não são eficazes em verificar o plágio produzido por IA, como demonstram alguns estudos (Kirtania, 2024; Pal *et al.*, 2024; Wang; Fang, 2024). Novos programas com essa finalidade devem ser construídos para identificar o plágio em textos de IA. Estes podem ser utilizados de forma complementar à avaliação manual por revisores humanos e, dessa maneira, garantir o uso ético dessa ferramenta de escrita científica de textos originais e autênticos. Porém, fica o questionamento se é válido considerar original um texto criado por IA, já que ele é desenvolvido com partes de bibliografias existentes na rede, além de que não é possível atribuir autoria ou coautoria a um aplicativo.

A facilidade de uso de ferramentas de IA coloca seus usuários em risco de cometerem plágio. Estudantes são tentados a utilizar essas facilidades no cumprimento de tarefas para atender aos prazos exigidos da vida acadêmica. Em textos elaborados por alunos com o uso de *chatbots* são frequentes erros, pastiches e cópias literais sem citações. A pressão do meio acadêmico e o baixo conhecimento sobre as normas que garantem a integridade ética na pesquisa ampliam o risco de estudantes utilizarem indevidamente os *chatbots* (Graham, 2023). Um estudo de revisão evidenciou que o uso de *chatbots* é um dos fatores associados à má conduta científica e ao plágio. Diante disso, os autores destacam a importância de as instituições de ensino superior envidarem esforços para aumentar o conhecimento e a conscientização dos alunos sobre integridade ética na pesquisa e o uso da IA na ciência (Sozon *et al.*, 2024).

Existem evidências de que o plágio acadêmico aumentou com a popularização dos *chatbots*. Esses aplicativos têm grande habilidade na construção de textos coerentes e vêm sendo aperfeiçoados. A Revista Pesquisa

Fapesp (2024) noticiou recentemente que a má conduta associada ao uso da IA tem avançado significativamente em instituições no Reino Unido. A quarta versão do ChatGPT trouxe novos recursos que, além de produzir escritos consistentes e de qualidade, auxilia na edição de textos adaptados ao estilo de escrita pessoal, tornando mais difícil a diferenciação de uma obra produzida por IA de uma redigida por humanos. Portanto, é fundamental a implementação de estratégias para reduzir o plágio para manter a integridade ética da ciência e garantir uma boa formação para futuros cientistas.

Uma das estratégias para reduzir o plágio produzido por IA são os *softwares* de detecção de correspondência de texto. Existem aplicativos capazes de detectar se os conteúdos foram escritos por humanos, *chatbots* ou ambos. Elkhatat *et al.* (2023) realizaram estudo para analisar a capacidade de diversas ferramentas de detecção de conteúdos de IA em discernir conteúdo humano dos de autoria de IA. Eles analisaram 15 parágrafos de textos produzidos pelas versões 3,5 e 4 do ChatGPT e cinco respostas de escrita humana. Foram utilizadas para detecção de conteúdo de IA as ferramentas desenvolvidas por OpenAI, Writer, Copyleaks, GPTZero e CrossPlag. Os resultados mostraram grande variabilidade na capacidade dos programas de identificar e categorizar corretamente texto como gerado por IA ou escrito por humanos. Foi mais fácil detectar conteúdo desenvolvido pelo ChatGPT 3,5 do que o do ChatGPT4 e o escrito por humanos. Portanto, a eficácia destas ferramentas ainda é limitada. À medida que a IA evolui, os aplicativos de detecção de conteúdo por IA e por humanos também precisam evoluir. As ferramentas de detecção de IA ajudam a proteger as publicações científicas de práticas antiéticas e assim manter a qualidade delas.

Recomendações quanto ao uso da IA generativa

A preocupação sobre o uso ético da IA na Educação não é nova. A IA tem grande potencial de produzir o bem para a sociedade, mas também é uma preocupação a possibilidade de uso inapropriado. Sendo assim, é necessário aumentar a conscientização sobre os limites da IA para garantir que seja usada de forma responsável e segura para o bem da sociedade.

Em 2017, em debate organizado pela Biocat[37], apoiado pela *Obra Social la Caixa*, em Barcelona, Espanha, foram propostas diretrizes para um código de conduta de profissionais de IA, devido ao grande interesse nela e sua aplicação. Essas diretrizes compuseram uma declaração que representa um passo importante na conscientização dos benefícios e das preocupações referentes ao uso da IA (Biocat, 2017). Foi composta por seis itens:

1. Prudência – a aplicação da IA exige que seus praticantes conheçam suas funcionalidades e limitações e requer escolhas cuidadosas de quais algoritmos e parâmetros são apropriados para cada caso;
2. Confiabilidade – os sistemas devem passar por testes de confiabilidade e segurança;
3. Prestação de contas e fiscalização das ações realizadas e suas consequências;
4. Responsabilidade sobre os atos realizados;
5. Autonomia restrita – os sistemas de IA autônoma devem ter regras claras e conhecidas;
6. Papel humano – todos os sistemas de IA são produzidos e devem ser controlados por humanos.

Em 2019, ocorreu em Pequim, na China, uma conferência internacional sobre IA e Educação, coordenada pela Unesco (2019), com a presença de 50 ministros e cerca de 500 representantes de mais de 100 estados-membros da ONU, instituições acadêmicas e sociedade civil. Nessa reunião, foi aprovado um documento com 44 recomendações relacionadas a diversos aspectos do uso da IA na Educação, incluindo as perspectivas éticas, como os descritos nos subitens 28 e 29 que enfocam a garantia do uso ético, transparente e auditável dos dados e algoritmos educacionais:

---

37. Instituição que promove o ecossistema de ciências biológicas e saúde na Catalunha e trabalha para maximizar seu impacto econômico e social.

> Conhecer os dilemas do equilíbrio entre acesso aberto a dados e proteção da privacidade de dados. Estar atento às questões legais e aos riscos éticos relacionados à propriedade, privacidade e disponibilidade dos dados para o bem público. Lembrar da importância de adotar princípios de ética, privacidade e segurança planejados (Unesco, 2019, p. 10).
>
> Desenvolver leis abrangentes de proteção de dados e estruturas regulatórias para garantir o uso e o reuso ético, não discriminatório, equitativo, transparente e auditável dos dados pelos estudantes (Unesco, 2019, p. 11).

Vários autores, ao refletirem sobre o uso da IA generativa na escrita e pesquisa científica, fazem recomendações para garantir a validade e a eticidade do trabalho produzido. Franco *et al.* (2023) citam seis ações necessárias para os usuários da IA em relação às suas obras que tiveram contribuições advindas de *chatbots*:

1. Explicitar que partes do trabalho foram geradas por IA;
2. Verificar as fontes e a consistência das informações geradas por IA;
3. Não desistir de usar a própria criatividade em função das facilida des proporcionadas pela IA;
4. Não plagiar;
5. Manter-se atualizado quantos aos marcos regulatórios e legislações referentes à IA;
6. Dialogar com os pares de forma franca e aberta sobre as implicações éticas do uso da IA.

O ritmo de desenvolvimento da tecnologia da IA generativa é muito rápido e difícil de acompanhar, o que embaraça o enfrentamento dos desafios éticos que surgem. Em revisão bibliográfica sobre ética na publicação científica na era da IA com o objetivo de informar leitores, autores, revisores e editores sobre como divulgar o uso de IA em seu manuscrito, Kocak (2024) sugere que todo autor, antes de submeter para publicação um manuscrito que foi elaborado com ajuda de um aplicativo de IA, deve indicar: a justificativa de seu uso; qual foi o modelo empregado, os *prompts* e suas respostas; em que parte do texto de IA foi utilizado; as referências corretas; e a comprovação da ausência de similaridades com outros textos, ou seja, que não foi plagiado.

Vale destacar que os programas de IA generativas, mesmo elaborando sozinhos um texto científico sob o comando de *prompts*, não podem ser considerados autores, pois não preenchem os critérios de autoria adotados pela maioria dos periódicos científicos qualificados, especialmente o item sobre a responsabilização pelo conteúdo dele. Já houve caso recente de artigo publicado em que o ChatGPT foi incluído como coautor. Trata-se de artigo editorial publicado em 2023 que questiona se o uso da IA na Educação é um progresso acadêmico ou um abuso. O texto traz informações sobre as aplicabilidades do ChatGPT e descreve que os cinco parágrafos iniciais do texto do artigo foram escritos pelo programa para demonstrar como ele poderia ser usado por estudantes. Assinam o artigo o autor humano e o ChatGPT (O'Connor, 2023a). No número seguinte desse mesmo periódico, foi publicado um "Corrigendum" em que o autor humano do artigo anterior informa que tomou conhecimento da inadequação da coautoria atribuída ao ChatGPT, visto que este não pode ser responsabilizado pelo conteúdo do trabalho, e o retira. Em seguida, pede desculpas pelo inconveniente causado (O'Connor, 2023b).

Periódicos científicos de grande relevância no meio científico já confirmaram em suas políticas editoriais a não aceitação de *chatbots* como autores de artigos científicos. É obvio que essas ferramentas não preenchem um dos principais critérios de autoria que é a responsabilização pelo conteúdo do texto. O JAMA (*The Journal of the American Medical Association*), em editorial, afirma que a IA ou qualquer outra tecnologia semelhante não se qualificam para a autoria de artigos científicos. Quando alguma ferramenta computacional de IA for usada para criar conteúdo ou auxiliar na escrita, a responsabilidade total do conteúdo é dos autores humanos que devem relatar detalhadamente como isso foi feito e em que parte do artigo (Flanagin *et al.*, 2023).

A conceituada revista *Nature*, em um editorial de janeiro de 2023, ressalta que ferramentas de IA como o ChatGPT ameaçam a transparência da ciência. Recursos como os LLMs (grandes modelos de linguagem), utilizados na produção de textos que alguns divulgam como se fossem de autoria própria, trazem grande preocupação à integridade e qualidade do conhecimento científico produzido. A *Nature* não aceita crédito de autoria a nenhuma ferramenta de LLM. Além disso, qualquer autor que se utilize de ferramentas de IA em seu trabalho deve documentar seu uso na seção de métodos ou agradecimentos. A detecção por parte de revisores e editores, de todo e qualquer texto gerado por LLMs, ainda não é uma realidade possível. Por meio de princípios e regras estabelecidas, a *Nature* pretende garantir mais transparência e integridade ética do conhecimento científico que divulga (Nature Editorial, 2023).

Devido ao uso crescente da IA nas publicações acadêmicas, a WAME (World Association of Medical Editors) lançou uma série de recomendações com o objetivo de instruir autores e revisores em seus trabalhos. Acrescenta que outras poderão ser criadas para conseguir acompanhar a rápida evolução do uso dos *softwares* de IA generativa. Essas recomendações refletem a preocupação com os efeitos dos *chatbots* na criação e disseminação do conhecimento e seu potencial de difundir e amplificar informações falsas e/ou desatualizadas. As cinco principais recomendações são (Zielinski *et al.*, 2023, p. 3):

1. Somente humanos podem ser autores;
2. Os autores devem reconhecer as fontes de seus materiais;
3. Os autores devem assumir responsabilidade pública por seu trabalho;
4. Editores e revisores devem especificar, aos autores e uns aos outros, qualquer uso de *chatbots* na avaliação do manuscrito e geração de revisões e correspondência;
5. Os editores precisam de ferramentas digitais apropriadas para lidar com os efeitos dos *chatbots* na publicação.

Em editorial do periódico *Science*, Thorp (2023) deixa claro a importância dos *chatbots* como ferramenta auxiliar de elaboração de artigos científicos, mas um texto gerado por qualquer ferramenta de IA não pode ser utilizado no trabalho a ser publicado. Um programa de IA não pode ser autor, sendo textos gerados usados em artigos científicos considerados plágio, ou seja, uma má conduta científica. Thorp (2023, p. 313) afirma que:

> Para os periódicos Science, a palavra "original" é suficiente para sinalizar que o texto escrito pelo ChatGPT não é aceitável: ele é, afinal, plagiado do ChatGPT (tradução nossa).

Outros periódicos científicos vêm alterando suas regras editoriais para se adaptarem às novas tecnologias. Em editorial do JADA (Journal of the American Dental Association), Sardana (2023) destaca que o conteúdo de toda publicação científica é de responsabilidade dos autores e que as ferramentas de IA, por não serem humanas, não podem ser responsabilizadas. As instruções aos autores do JADA estão sendo modificadas para garantir transparência e veracidade em suas publicações.

Problemas éticos envolvidos no uso da IA na pesquisa e divulgação científicas: a resposta da IA

Com o objetivo de ilustrar a capacidade das ferramentas de IA de atuarem como pesquisadores autônomos e produzirem textos científicos de acordo com a solicitação do usuário, a autora utilizou um *prompt* em dois *chatbots* disponíveis gratuitamente, o ChatGPT – versão 3,5 da Open IA e o Copilot, da Microsoft. Uma análise das respostas é apresentada em seguida.

Copilot

Prompt:

"Quais são os problemas éticos envolvidos no uso da IA na pesquisa e divulgação científicas?"

O uso da inteligência artificial (IA) na pesquisa e divulgação científica traz vários problemas éticos que precisam ser abordados. Aqui estão alguns dos principais desafios:

1. Viés e discriminação: algoritmos de IA podem refletir e amplificar os preconceitos presentes nos dados de treinamento, levando a resultados discriminatórios. Isso pode afetar negativamente grupos marginalizados e perpetuar desigualdades.

2. Privacidade de dados: a coleta e utilização de grandes volumes de dados pessoais para treinar modelos de IA levanta preocupações sobre a privacidade e a proteção de informações sensíveis.

3. Transparência e explicabilidade: muitos modelos de IA são considerados "caixas-pretas", ou seja, é difícil entender como eles chegam a determinadas conclusões. Isso pode dificultar a responsabilização e a confiança nas decisões baseadas em IA.

4. Plágio e autoria: o uso de IA para gerar textos acadêmicos pode levantar questões sobre autoria e originalidade. É importante reconhecer claramente o uso de ferramentas de IA na produção de conteúdo acadêmico.

5. Impacto no mercado de trabalho: a automação impulsionada por IA pode substituir empregos humanos, exigindo requalificação e adaptação dos trabalhadores para novas funções.

6. Desinformação e *deepfakes*: a capacidade da IA de gerar conteúdo falso ou manipulado pode contribuir para a disseminação de desinformação e *deepfakes*, afetando a confiança pública e a integridade das informações.

Esses desafios destacam a necessidade de regulamentações e práticas éticas robustas para garantir que o uso da IA na pesquisa e divulgação científica seja responsável e benéfico para a sociedade. Se precisar de mais detalhes ou exemplos específicos, estou aqui para ajudar!

ChatGPT

Prompt:

"Quais são os problemas éticos envolvidos no uso da IA na pesquisa e divulgação científica?"

O uso da inteligência artificial (IA) na pesquisa e divulgação científica levanta vários problemas éticos, que podem ser divididos em várias categorias:

1. Transparência e explicabilidade

• Desafios na explicabilidade dos algoritmos: muitos modelos de IA, especialmente os mais complexos, como redes neurais profundas, são "caixas-pretas", ou seja, não explicam claramente como chegaram a uma conclusão ou decisão. Isso dificulta a compreensão e a confiança nos resultados, especialmente quando usados para gerar ou interpretar dados científicos.

• Responsabilidade pelas decisões automatizadas: quando uma IA influencia decisões científicas importantes (como a seleção de dados ou em diagnósticos médicos) torna-se difícil atribuir responsabilidade caso o sistema tome uma decisão errada ou imprecisa.

2. Viés e discriminação

• Viés nos dados de treinamento: a IA depende dos dados com os quais é treinada. Se esses dados contiverem viés (por exemplo, por sub-representar certos grupos ou contextos), o sistema pode perpetuar ou até amplificar esse viés, comprometendo a imparcialidade dos resultados de pesquisa. Isso é especialmente crítico em áreas como a Medicina ou as Ciências Sociais.

• Preconceito na divulgação: quando a IA é usada para automatizar a produção de artigos ou resumos, há o risco de que certos temas ou perspectivas sejam favorecidos, distorcendo a representação de dados ou limitações de estudos.

3. Privacidade e proteção de dados

• Uso de dados pessoais: em pesquisas envolvendo IA, especialmente nas áreas de saúde ou do comportamento, a coleta e a análise de grandes volumes de dados pessoais podem levantar preocupações sobre privacidade e consentimento. A falta de transparência sobre como esses dados são usados pode prejudicar a confiança do público nas pesquisas.

• Segurança dos dados: há o risco de vazamento ou uso indevido dos dados usados em pesquisas, especialmente quando esses dados são sensíveis.

4. Autoria e propriedade intelectual

• Reconhecimento de autoria: quando a IA contribui de forma significativa para a criação de novos conhecimentos ou publicações científicas, surge a questão sobre quem deve ser creditado como autor: O pesquisador que utilizou a IA ou a própria IA? Esse é um dilema ético crescente, especialmente à medida que a IA se torna mais autônoma.

• Propriedade dos resultados gerados pela IA: A quem pertencem os resultados de uma pesquisa gerada ou apoiada por IA? Isso envolve questões de propriedade intelectual e os direitos sobre as inovações.

5. Impacto na integridade da pesquisa

• Manipulação de resultados: há o risco de pesquisadores usarem IA de maneira a manipular resultados para confirmar hipóteses ou gerar dados falsificados. A automação de partes do processo de pesquisa pode ser utilizada para otimizar a publicação de artigos, mas também pode ser uma ferramenta para fraudes.

• Reprodutibilidade e replicação: como as IA podem ter um desempenho variado dependendo das condições de treinamento e dos dados, pode ser mais difícil garantir que os resultados de uma pesquisa científica envolvendo IA sejam replicáveis e verificáveis por outros pesquisadores.

6. Desigualdade no acesso e na representação

• Desigualdade no acesso às tecnologias: o uso de IA na pesquisa pode criar um fosso entre instituições ou países que têm acesso a tecnologias avançadas e aqueles que não têm. Isso pode resultar em desigualdades na produção e disseminação de conhecimento científico global.

- Desigualdade na representação de dados: a IA pode favorecer dados que estão mais facilmente disponíveis ou que já são amplamente reconhecidos enquanto marginaliza perspectivas ou dados menos comuns, afetando a diversidade de vozes e abordagens na ciência.

7. Impactos sociais e econômicos

- Automação e empregos: a crescente utilização da IA na ciência pode levar à automatização de funções que antes eram desempenhadas por seres humanos, levantando questões sobre o impacto no emprego e na formação profissional na área científica.
- Dependência tecnológica: a dependência crescente de IA nas pesquisas pode tornar os cientistas excessivamente dependentes de ferramentas automatizadas, em detrimento do pensamento crítico e da criatividade humana.

Esses desafios exigem uma abordagem ética cuidadosa, que considere não apenas os benefícios da IA na ciência, mas também seus riscos e impactos a longo prazo. É fundamental que as políticas públicas, regulamentos e códigos de ética evoluam para lidar com essas questões à medida que a tecnologia avança.

Comentários da autora

A resposta do *Copilot* traz algumas inconsistências. O item 2, relativo à privacidade dos dados, não é um problema ético relacionado ao uso da IA especificamente e sim à pesquisa científica, pois qualquer estudo que envolve seres humanos deve respeitar as normas éticas em pesquisa, sendo uma delas a garantia de anonimato e confidencialidade dos dados e o consentimento do participante. O item 5 se refere ao impacto no mercado de trabalho que pode ocorrer com a automação impulsionada pela IA e não diz respeito diretamente à questão da pesquisa e divulgação científica. Portanto, a resposta do *Copilot*, apesar de incluir questões importantes como o plágio e a autoria, o risco de vieses e a discriminação de informações geradas pelo *chatbot* e a "caixa-preta" que são esses aplicativos, apresenta também elementos que não se enquadram no contexto da ética em pesquisa. Além disso, deixa de abordar, por exemplo, outros problemas éticos relevantes no uso da IA na pesquisa e divulgação científica, como aqueles relacionados à formação de pesquisadores, à necessidade de normas e de regulação do seu uso, aos prejuízos intelectuais que podem ser causados pelo uso continuado e dependência da IA.

Em relação ao ChatGPT, as respostas foram semelhantes às do *Copilot*, porém, mais extensas, explicativas e completas. Esse aplicativo também traz o tema do impacto no mercado de trabalho provocado pela automação, que não é questão ética específica da pesquisa e da divulgação científica, e traz outros elementos não abordados pelo *Copilot*, como a desigualdade no acesso à IA e a dependência tecnológica.

Vale destacar que as respostas dos aplicativos poderiam ser mais bem elaboradas com *prompts* mais explicativos e refinados. Podemos concluir que o bom uso de um aplicativo de IA depende do conhecimento do usuário, de sua habilidade de fazer boas perguntas e de capacidade crítica diante do material produzido para que qualquer conhecimento falso, enviesado e discriminatório não seja considerado válido e que nenhum texto plagiado seja caracterizado como original. Em outros termos, a IA generativa pode ser um auxiliar de pesquisa e de divulgação científica ética e de qualidade nas mãos de pesquisadores responsáveis e conscientes.

Referências

ANDRADE-HIDALGO, G.; MIO-CANGO, P.; IPARRAGUIRRE-VILLANUEVA, O. Exploring the impact of artificial intelligence on research ethics – a systematic review. *Journal of Academic Ethics*, p. 1-18, 2024.

AZAMBUJA, C. C.; SILVA, G. F. Novos desafios para a educação na Era da Inteligência Artificial. *Filosofia Unisinos*, v. 25, n. 1, p. e25107, 2024.

BIOCAT. Barcelona declaration for the proper development and usage of artificial intelligence in Europe. *Instituto de Investigación en Inteligencia Artificial*, 2017. Disponível em: https://www.iiia.csic.es/barcelonadeclaration/. Acesso em: 21 dez. 2024.

BOSCARDIN, C. K.; GIN, B.; GOLDE, P. B. *et al.* ChatGPT and generative artificial intelligence for medical education: potential impact and opportunity. *Academic Medicine: Journal of the Association of American Medical Colleges*, v. 99, n. 1, p. 22-27, 2024.

BROCHADO, M. Inteligência artificial e ética: um diálogo com Lima Vaz. *Kriterion: Revista de Filosofia*, v. 64, n. 154, p. 75-98, 2023.

CAROBENE, A.; PADOAN, A.; CABITZA, F. *et al.* Rising adoption of artificial intelligence in scientific publishing: evaluating the role, risks, and ethical implications in paper drafting and review process. *Clinical Chemistry and Laboratory Medicine*, v. 62, n. 5, p. 835-843, 2023.

CHENG, S. L.; TSAI, S. J.; BAI, Y. M. *et al.* Comparisons of quality, correctness, and similarity between ChatGPT-generated and human-written abstracts for basic research: cross-sectional study. *Journal of Medical Internet Research*, v. 25, p. e51229, 2023.

ELKHATAT, A. M.; ELSAID, K.; ALMEER, S. Evaluating the efficacy of AI content detection tools in differentiating between human and AI-generated text. *International Journal for Educational Integrity*, v. 19, n. 17, 2023.

FAPESP. Fraude com ChatGPT. *Revista Pesquisa Fapesp*, 19 nov. 2024. Disponível em: https://revistapesquisa.fapesp.br/fraude-com-chatgpt/

FLANAGIN, A.; BIBBINS-DOMINGO, K.; BERKWITS, M. *et al.* Nonhuman “authors” and implications for the integrity of scientific publication and medical knowledge. *JAMA*, v. 329, n. 8, p. 637-639, 2023.

FRANCO, D.; VIEGAS, L. E.; RÖHE, A. Guia ético para a inteligência artificial generativa no Ensino Superior. *TECCOGS: Revista Digital de Tecnologias Cognitivas*, v. 28, p. 108-117, 2023.

GRAHAM, A. ChatGPT and other AI tools put students at risk of plagiarism allegations, MDU warns. *BMJ*, v. 381, p. 1.133, 2023.

KACENA, M. A.; PLOTKIN, L. I.; FEHRENBACHER, J. C. The use of artificial intelligence in writing scientific review articles. *Current Osteoporosis Reports*, v. 22, n. 1, p. 115-121, 2024.

KAUFMAN, D. *Desmistificando a Inteligência Artificial.* Belo Horizonte: Autêntica, 2022.

KAUFMAN, D. Logic and foundations of artificial intelligence and society's reactions to maximize benefits and mitigate harm. *Unisinos Journal of Philosophy*, v. 25, n. 1, p. e25110, 2024.

KIRTANIA, D. K. ChatGPT generated content and similarity index in Chemistry. *Journal of Chemical Information and Modeling*, v. 64, n. 7, p. 2.132-2.135, 2024.

KOCAK, Z. Publication ethics in the Era of Artificial Intelligence. *Journal of Korean Medical Science*, v. 39, n. 33, p. e249, 2024.

LIMA, C. B.; SERRANO, A. Inteligência Artificial generativa e ChatGPT: uma investigação sobre seu potencial na Educação. *Transinformação*, v. 36, p. e2410839, 2024.

MCCARTHY, J.; HAYES, P. J. *Some philosophical problems from the standpoint of Artificial Intelligence*. Stanford: Stanford University, 1969.

MELLO, P. C. Lei de IA avança no Senado com previsão de remuneração de direitos autorais. *Folha de São Paulo*, 2024. Disponível em: https://www1.folha.uol.com.br/mercado/2024/12/lei-de-ia-avanca-no-senado-com-previsao-de-remuneracao-de-direitos-autorais.shtml. Acesso em: 21 dez. 2024.

NATURE EDITORAL. Tools such as ChatGPT threaten transparent science; here are our ground rules for their use. *Nature*, v. 613, n. 7945, p. 612, 2023.

O'CONNOR, S. Open Artificial Intelligence platforms in nursing education: tools for academic progress or abuse? *Nurse Education in Practice*, v. 66, n. 103537, 2023a.

O'CONNOR, S. Corrigendum to "Open artificial intelligence platforms in nursing education: Tools for academic progress or abuse?" [Nurse Educ. Pract. 66 (2023) 103537]. *Nurse Education in Practice*, v. 67, n. 103572, 2023b.

PAL, S.; BHATTACHARYA, M.; ISLAM, M. A. *et al.* AI-enabled ChatGPT or LLM: a new algorithm is required for plagiarism-free scientific writing. *International Journal of Surgery*, v. 110, n. 2, p. 1.329-1.330, 2024.

PERES, F. A literacia em saúde no ChatGPT: explorando o potencial de uso de inteligência artificial para a elaboração de textos acadêmicos. *Ciência & Saúde Coletiva*, v. 29, n. 1, p. e02412023, 2024.

RESNIK, D. B.; HOSSEINI, M. The ethics of using artificial intelligence in scientific research: new guidance needed for a new tool. *AI and Ethics*, p. 1-23, 2024.

RODRIGUES, O. S.; RODRIGUES, K. S. A inteligência artificial na educação: os desafios do ChatGPT. *Texto Livre*, v. 16, p. e45997, 2023.

ROY, M.; ROSE, S. Usina nuclear nos EUA será reiniciada para fornecer energia à IA da Microsoft. *CNN Brasil*, 2024. Disponível em: https://www.cnnbrasil.com.br/economia/negocios/usina-nuclear-nos-eua-sera-reiniciada-para-fornecer-energia-a-ia-da-microsoft/. Acesso em: 21 dez. 2024.

SAMPAIO, R. C. *et al.* ChatGPT e outras IAs transformarão a pesquisa científica: reflexões sobre seus usos. *Revista de Sociologia e Política*, v. 32, p. e008, 2024.

SANTAELLA, L. *A Inteligência Artificial é inteligente?* Coimbra: Edições 70; Almedina, 2023a.

SANTAELLA, L. Por que é imprescindível um manual ético para a Inteligência Artificial generativa? *TECCOGS: Revista Digital de Tecnologias Cognitivas*, v. 28, p. 7-24, 2023b.

SARDANA, D.; FAGAN, T. R.; WRIGHT, J. T. ChatGPT: a disruptive innovation or disrupting innovation in academia? *Journal of the American Dental Association*, v. 154, n. 5, p. 361-364, 2023.

SHAW, J.; ALI, J.; ATUIRE, C. A. *et al.* Research ethics and artificial intelligence for global health: perspectives from the global forum on bioethics in research. *BMC Medical Ethics*, v. 25, n. 46, 2024.

SICHMAN, J. S. Inteligência Artificial e sociedade: avanços e riscos. *Estudos Avançados*, v. 35, n. 101, p. 37-50, 2021.

SOZON, M.; ALKHARABSHEH, O. H. M.; FONG, P. W. *et al.* Cheating and plagiarism in higher education institutions (HEIs): a literature review. *F1000Research*, v. 13, n. 788, 2024.

THORP, H. H. ChatGPT is fun, but not an author. *Science*, v. 379, n. 6630, p. 313, 2023.

TRINDADE, A. S. C. E.; OLIVEIRA, H. P. C. Inteligência Artificial (IA) generativa e competência em informação: habilidades informacionais necessárias ao uso de ferramentas de ia generativa em demandas informacionais de natureza acadêmica-científica. *Perspectivas em Ciência da Informação*, v. 29, p. e-47485, 2024.

UNESCO. *Beijing Consensus on Artificial Intelligence and Education International Conference on Artificial Intelligence and Education, Planning Education in the AI Era*: Lead the Leap, Beijing, 2019. Pequim: [s. n.]. Disponível em: https://unesdoc.unesco.org/ark:/48223/pf0000368303. Acesso em: 21 dez. 2024.

WANG, C.; FANG, Y.; WANG, R. Advancing integrity in science: the imperative for AI-driven plagiarism detection in scientific writing. *International Journal of Surgery*, v. 110, n. 7, p. 4.488-4.489, 2024.

ZIELINSKI, C.; WINKER, M. A.; AGGARWAL, R. *et al.* Chatbots, generative AI, and scholarly manuscripts: WAME recommendations on chatbots and generative artificial intelligence in relation to scholarly publications. *Colombia Medica*, v. 54, n. 3, p. e10158, 2023.

EDITORA VOZES LTDA.
Rua Frei Luís, 100 – Centro – Cep 25689-900 – Petrópolis, RJ
Tel.: (24) 2233-9000 – E-mail: vendas@vozes.com.br